Gabriele Haug-Schnabel / Joachim Bensel / Evelin Kirkilionis

Mein Kind in guten Händen

Gabriele Haug-Schnabel
Joachim Bensel
Evelin Kirkilionis

Mein Kind in guten Händen

Wie Kinderbetreuung gelingen kann

Herder Freiburg · Basel · Wien

Gedruckt auf umweltfreundlichem,
chlorfrei gebleichtem Papier

Einbandfoto: Fotex Medien Agentur GmbH
Vignetten: Betina Gotzen-Beek, Freiburg

Satz: Barbara Herrmann, Freiburg
Druck und Bindung: Freiburger Graphische Betriebe 1997
ISBN 3-451-23629-X

Inhalt

1. Einleitung: Ein Betreuungsbuch besonderer Art

Wir haben ein Betreuungsbuch geschrieben, einen Elternratgeber, der möglichst viele Antworten auf all die Fragen geben soll, die sich beim familiären Zusammenleben zwischen Erwachsenen und Kindern zum Thema Kinderbetreuung im Laufe der ersten 10 Lebensjahre ergeben.

Diese Fragen und ihre Antworten können in verschiedenen Familiensituationen völlig unterschiedlich, zum Teil aber auch identisch ausfallen, immer jedoch abhängig davon,

- ob sich eine Frau oder ein Mann mit Kind oder Kindern entschieden hat, von Beruf Mutter und Hausfrau oder Vater und Hausmann zu sein, während der Partner vorrangig erwerbstätig ist (**von Beruf Mutter und Hausfrau**);
- ob die Eltern beide gleichzeitig, jedoch zeitlich versetzt, sowohl familien- als auch erwerbstätig sind (**geteilte Partnerschaft**);
- ob die Frau ihrer Mutter- und Familientätigkeit noch eine zeitweilige Berufstätigkeit hinzufügt (**ganz Mutter, halb berufstätig**);
- ob ein Elternteil die Kinder allein erzieht und somit für Familien- und Erwerbstätigkeit gleichermaßen zuständig ist, also Teile der Kinderbetreuung abgeben muß (**alleinerziehend**);
- ob Vater und Mutter voll berufstätig sein wollen oder müssen und spezielle Regelungen der Kinderbetreuung während der Arbeitszeiten gefunden werden müssen (**beide Eltern voll berufstätig**).

Es wird also von elterlicher Betreuung, später ergänzt durch den Kindergarten und die Schule, über stundenweise Betreuung in der elterlichen Wohnung bis hin zu ganztägiger Fremdbetreuung an Wochentagen in Institutionen oder bei Tagesmüttern* die Rede sein. Wir sprechen die sich verändernden Bedürfnisse und somit die jeweils altersentsprechenden Anforderungen an die Betreuung vom Säugling bis hin zum Schulkind an.

---

* Im folgenden wird der Einfachheit und Übersichtlichkeit halber auf die jeweilige Erwähnung sowohl der weiblichen als auch der männlichen Berufsbezeichnungen verzichtet. Selbstverständlich mögen sich jeweils Frauen *und* Männer angesprochen fühlen, wenn z. B. von Arbeitnehmern oder Erzieherinnen die Rede ist.

Die Grobgliederung in die 5 „Familientypen“ erlaubt die Darstellung verschiedener familiärer Lebensformen mit *Aspekten, die alle betreffen*, wie auch vor allem mit *sich hier speziell ergebenden Fragen* und *darauf abgestimmten Lösungsvorschlägen*.

Es ist ein Buch zum Lesen, aber auch ein Buch zum Ideensammeln und Antwortenfinden; ein Buch, das helfen soll,
- sich über die eigene, aktuelle Familiensituation klarzuwerden,
- günstige Konstellationen beruhigend und motivierend zu erleben,
- die Notwendigkeit von Änderungen zu erkennen,
- Wünsche zu formulieren und Vorstellungen zu konkretisieren;

ein Buch, das dabei unterstützt, Situationen, die berechtigt Sorgen machen und ein schlechtes Gewissen bereiten, in Angriff zu nehmen und – noch rechtzeitig – einen Kurswechsel Richtung Verbesserung durchzuführen; ein Buch, das aber auch den Rücken stärkt, persönliche Entscheidung zu vertreten und gegen Vorurteile und unüberlegte Mehrheitsmeinungen mit sachkundigen Argumenten und der Kenntnis von bereits „gelebten“ Lösungen vorzugehen.

Wir beginnen mit Basiskapiteln, die die Elternsituation in unserer Gesellschaft schildern, erkämpfte Fortschritte betonen und weitere Ziele in Richtung Vereinbarkeit von Familie und Beruf formulieren. Schwachstellen und Risiken werden ebenso aufgezeigt wie ermutigende und hilfreiche Schritte nach vorn. Diesen Übersichts-Kapiteln schließen sich die 5 „Familientypen“ an, um nun Einzelheiten besonderer Familien- und Berufssituationen herausarbeiten und so durchschaubar und lebbar machen zu können.

Dem Text stehen hierbei verschiedene Hilfsmittel zur Seite:

- Die *Szenarien* erleichtern es, sich in bestimmte Familienformen und Familien- bzw. Arbeitskonstellationen hineinzudenken und einzufühlen, sich und seine Familie an der einen oder anderen Stelle wiederzufinden.

- Die *Infoboxen* enthalten konkrete Tips und vermitteln notwendige Sachkenntnisse. Sie geben in ihrer kompakt zusammengestellten Form leicht überschaubar Hinweise auf spezielle Zusammenhänge, Regelungen, Anrechte, auftauchende Probleme, Lösungsmodelle oder Gesetzesbestimmungen.

- *Entscheidungshilfen* sind an all den Stellen zu finden, an denen es vor wichtigen Kurswechseln mehrere Aspekte zu durchdenken und in ihren Auswirkungen vorauszuplanen gilt.

- Die *Checklisten* sind zum Abhaken gedacht: Was muß bedacht werden, darf nicht vergessen werden, was wäre der nächste Schritt, was muß ich machen, wenn …?

Das Buch soll ermutigen, den jeweils individuellen Familienweg zu finden.

2. Was alle Familien betrifft

2.1 Ein Kind läßt Familie entstehen

2.1.1 Ein Kind, vor allem das erste, bedeutet Veränderung

Ein Kind kommt, eine Familie entsteht. Wer sagt, daß es hier nur um kleinere Veränderungen geht, der weiß nicht, wovon die Rede ist, hat diese Situation entweder nie erlebt oder hat sie – völlig unglaubwürdig – vergessen. Das Ausmaß und die Wucht der Veränderungen sind enorm. Und sie betrifft jeden, auch die, die nur in der Nähe zum neuen Kind und seinen Eltern stehen. Alle Kinder bringen Veränderungen, die ersten jedoch noch am heftigsten, da die Eltern zuvor kinderlos, als Paar, einfach nur als Frau oder Mann gelebt haben, vielleicht noch nicht einmal regelmäßig zusammen in einer Wohnung. Wer vorher selbst bestimmt hat, wann er zu Bett geht oder aufsteht und wann er welche Aufgaben erledigt und wann er sich erholt, ja sogar, wann er sich duscht oder ißt, der braucht sich hierüber vorerst kaum mehr Gedanken zu machen. All dies Organisatorische wird ihm weitestgehend abgenommen, ergibt sich zwangsläufig und kompromißlos aus dem Tagesablauf der ersten Jahre. Zweite oder gar dritte Kinder kommen bei bereits vorbereiteten Eltern an, ihr Vorgänger oder ihre Vorgängerin haben schon den nötigen Wandel im Leben eingeleitet und stabilisiert. Trotz erneuter Umstellungsschwierigkeiten und Mehraufwand in Sachen Betreuung, mit vielleicht sogar bislang noch unbekannten Varianten, ist die Veränderung nicht mehr so radikal wie beim Start ins Familienleben.

Um das Spektrum dieser Veränderungen wird es in unserem Buch gehen und um die verschiedenen Variationen, hierbei *die Frage der Kinderbetreuung* möglichst familienindividuell in den Griff zu bekommen.

Die Fragen, wie aus Paaren Eltern werden und welche weitreichenden Veränderungen für Mütter und Väter damit einhergehen, sind äußerst spannend und werden eigentlich erst in den letzten Jahren genauer untersucht.

Was ändert sich mit einem Kind oder Kindern denn überhaupt?

Eine Frau wird Mutter, ein Mann wird Vater. Das Argument, daß die beiden ja mindestens 7 Monate Zeit hatten, sich hierauf vorzubereiten, greift nicht, da erst der dritte Mitspieler anwesend sein muß, um das Spiel richtig eröffnen zu können. Aus Zweisamkeit wird Dreisamkeit; bringt eine Frau ein Kind ohne Partner und präsenten Vater zur Welt, entsteht eine Zweisamkeit besonderer Art.

Der Alltag „junger“ Eltern ist mit ihrem Tagesablauf vor der Geburt kaum mehr zu vergleichen. Dem in den ersten Wochen und Monaten noch fehlenden Tag-Nacht-Rhythmus des Babys fällt der erholsame Nachtschlaf der Eltern zum Opfer. Der 24-Stunden-Tag wird anfangs nicht wie gewohnt in die zwei großen Blöcke aktiver Tag und ruhige Nacht eingeteilt, sondern in viele kleine, zermürbende Einheiten zerhackt, die sich in einem enormen Schlafdefizit sowie in dem Gefühl, zu nichts zu kommen, für die jungen Eltern auswirken können. Anstehende Aufgaben werden dann erledigt, wenn es der kindliche Rhythmus, ein entlastendes Betreuungsangebot und die eigene Kraft zulassen; kurz: Eine Neustrukturierung des Tages (wenn nicht sogar des Lebens!) wird nötig!

Die Aufgaben und Anforderungen an die Eltern ändern sich von Grund auf, da der Bereich der Hausarbeit vergrößert wird und außerdem die jetzt zum Ressort Familienarbeit gehörende Kinderpflege und -betreuung neu hinzukommt. Ob es zu einem Wechsel der Prioritäten kommt – statt außerhäuslicher Berufstätigkeit nun ausschließlich Haus- und Familienarbeit – oder zu einer wie auch immer gearteten Aufteilung der gesellschaftlich und familiär anstehenden Pflichten zwischen Vater und Mutter, immer werden die veränderten Anforderungen zumindest für ein Elternteil das Einleben in einen neuen „Beruf“, einen neuen Aufgabenbereich mit viel Managementbedarf und gleichzeitig auch in eine neue Rolle bedeuten. Zusätzlich bleibt in vielen Fällen die finanzielle Situation der Familie nicht dieselbe, sie verschlechtert sich, und das zu einem Zeitpunkt, an dem vielleicht auch noch ein Wechsel der Wohnsituation dringend angebracht wäre. Nicht zu vergessen: Auch der Umgang mit den neuen Zeitverhältnissen erfordert eine nervenaufreibende Einübungsphase, bis endlich das beruhigende Gefühl entsteht, langsam wieder alles in den Griff zu bekommen.

Gehören die neuen Eltern zu den ersten im Freundeskreis, die Kinder haben, werden sie auch hier Neuerungen erfahren. Typischerweise läßt das anfängliche Interesse am sich ankündigenden oder geborenen Kind recht schnell nach, da dessen Eltern nun angebundener, zeitlich und terminlich nicht mehr so variabel sind, der

Schwerpunkt ihrer Gesprächsthemen sich verschieben kann und auch die Freizeit- und Urlaubsgestaltung nicht mehr so flexibel gestaltet werden kann wie zuvor. Man geht auf Abstand, es kann zu Entfremdungen kommen, die mit der Aufnahme dieser Freunde in den Kreis der Eltern schlagartig und fast automatisch wieder verschwinden können. Bei Freunden, von denen die einen Eltern werden, die anderen sich bewußt gegen ein Kind entscheiden und keine Familie gründen möchten, aus welchen Gründen auch immer, entscheiden die gegenseitige Toleranz und Wertschätzung, ob die von nun an getrennten Lebensstile und das vielleicht nicht mehr identische Lebensziel weiterhin eine innere Verbundenheit erlauben und so eine Freundschaft auch über äußere Hürden hinweg erhalten bleiben und genossen werden kann. Wenn ja, werden beide Seiten voneinander profitieren.

2.1.2 Kindliche Betreuungsbedürfnisse zwischen 0 und 10 Jahren

Die vielfältigen Veränderungen im Familienleben entstehen dadurch, daß ein (neues) Kind hinzukommt, das dezidierte Ansprüche an die einzelnen Familienmitglieder stellt. Wünsche, auf deren Erfüllung es Anspruch hat, da es sich um für eine gesunde, ungestörte Entwicklung existentielle Bedürfnisse an die Bezugspersonen handelt. Die ersten 10 Jahre des kindlichen Entwicklungsverlaufs wollen wir uns ansehen, und dabei wird es sich ganz schnell zeigen, daß die Jahre von der Geburt bis zum 10. Geburtstag äußerst abwechslungsreiche und spannende Jahre in Sachen Betreuungsvorstellung sind.

Eltern werden in jedem Alter zwischen 0 und 10 gebraucht, und später auch noch oft. Obwohl manche Bedürfnisse (z. B. die nach Zuwendung, Zärtlichkeit, Zuverlässigkeit und Zeit) sich über die Jahre hinweg nur in ihrer Ausdrucksform oder Intensität, nicht aber in ihrem Inhalt ändern, finden sich doch auch spezielle, biologisch und psychologisch notwendige Anforderungen an die erwachsenen Bezugspersonen, die in bestimmten Entwicklungsabschnitten neu hinzukommen und immer mehr an Bedeutung gewinnen können.

In den ersten Lebensjahren sind die Erfahrungen einer sicheren Bindung sowie grundlegende Entwicklungsschritte im emotionalen Erleben ausschlaggebend. Der neugeborene Säugling weiß nicht, wer seine Mutter ist bzw. wer seine Eltern sind. Vom Lebensbeginn an prägt er sich ein, wer ihn betreut, wer ihm Nahrung, körperliche Pflege und Zuwendung gibt. Er spürt die Liebe, die warme Bejahung seiner kleinen Person, er reagiert auf das Lächeln, Singen und Streicheln von Mutter und Vater mit Lächeln, Jauchzen und freudigem Strampeln. Durch dieses tägliche Miteinander über Wochen und Monate erfährt der Säugling, wer für ihn da ist, auf wen er sich verlassen kann. So lernt er diejenigen Menschen, die bei ihm die Mutterstelle bzw. Elternstelle einnehmen, an ihren unverwechselbaren Eigenschaften wie Stimme, Aussehen, Geruch, Art des Umgehens und Reagierens auf seine Lebensäußerungen und Aktivitäten kennen. Der Säugling bindet sich also an seine Bezugspersonen in einem wochen- bzw. monatelangen Erfahrungs- und Lernprozeß, und zwar unabhängig davon, ob diese Menschen seine leiblichen Eltern, seine Großeltern oder genetisch nicht verwandte Personen wie Pflege- oder Adoptiveltern bzw. mit seiner Betreuung und Versorgung beauftragte andere Menschen sind. Ihm genügt zu wissen, wer ihn verläßlich betreut, zu wem er Vertrauen und Zuneigung entwickeln kann, wer also zu ihm gehört. Das Entstehen einer Bindung ist nicht an leibliche Verwandtschaft gebunden, sondern wird vom Kind aus mit denjenigen Menschen geschlossen, die es hauptsächlich umsorgen. (Hassenstein/Hassenstein 1992)

In der Säuglingszeit bestimmt die langsam entstehende Bindung, in wessen körperlicher Nähe sich das Kind völlig sicher fühlt, wessen Anwesenheitssignale es beruhigen. Innere Sicherheit, Geborgenheit und Angstfreiheit beim Kind sind die ersten Kennzeichen einer sich stabilisierenden individuellen Bindung. Und gleichzeitig sind dies die wesentlichen Voraussetzungen für den weiteren Entwicklungsprozeß. Dieser Eltern-Lernvorgang beginnt in den ersten Lebensmonaten und dauert etwa bis zum Ende des zweiten Lebensjahres. Verstreicht diese Zeit ohne die Möglichkeit, Bindungen an eine kleine überschaubare Zahl konstanter Bezugspersonen zu knüpfen, so ist dieser Vorgang später nur mit einem sehr viel größeren Aufwand an Fürsorge nachzuholen. (Hassenstein/Hassenstein 1990)

War früher nur von der Mutter-Kind-Beziehung die Rede, so läßt der heutige Wissensstand den Begriff Eltern-Kind-Beziehung geeigneter erscheinen; denn heute nehmen sehr viele Väter mit ihrem Kind schon von dessen Geburt an sehr engen Kontakt auf und sind an seiner Pflege beteiligt. Dies bedeutet keine Abwertung der Mutter-Kind-Bindung, sondern eine Aufwertung der Betreuungsfähigkeit der anderen Bezugspersonen. Der Säugling ist für Sozialkontakte offener als ursprünglich vermutet. Ein Kind hat bereits mit wenigen Monaten verschiedene Bezugspersonen kennengelernt und reagiert durchaus differenziert auf sie. Außer der Bindung an die Hauptbezugsperson entwickeln Kinder nach und nach individualisierte Bindungen in abgestufter Intensität auch zu anderen Mitgliedern der Familie oder Sozialgruppe, in der sie aufwachsen. Viele

Untersuchungen über die Entwicklungsbedingungen von Säuglingen im familiären Rahmen belegen, daß die meisten Kinder mehr als eine, wenn auch nicht viele, Bindungspersonen haben. Wichtig sind Zuverlässigkeit und Kontinuität bei liebevoller Pflege. Zwischen Bezugspersonen und dem Kind muß die Gelegenheit zu regelmäßigen Zwiesprachen gegeben sein. Denn nur bei Kontinuität in der erzieherischen Betreuung entsteht eine sichere Bindung. (Papousek et al. 1986)

Das zweite und dritte Lebensjahr sind durch die explosionsartige Zunahme der Fähigkeiten, durch die Entwicklung von Unabhängigkeit und den langsamen aber stetigen Anstieg an Selbständigkeit gekennzeichnet. Voraussetzung für diese Entwicklungsschritte ist, daß die gewachsenen Vertrauensbindungen erhalten bleiben und gestärkt werden. Betreuungswechsel, Betreuungsabbruch oder gar fehlende Bindung sind die größten Risiken für die Ausbildung dieses Beziehungssystems. Mit jedem Betreuungsabbruch, den ein kleines Kind – vielleicht aus schicksalsmäßigen Gründen wie dem Tod der Hauptbezugsperson oder wochenlangem Krankenhausaufenthalt oder aber durch mehrmaligen Personalwechsel in der Fremdbetreuung – erleiden mußte, steigt seine seelische Verletzlichkeit dramatisch an. Der Bindungsvorgang ist nur sehr eingeschränkt wiederholbar. Ein ein- oder gar mehrmaliger Verlust von Bezugspersonen oder dauernde Wechselbetreuungen erschweren oder verhindern den primären Bindungsprozeß. Die Folgen dieser Betreuungsmängel sind allgemeine Unsicherheit und Mißtrauen mit all ihren Konsequenzen. In dieser allgemeinen Unsicherheit klammert sich das Kind aufgrund dauernd vorhandener Angst an seine Bezugspersonen. Und wiederum aus Angst, auch diese zu verlieren, wagt es nicht, sich auch nur kurzfristig von ihnen zu entfernen, um selbständig Erfahrungen zu machen. Doch genau das, das Sammeln selbständiger Erfahrungen, kennzeichnet die Kleinkindzeit. Beim Erkunden, Spielen, Nachahmen und schöpferischen Erfinden lernt das Kind durch aktiven Erfahrungserwerb, es gewinnt an Selbständigkeit und zeigt angstfreies soziales Verhalten. Diese ihm eigenen Verhaltensprinzipien steuern das Kleinkind beim Suchen und Aneignen der notwendigen Erfahrungen über seine Umwelt und den Charakter seiner Mitmenschen. (Hassenstein/Hassenstein 1990)

Doch Erkunden, Spielen, Nachahmen sind extrem empfindlich gegen ängstliche Beunruhigung. Wir kennen dieses Phänomen: Neues, das in angstfreier Situation Aufmerksamkeit und Wißbegierde weckt, löst bei innerer Unsicherheit und gesteigerter allgemeiner

Ängstlichkeit Furcht aus. „Chronisch" gesteigerte Angst als Folge frühkindlicher Betreuungs- und Bindungsmängel dämpft oder unterdrückt die dem Kind eigenen Strategien zum Erfahrungserwerb. Deprivierte Kinder, Kinder also, denen die Erfahrung einer Geborgenheit und Vertrauen (in sich und andere) vermittelnden Bindung fehlt, haben nicht nur mit dauernder Angst und Unsicherheit zu kämpfen, sie müssen auch noch Erfahrungsdefizite beim Lernen in der Kleinkindzeit hinnehmen. Die innere Bereitschaft zum Lernen und Entdecken wird vermindert, wichtige Lernprozesse des Vorschulalters unterbleiben. In Bereichen, die differenzierte Leistungen, Ausgeglichenheit und Stetigkeit voraussetzen, sind solche Kinder wenig oder gar nicht erfolgreich. Hierdurch erklärt sich, warum frühkindliche Bindungsunsicherheit, falls sie nicht rechtzeitig durch langdauernde, liebevolle, geduldige Betreuung gemildert oder aufgefangen wird, die spätere geistige Entwicklung und den Gewinn von Lern- und Konzentrationsfähigkeit, Selbständigkeit und sozialer Selbstsicherheit unter Umständen schwer beeinträchtigt.

Die Exklusivität der vertrauten Bezugspersonen als Ansprechpartner bei Kontaktbedürfnis, Hunger, Unwohlsein, Müdigkeit, Angst, aber auch beim Schmusen, Spielen und Erforschen bleibt weit über den 24. Lebensmonat hinaus erhalten. Das bedeutet, nach einem erfolgreich verlaufenen primären Bindungsprozeß eine Sicherheitsbasis zur Verfügung zu haben, bei der man sich bei Kontaktwunsch regelmäßig rückversichern und zu der man bei Angst fliehen kann. Die Zunahme der inneren Sicherheit erlaubt auch eine Vergrößerung des Erkundungsspielraums.

Individuell unterschiedlich, aber zumeist erst mit drei Jahren, wird auch der Wechsel von Lebenssituationen, werden bislang unbekannte Umgebungen – auch in Abwesenheit der Eltern – und somit auch neue menschliche Bindungen als lockend empfunden. Eine alterstypische Veränderung, die nun, wird sie ermöglicht, die weitere Entwicklung fördert. Jetzt können dem Kind bisher fremde Erwachsene zu zusätzlichen Vertrauenspersonen werden, der Kreis der Bezugspersonen wird erweitert und mit Gleichaltrigen bereitwillig und begeistert Kontakt aufgenommen. Vorausgesetzt, die „alten" Hauptbezugspersonen vermitteln den Kontakt, erleichtern den Übergang in jede neue Umgebung. Anfangs ist die Anwesenheit eines Elternteils in der Eingewöhnungszeit erforderlich, später wird der Wechsel durch eine gute Beziehung und vom Kind als Sicherheit empfundene Verbindung zwischen der Familien- und der Außerhauswelt erleichtert. Das gilt im Prinzip für jeden Besuch in einer anderen Familie genauso wie für einen Aufenthalt auf dem Spielplatz, in der Eltern-Kind-Gruppe und vor allem für den Start in einer Fremdbetreuung. (Bensel 1994a)

Unter dem Begriff Sozialkompetenz versteht man die Fähigkeit zu sozial gerichtetem Verhalten, so z. B. die Möglichkeit, Interaktionen mit Spielkameraden mitzugestalten oder das Einleben in die Gruppe Gleichaltriger, ein Erziehungsziel, das das Beherrschen vieler Formen der Kontaktaufnahme beinhaltet. Forschungsergebnisse konnten zeigen, daß Sozialkompetenz nicht durch das möglichst frühe und forcierte Angebot von möglichst vielen gleichaltrigen Sozialpartnern gefördert werden kann. Ohne Zweifel ist es wichtig, bereits einem Kleinstkind den Kontakt mit Gleichaltrigen zu ermöglichen, doch das ändert nichts an der Tatsache, daß dies ein langsamer, schrittweiser Annäherungsprozeß ist. Anfangs kann ihm von den Eltern, später dann ebenso von den Erzieherinnen, am besten dadurch geholfen werden, daß der vertraute Erwachsene beim Zusammentreffen mit anderen Kindern anwesend, jederzeit aufsuchbar, ansprechbar oder zumindest schnell anblickbar ist. Das Hineinwachsen in die Kindergruppe ist ein erfahrungs- und altersabhängiges Phänomen. Allein der Umstand, mit denselben Kindern jeden Tag am selben Ort zusammenzusein, ist keine ausreichende Voraussetzung für ein Kind, bereits im Vorkindergartenalter Gleichaltrige als Hauptsozialpartner zu favorisieren. Erwachsene Sozialpartner sind für Kleinstkinder besonders wichtig und attraktiv. Sie können individuell auf ein Kleinstkind reagieren, sich auf seinen Entwicklungszustand und sein momentanes Befinden einstellen und darüber hinaus noch soviel zusätzliche Anregung bieten, die weder ein Zuviel noch ein Zuwenig bedeutet. Die Dyade, d. h. die Zweierbeziehung, scheint die ideale Größe für den Beginn der Entwicklung sozialer Interaktionsfähigkeit darzustellen, zuerst mit den Hauptbezugspersonen, dann mit weiteren vertrauten Erwachsenen, dann mit einem Kind, später mit mehreren.

All diese Besonderheiten, die die Eltern-Kind-Beziehung wie auch das Verhältnis des Kindes zu weiteren Bezugspersonen in den ersten Lebensjahren prägen, bleiben danach auch weiterhin von Bedeutung. Auch wenn nun Betreuungswünsche hinzukommen, die von den bevorzugten Bezugspersonen jetzt etwas weniger Betreuungsquantität (da sich die Wünsche spätestens mit 5–6 Jahren an mehrere Personen richten!), aber sicher nicht weniger Betreuungsqualität verlangen. Die Ansprüche heranwachsender Kinder sind vielfältig, individuell oft unterschiedlich, abhängig von der momentanen Lebenssituation, dem Befinden und den familiären wie institutionellen Vorerfahrungen. Doch Ansprechbarkeit, Zugewandtheit, Zuspruch und der nie endende Wunsch nach Antwort auf alle Fragen gehören immer dazu, in jedem Alter. Einige wenige Punkte, zu den wesentlichen Kriterien einer guten Betreuung gehörend, sollen noch angesprochen werden. (Haug-Schnabel 1996)

Sensible Animateure werden gebraucht, wenn es um das Sammeln von Erfahrungen auf dem Weg zur Selbständigkeit geht. Erkunden, Spielen, Nachahmen und schöpferisches Erfinden, die kindlichen Strategien zum Erfahrungserwerb, sind das naturgegebene Programm zur Entwicklung jedweden Fortschritts. Hier noch in verspielten Kinderschuhen, später dann erwachsen, sind sie die natürlichen Triebfedern, die letztendlich die Entfaltung von Kultur, Wissenschaft und Kunst möglich gemacht haben. Die vertrauten Bindungspartner, Eltern, Erzieherinnen, Lehrer fördern ein Kind so gut wie möglich, wenn sie auf seine Strategien zum Erfahrungserwerb individuell antworten und es hierin bestätigen und motivierend weiterführen; denn dies ist die Situation, in der das Kind für Lernen offen ist. Durch die zunehmende Selbständigkeit entsteht dann ein Gefühl von Eigenkompetenz, das in immer neuen Situationen gestärkt und durch neue Erfahrungen erweitert wird. Um selbständig zu werden, müssen Möglichkeiten für vielfältige Erfahrungen mit Materialien, Situationen und Menschen angeboten und – ganz wichtig – die kindliche Selbständigkeit auch begrüßt werden. Das bedeutet z. B., sich als Erwachsene in vielen Alltagssituationen geduldig zurückzunehmen, besonders wenn das Kind von sich aus Aktivitäten in Angriff nimmt, selbst wenn alles dann bedeutend länger dauert, vielleicht sogar etwas mühsamer wird und womöglich nicht ganz perfekt endet. Zu diesem Erprobungsfreiraum gehört aber von seiten der Erwachsenen unabtrennbar, jederzeit ihre Bereitschaft zur Unterstützung zu signalisieren, wenn das Kind um Hilfe bittet oder die Aufgabe mit Kinderhänden nicht allein bewältigbar ist. So lernt man, sich zu melden, wenn Hilfe nötig ist, und angebotene Hilfe auch annehmen zu können. Dies können Kinder mit sicherer Bindung besonders gut. Falls das Unternehmen scheitern sollte, sind Mitgefühl angesagt und – wenn noch Aussicht auf genußvollen Erfolg besteht – auch ermunternde Worte für erneute Versuche. Es geht um das Erkennen realistischer Ziele. Trost kann die Frustrationstoleranz vergrößern, was wiederum den Umgang mit Mißerfolg erleichtert und auch eigene Grenzen akzeptieren läßt, ohne daß das Selbstwertgefühl Schaden nimmt.

Bis zum Alter von 10 Jahren hat ein Kind mindestens zwei Wellen aggressiver Provokation hinter sich. Deren positives, gewinnbringendes Durchleben stellt höchste Ansprüche an die Betreuer, denn jetzt werden Orientierungshilfen nötig: Durch aggressive Provokationen versucht jedes Kind, zuerst im Trotzalter als Kleinkind, dann in den Flegeljahren während der Schulzeit, seinen alterstypischen Handlungsspielraum auszuloten. Es muß herausfinden, wie weit es mit seinem Verhalten gehen darf, was es sich ungebremst und ungestraft Erwachsenen, aber auch Gleichaltrigen gegenüber herausnehmen kann. Für dieses aggressive Ausprobieren der sozialen Möglichkeiten ist es typisch, daß all diese Provokationen nicht dadurch zu beschwichtigen sind, daß alle vorgetragenen Wünsche und Forderungen sofort erfüllt werden. Im Gegenteil! Sobald ein Ziel erreicht ist oder der Auseinandersetzung gar ausgewichen wird, versteht das Kind dies als Etappensieg oder Antwortverweigerung. In beiden Fällen wird es versuchen, seinen Handlungsspielraum noch mehr zu erweitern. Es wird also eine neue Möglichkeit zur Auseinandersetzung suchen, weitere Übergriffe wagen, um seinen Platz in der „Rangordnung" zu überprüfen, womöglich zu verbessern. Nur das Setzen konsequenter, aber auch einsichtiger Grenzen läßt die aggressive soziale Exploration abebben. Nach einer Klärung der Verhältnisse kann längerfristig für beide Seiten befriedigende Ruhe herrschen – bis Neues zur Klärung ansteht. (Haug-Schnabel 1994a)

Für ihre soziale Orientierung brauchen Kinder Grenzen, die montags identisch aussehen wie donnerstags, bei der Mutter genauso gelten wie beim Vater, im Glücksfall vielleicht sogar bei der Tagesmutter, im Kindergarten und in der Schule in identischer Weise gehandhabt werden, um sich zurechtzufinden und sozial sicher zu werden. Durch garantierten Freiraum, stabile Grenzen und das gelebte Vorbild der Bezugspersonen kann man gemeinschaftsfähig werden. (Haug-Schnabel 1997)

Ein Kind hat das Recht, von seinen Betreuern den Umgang mit Konflikten zu lernen. Prägende Erfahrungen mit dem Ablauf von Auseinandersetzungen und dem Umgang mit Siegern und Verlierern macht man in der eigenen Familie, in der Kindergruppe und in der Schule. Hier entsteht Schritt für Schritt das überraschend stabile individuelle Grundmuster, Konflikte anzugehen – je nach den gesammelten Erfahrungen über den Ausgang von Meinungsverschiedenheiten und dem Vorbild der kennengelernten Gepflogenheiten beim Konfliktelösen. So erfährt man, daß Konflikten aus dem Weg zu gehen nie eine längerfristige Lösung ist, daß man nicht immer seinen

Kopf durchdrücken kann, auch wenn mitunter Hartnäckigkeit und Überzeugungskraft angebracht sein können. Auch Nachgeben kann von Fall zu Fall der richtige Weg sein oder das Zurückstellen der eigenen Wünsche oder die gemeinsame Suche nach einem Kompromiß. Man kann unterschiedlicher Meinung sein und diese auch scharf vertreten, aber ohne Respektlosigkeit, persönliche Beleidigung, verletzende oder erniedrigende Worte.

Hier soll unser Ausflug in die kindlichen Entwicklungsbedingungen enden. Wichtig für uns sind all die Betreuungsvoraussetzungen, die es – ist man sich seiner Verantwortung als Eltern bewußt – zu beachten und zu wahren gilt.

2.1.3 Was gibt es an Betreuungsmöglichkeiten?

Der Betreuungsbedarf eines Kindes hängt von seinem Alter ab und stellt jeweils spezielle Anforderungen an die Betreuenden, das haben wir gesehen. Betreuung von Kindern kann die verschiedensten Formen annehmen. Sie kann zumindest in den ersten drei Lebensjahren von den Eltern, schwerpunktmäßig von der Mutter, weitgehend allein bewältigt werden. Sie kann aber auch zwischen verschiedenen Personen aufgeteilt sein, da Betreuungszeiten abgegeben oder außer Haus durchgeführt werden.

Bereits ab dem Zeitpunkt der Geburt können neben der Mutter einige andere Personen an der Pflege des Neugeborenen beteiligt sein. Die Hebamme, die Kinderkrankenschwester, immer häufiger der Vater, selbst die in der Wochenbettzeit häufig hinzustoßenden Großmütter sind zumindest kurzfristig für den neuen Erdenbürger verantwortlich. Doch nach der Wochenbettzeit, spätestens nach dem Mutterschutz, wird die alleinige Verantwortung meist wieder in die Hände der Mutter gegeben.

Haben die Eltern ein gutes Verhältnis zu ihren eigenen Eltern und wohnen diese in der Nähe, übernehmen sie häufig einen Teil der Betreuung. Auch freundschaftliche Kontakte zur Nachbarschaft oder zu befreundeten Elternpaaren werden genutzt, um dem Kind zu verabredeten Zeiten Spiel- und den Müttern erwachsene Kommunikationspartner zu bieten. Mit zunehmendem Alter wird das Kind vielleicht auch von einer Freundin kurze Zeit alleine betreut, damit die Mutter Zeit für Einkäufe, Kinobesuch, Gesangsstunde oder einfach mal nur Zeit für sich hat. In all diesen Fällen würde man wahrscheinlich noch nicht von Fremdbetreuung sprechen, schließlich kennt man ja die Großeltern und die Freundinnen gut. Und außerdem findet all das nur ab und zu, recht selten statt. Erst wenn der

Faktor unbekannte Person, die für die Betreuung bezahlt wird, hinzukommt, wird man von fremder, da nicht im privaten Kreis stattfindender Betreuung sprechen. Bei einem Babysitter beispielsweise.

Diese Unterscheidung ist allerdings sehr erwachsenenzentriert, gerade für den Säugling wird dieses Verbundenheit signalisierende soziale Netz (aus den Eltern nahestehenden Personen) nicht weitervererbt. Jede hinzukommende Person muß vom Kind erst kennengelernt werden, ihre Eignung als mögliche Bezugsperson beweisen und sich das Vertrauen des Kindes verdienen. Insofern hat ein Babysitter keine schlechteren Startchancen als die eigene Großmutter, wenn er zärtlich, zugewandt und zuverlässig ist. Fremd ist eine Betreuung aus Kindersicht am Anfang immer, und ob sie danach zu einer vertrauten und damit Sicherheit gebenden Betreuung wird, hängt von der Qualität, der Kontinuität und der Voraussagbarkeit der betreuenden Person ab. Eine Erzieherin kann für ein Kind wichtiger werden als die eigenen Großeltern, die Krippenerzieherin oder die Tagesmutter fast ebenso wichtig wie die eigene Mutter, ein heikler Punkt, der zu starken Eifersüchteleien führen kann, wie wir noch sehen werden. Für das Kind ist die Vertrautheit zur „Fremd"betreuerin jedoch die beste Voraussetzung für eine gelungene Zeit außer Haus.

Wir werden in späteren Kapiteln die Für und Wider der verschiedenen Betreuungsformen genau diskutieren. Hier soll nur ein kurzer Überblick gegeben werden, was es überhaupt an Möglichkeiten für suchende Eltern gibt. Für kurze, sporadische Betreuungswünsche gibt es außerhalb des Verwandten- und Bekanntenkreises die Möglichkeit, sich einen Babysitter zu suchen, in einigen Städten gibt es hierfür Vermittlungshilfen. Spezielle Varianten hiervon sind Oma-Hilfsdienst, Notmütterdienst, Betreuungsladen und betreute Spielplätze.

Für eine halb- oder ganztägige Betreuung gibt es vom Jugendamt vermittelte Plätze in Tageseinrichtungen. Für Kinder unter drei sind dies Krippen, auch Krabbelstuben genannt, für ältere Kinder bis sechs Jahren der Kindergarten bzw. die Kindertagesstätte und für Grundschulkinder der Hort. Auch Tagesmütter (Tagespflegestellen) werden vom Jugendamt vermittelt. Werden weniger als vier Kinder von der Tagesmutter betreut, kann die Vermittlung auch privat erfolgen. Warum Sie das aber nicht tun sollten, erfahren Sie in Kapitel 7.2.1. Au-Pair-Mädchen oder -Jungen kommen aus EU-Staaten, Osteuropa oder Übersee, um Land, Leute und Sprache kennenzulernen. Sie übernehmen als Gegenleistung für ein besseres Taschengeld, Kost und Logis die halbtägige Betreuung der Kinder und erledigen Teile der Hausarbeit.

Auch manche Betriebe helfen ihren Arbeitnehmern bei der Suche nach einem Betreuungsplatz oder besitzen sogar betriebseigene Krippen oder Kindertagesstätten.

Außerdem gibt es die Möglichkeit, sich einer bestehenden Elterninitiative mit eigener Kinderbetreuung anzuschließen oder gar selbst eine zu gründen. Der zeitliche und organisatorische Aufwand ist in der Regel jedoch recht hoch und somit nicht mit einer Erwerbstätigkeit, zumindest keiner Vollzeitstelle, des in der Initiative aktiv mitarbeitenden Elternteils zu vereinbaren. Es geht hier meist mehr um die Umsetzung besonderer Erziehungsvorstellungen als um die Schaffung eines Betreuungsplatzes.

2.1.4 Was braucht es für eine gute Betreuung im Säuglings- und Kleinstkindalter?

Nachdem im Kapitel 2.1.2 zu lesen war, welche Grundbedürfnisse Kinder haben und welche Anforderungen sie an ihre Bezugspersonen stellen, werden in diesem Abschnitt diese Kriterien auf die Fremdbetreuungssituation übertragen. Welche Bedingungen sollten am Ort der Betreuung erfüllt sein, damit wir unseren Säugling oder unserKleinstkind mit gutem Gefühl dort für eine Weile zurücklassen können?

Die folgenden Überlegungen beruhen auf den Ergebnissen aus jahrelanger internationaler Forschung, vor allem in den Vereinigten Staaten. Es hat sich gezeigt, wie vorteilhaft die Entwicklung der Kleinen verlaufen kann, wenn diese günstigen Voraussetzungen in der Fremdbetreuungssituation gegeben sind. Aber auch wie nachteilig sich fehlende Qualität auf die geistige und soziale Entwicklung auswirken kann. (Bensel 1994b)

Schauen wir uns zunächst einmal die Situation der Säuglinge und Kleinstkinder unter drei Jahren an.

CHECKLISTE
Rahmenbedingungen einer guten Betreuung

- ☐ *Alter bei Betreuungsstart:* möglichst nach Abschluß des primären Bindungsprozesses, d. h. nach dem 24. Monat; gerade zwischen dem 12. und 18. Monat ist ein Start besonders schwierig.
- ☐ *Anzahl der Wechsel der Fremdbetreuungsstellen des Kindes:* möglichst kein Wechsel zwischen verschiedenen Krippeneinrichtungen oder zwischen Krippe und Tagespflegestelle o. ä.

- ☐ *Dauer der täglichen Betreuung:* möglichst nicht mehr als vier Stunden.
- ☐ *Betreuerinnen:Kind-Schlüssel:* höchstens 1:3,5.
- ☐ *Konstanz der Betreuerinnen am Tag:* kein Wechsel der Betreuerin am Tag.
- ☐ *Konstanz der Betreuerinnen während der gesamten Betreuungsjahre:* möglichst dieselbe Betreuerin für die gesamte Zeit.
- ☐ *Gruppengröße:* nicht mehr als acht Kinder pro Gruppe.
- ☐ *Ausstattung der Einrichtung:* ausreichende Qualität und Quantität des Spielmaterials, Größe und Konzeption der Räumlichkeiten, z. B. Rückzugs- und Schlafmöglichkeiten für das Kind.
- ☐ *Pädagogisches Konzept der Einrichtung*[1]: z. B. regelmäßige Mahlzeiten in freundlicher Atmosphäre, Tagesplan, Gruppenaktivitäten, Sicherheit ohne extreme Einschränkungen, Abstellen einer Betreuerin für ein einzugewöhnendes Kind als Zusatzbindungsperson außer Haus („Bezugspersonensystem").
- ☐ *Erfahrung der Betreuerinnen mit der Betreuung von Kindern:* ausreichende Berufserfahrung oder Erfahrung durch Familienarbeit; keine Praktikantin als vollwertige Kraft.
- ☐ *Ausbildungsstand der Betreuerinnen:* Ausbildung zur Erzieherin, möglichst für das „Alter unter drei".
- ☐ *Engagement und pädagogisches Geschick (Sensitivität) der Betreuerinnen:* z. B. ausreichende Befriedigung des kindlichen Wunsches nach Körperkontakt, etwa Berührungsspiele beim Wickeln.
- ☐ *Dauer der Eingewöhnungsphase zusammen mit den Eltern:* in Abhängigkeit von dem kindlichen Befinden zwischen drei bis vier Wochen.
- ☐ *Berücksichtigung des ethnischen und kulturellen Hintergrundes des Kindes:* z. B. in bezug auf die Nahrung und Kleidung.
- ☐ *Alterszusammensetzung der Kindergruppe:* möglichst breite Altersmischung von 0–6 oder 0–15 Jahren.
- ☐ *Beziehungsqualität zwischen Betreuerinnen und Eltern:* z. B. Möglichkeit zu offenen Gesprächen über anstehende Probleme, Hausbesuche, gemeinsame Unternehmungen.

---

[1] Kornelia Schneider (1992) erstellte einen empfehlenswerten, sehr detaillierten Leitfaden zur Beurteilung von Gruppeneinrichtungen für Kinder unter drei Jahren, speziell unter pädagogischen Gesichtspunkten.

Wir können hier unterscheiden zwischen Punkten, auf die die Eltern direkt Einfluß nehmen können, und solchen, die nur indirekt durch die Wahl einer geeigneten Betreuungseinrichtung gesteuert werden können.

Besteht die Möglichkeit, sollten die Kinder erst nach dem zweiten Geburtstag fremdbetreut werden, da die wichtigste Phase der primären Bindung dann abgeschlossen ist. Das Risiko einer Bindungsverunsicherung wird minimiert.

Auch ist eine halbtägige Unterbringung in diesem Alter einer ganztägigen vorzuziehen, damit noch ausreichend Gelegenheit zur Interaktion zwischen Eltern und Kind verbleibt, und der „Arbeitstag" des Kindes nicht zu lange dauert.

Auch können die Eltern versuchen, Wechsel der Betreuungspersonen unter der Woche und über die ganze frühe Kindheit hinweg möglichst zu vermeiden. Zum Beispiel durch sorgfältige Auswahl der Betreuung und Vorinformation über potentielle Probleme mit der gewählten Betreuungsform.

Gerade der Start in der Krippe, bei der Tagesmutter etc. ist sehr störungsanfällig. Hier sollte man sich genug zeitlichen Freiraum verschaffen, um sein Kind behutsam und ohne Druck eingewöhnen zu können.

In der jüngsten noch andauernden Fremdbetreuungsstudie werden einige der aufgezählten Risiken bestätigt, aber auch die Wichtigkeit der familiären Betreuungskomponente wird herausgestellt. Nur wenn in der Familie ein unsensibles Klima herrscht, kann Fremdbetreuung wirklich schaden.

INFOBOX

Ganz aktuell haben sich folgende Betreuungsrisiken erneut bestätigt[2]:

Einen schlechten Einfluß auf das Kleinstkind hat externe Betreuung hauptsächlich dann, wenn mehrere negative Umstände zusammenkommen:

- mehr als 10 Stunden nicht-elterliche Betreuung pro Woche (für Jungen gravierender als für Mädchen),
- schlechte Betreuungsqualität,

[2] Ergebnisse der bislang größten Langzeitstudie zur frühen Fremdbetreuung („Study of Early Child Care" des National Institute of Child Health and Human Development)

♦ wechselnde Bezugspersonen.

Diese drei Faktoren können dem Kind dann schaden, wenn die Mutter wenig sensibel (einfühlsam, verständnisvoll, aufmerksam und liebevoll) für die Bedürfnisse ihres Kindes ist, häusliche Betreuung also keinen emotionalen Ausgleich bieten kann.

Eine wichtige Möglichkeit der Qualitätssicherung und Risikominimierung besteht in einer gelungenen Kommunikation mit der „Anderen", der neuen Betreuungsperson, sei es die Krippenerzieherin, die Tagesmutter oder die Kinderfrau. Hier sollte ein reger Austausch über das Kind, aber auch über nötige familiäre Hintergrundinformationen stattfinden. Das Kind sollte nicht das Gefühl bekommen, in zwei voneinander getrennten Welten versorgt zu werden, sonst wird es sich in keiner der beiden richtig wohlfühlen. Rituale können hier manchmal kleine Wunder vollbringen, da sie täglich wiederholt den Übergang zwischen beiden Betreuungsorten und vor allem die Abwesenheit von zu Hause erleichtern. Morgens zusammen mit Mutter oder Vater die Katze der Tagesmutter begrüßen, abends gemeinsam die Spiel- oder Bastelergebnisses des Tages bewundern, von der Krippenerzieherin auf die Fensterbank gehoben werden, um der Mutter nachzuwinken, oder der gemeinsame Sandburgbau mit der Mutter beim Abholen am Fremdbetreuungsort sind nur einige von zahllosen Möglichkeiten, Halt durch verbindende Gewohnheiten zu bieten. Der Lieblingsteddy oder der heißgeliebte Laster von zu Hause sollte ruhig als heimatlicher Talisman mitgebracht werden, um eine emotionale Brücke zwischen den zwei Welten zu bauen.

Nur schwerlich gelingt die Einflußnahme der Eltern auf die strukturellen Variablen der Betreuungseinrichtung. Daß wenige Kinder verschiedenen Alters in einer Gruppe betreut werden, um Familiensituation zu simulieren, so viele Erzieherinnen angestellt sind, damit sie als agierende und reagierende Ansprechpartner der Kinder zur Verfügung stehen, auch noch die Ausstattung stimmt, genug Spiel- und Rückzugsmöglichkeiten vorhanden sind und das pädagogische Konzept nichts zu wünschen übrig läßt, liegt bei öffentlichen Betreuungsplätzen ebensowenig in der Macht der Eltern, wie Fortbildungs- und Supervisionsgelder für Qualifikationsverbesserungen der Erzieherinnen bereitzustellen. Auch Ausbildungsstand, Erfahrung und einfühlsames Geschick lassen sich nicht von Elternseite bestimmen. Eltern bleibt als einzige Möglichkeit, Vergleiche – im

Sinne von „Stiftung Warentest“ – vorzunehmen, um die mangelhaften, unpassenden Einrichtungen auszuschließen. Die andere Alternative besteht darin, eine Betreuung zu wählen, auf die sie mehr Einfluß haben, eine selbst(mit)gegründete Elterninitiative beispielsweise.

2.1.5 Der Kindergarten, Betreuungseinrichtung für Kleinkinder

Mit drei Jahren kommt man in den Kindergarten. Das wußte bis vor einigen Jahren jedes Kind und fieberte oder zitterte, je nach Naturell und mehr oder minder fundierten Geschichten über den Kindergarten, seinem dritten Geburtstag entgegen. Daß dies nicht immer ganz so automatisch abläuft, kann – wie wir in den letzten Jahren erfahren haben – am Geld und den dadurch nur begrenzt zur Verfügung stehenden Kindergartenplätzen liegen oder aber am Kind selbst, da wir nun wissen, daß nicht jedes Kind Schlag drei auch kindergartenreif ist. Zu diesen beiden Punkten werden wir noch kommen (2.3.3 und 2.1.7), doch nun zum Kindergarten selbst.

Familienergänzend ist diese Einrichtung konzipiert, als Bereicherung für das Kleinkind mit erweiterten Bedürfnissen, nicht als Ersatz für Familienleben. (Haug-Schnabel/Schmid 1994) Es soll also etwas Neues hinzukommen, aber nichts Vertrautes verlorengehen. Der primäre Bindungsprozeß ist abgeschlossen, interessante und zugewandte Menschen können jetzt aufbauend auf dieses Sicherheitsgefühl den Kreis der bisherigen Bezugspersonen und Spielpartner erweitern, vorausgesetzt den alten Bindungen geht nichts an Bedeutung verloren. Vertraut waren bisher die familiäre Wohnung, oft noch die Räumlichkeiten bei Opa und Oma, bei Freunden der Eltern oder sogar das Zuhause anderer Kinder z. B. aus derselben Spielgruppe. Vertraut waren auch schon (hoffentlich) die in diesen Räumlichkeiten lebenden Menschen und ihre Eigenarten. Das Kind hat ein Alter erreicht, in dem ihm viele Alltagssituationen bekannt sind, Tagesrhythmus und familiäre Rituale sein Leben gliedern und beeinflussen. Vor diesem Hintergrund wird sein Aktionsradius immer größer. Die Erkundungsbegeisterung und der kaum zu stillende Wissensdurst machen neugierig auf Neues. Eigentlich optimale Bedingungen für den neuen Start, vor allem wenn vom Elternhaus Übergangshilfe geleistet wird!

INFOBOX
Starthilfe für den Kindergarten

- Kinder, die schon vor Kindergartenbeginn recht regelmäßig mit anderen Kindern in Minigruppen gespielt haben, Mama oder Papa auch schon in Aktion mit anderen Kindern erlebt haben und von anderen Mamas oder Papas getröstet wurden oder Hilfe bekommen haben, haben weniger Probleme.
- Leichter fällt der Start auch Kindern, die „partnerschaftlich" in den Familienalltag einbezogen sind und so schon oft erlebt haben, daß man mal kurz warten, etwas aufschieben oder sich einige Zeit selbst beschäftigen muß, da Mama oder Papa gerade nicht als Animateure oder Spielpartner zur Verfügung stehen, da es noch etwas zu erledigen gibt, bevor wieder Wünsche erfüllt werden können.
- Die Eingewöhnungszeit ist wesentlich:
  Alle Schnuppermöglichkeiten und Festivitäten in der Einrichtung vor dem Kigastart sollten wahrgenommen werden.
  Dann sollte ein Elternteil die ersten Tage dabeibleiben, sich jedoch dezent im Hintergrund halten.
  Nach wenigen Tagen dürfen Mutter oder Vater dann schon für eine Stunde gehen, aber unbedingt verabschieden, nicht fortschleichen und pünktlich zurückkommen!
  Die Erzieherinnen merken, wann sich die Eingewöhnung stabilisiert, so daß ab diesem Zeitpunkt die Weggehzeit auf die Kindergartendauer ausgedehnt werden kann. Jetzt ist die Phase erreicht, in der „meine" Erzieherin als Trösterin akzeptiert wird.
- Ein Talisman von zu Hause, ein bestimmtes Halstuch, ein Schmusetier, manchmal auch ein Familienbild im Kindergartentäschchen können Wunder wirken.
- Trotz „gleitender Arbeitszeit" im Kindergarten sollten Neulinge morgens zu den ersten gehören, die noch ganz ausführlich begrüßt werden. Auch aus gruppendynamischen Gründen ist eine relativ frühe Ankunft günstig. Es haben sich noch keine festen Spielgruppen gebildet, so daß das Kind leichter Anschluß findet.
- Eltern müssen sich immer verabschieden, nie unbemerkt davonschleichen, weil sonst jedes Kind mit Recht denkt: „An dieser Sache ist etwas faul!" Auch lange, mehrmalige Abschiede können dem Kind die Trennungssituation erschweren, es merkt das Zögern der Eltern und vermutet – wieder mit Recht –, daß sie entweder dem Kindergarten nicht trauen oder ihm nicht zutrauen, dort allein glücklich und zufrieden zu sein. Nach dem Begleiten in den Gruppenraum und dem Begrüßen der Erzieherinnen und der Kinder sollte in der noch kritischen Anfangszeit nach wenigen Sätzen ein kurzer, liebevoller Abschied mit aufmunternden Worten und einem Abholversprechen folgen.

Pünktlichkeit beim Abholen ist eine Vertrauenssache. Gerade für Neulinge ist es wichtig, nicht als letzter oder letzte aus der wartenden Kinderschar übriggeblieben zu sein, bis Mama oder Papa endlich kommen.

- Die Erzieherinnen teilen den Eltern beim Abholen mit, wie schnell sich das Kind nach ihrem Weggang beruhigt und zu spielen begonnen hat.
- Denken Sie daran, der Kindergartentag ist ein Arbeitstag, dann können Sie die Verhaltensänderungen Ihres Kindes viel besser verstehen. Es kommt z. B. mal müde, genervt oder aggressiv nach Hause, erzählt nichts und schimpft nur, daß es keinerlei Lust hat, da morgen oder jemals wieder hinzugehen. Kommt Ihnen das alles nicht irgendwie bekannt vor?
- Während der Eingewöhnungszeit im Kindergarten sollte besonders darauf geachtet werden, nach Kindergartenende in aller Ruhe Zeit füreinander zu haben und auch Gelegenheit zum Spiel mit den „alten" Freunden aus der Nachbarschaft oder dem Spielkreis zu geben. Alles Zeichen dafür, daß das Leben weiter geht, vielleicht sogar ein bißchen besser.

2.1.6 Welcher Kindergarten ist der richtige für uns?

Mein Gott, schon wieder steht eine Entscheidung an! Wer die Wahl hat, hat die Qual. Nein! Qual hat nur, wer keine Wahl hat! Weil in seiner Gemeinde jeder froh ist, wenn er überhaupt einen Kindergartenplatz für sein Kind bekommt, egal in welcher Einrichtung, vielleicht sogar nur einen der recht unbeliebten Nachmittagsplätze. Aber immer gilt: In allen Kindergärten kann man mitarbeiten und dadurch mitgestalten und verändern!

Was muß auf jeden Fall stimmen? Die Rahmenbedingungen für eine gute Kindergartenerziehung!

CHECKLISTE

Rahmenbedingungen eines guten Kindergartens[3]

- ☐ Bedarfsgerechtes, wohnortnahes Angebot, das die örtlichen Besonderheiten, z. B. eine Ganztagsbetreuung für einen Teil der Kinder, berücksichtigt.
- ☐ Senkung der Gruppengröße von 25 auf 20 Kinder, in Ganztagseinrichtungen auf 15.
- ☐ Zwei Fachkräfte pro Gruppe, ein Personalschlüssel, der den Erzieherinnen 25 % ihrer Arbeitszeit als „Verfügungszeit" für Vor- und Nachbereitung, Elternarbeit, Kontakt mit sozialen Diensten usw. zur Verfügung stellt.
- ☐ Flexible Öffnungszeiten, ohne Minderung der Erzieherinnenzahl in den Kernzeiten.
- ☐ Wo sachlich und fachlich möglich, Integration behinderter Kinder.
- ☐ Zusammenarbeit mit sozialen Diensten.
- ☐ Unterstützung der Familien bei ihren Erziehungsaufgaben.
- ☐ Öffnung des Kindergartens nach außen, als Kommunikations- und Nachbarschaftszentrum („erweiterter Kindergarten").

Je klarer die eigenen Vorstellungen sind, desto gezielter kann man nach einer Einrichtung suchen. Wo liegen denn überhaupt die Unterschiede, und was verbirgt sich hinter den Namen?

In *Kindergärten der Kommune* oder der großen gemeinnützigen Verbände findet sich mit Sicherheit die bunteste Mischung an Kindern und Eltern, Nationalitäten, Berufsgruppen und Lebensvorstellungen betreffend. Bei knappem Etat, was häufig bis regelmäßig vorkommt, sind die Rahmenbedingungen nicht immer optimal: zu viele Kinder und zu wenige Betreuerinnen pro Gruppe. Hoffentlich vorhandene Flexibilität und immer vorhandener Freiraum bei der pädagogischen Arbeit ermöglichen jedoch den Erziehernnen eine persönliche Atmosphäre aufzubauen, die für vieles entschädigt. Einzelbetreuung ist im Programm nicht vorgesehen und auch nicht möglich. Aber lebensnah soll Kinderalltag erlebnisreich gestaltet werden.

Relativ gering sind die Unterschiede zu *konfessionellen Kindergärten*, die – egal ob evangelisch oder katholisch – zur örtlichen Pfarr-

[3] Nach DKSB (Deutscher Kinderschutzbund) (Hrsg.) (1991): DKSB Standpunkte zur Förderung von Kindern in Tageseinrichtungen. Hannover.

gemeinde gehören. Mancherorts ist der Kindergarten ins kirchliche Gemeindeleben eingegliedert, was sich beim Auftritt der Kinder an Altennachmittagen, bei Taufen oder Hochzeiten, aber auch bei der stärker familienorientierten Arbeit zeigen kann. Manchmal besuchen auch ältere Menschen den Kindergarten und erzählen von ihrer Kindheit, bringen ein Lied, ein Spiel von früher oder ein Plätzchenrezept aus ihrer Kindergartenzeit mit. In evangelischen wie katholischen Kindergärten sind Kinder anderer Konfessionen oder konfessionslose Kinder grundsätzlich willkommen. Die christlichen Feste werden gefeiert und christliche Grundwerte vermittelt, so das religiöse Ziel dieser Kindergärten.

Kommunale und konfessionelle Kindergärten freuen sich über Elternmitarbeit, kommen aber mit dem geringsten Elternengagement aus.

Und was sind selbstgemachte Kindergärten, offiziell *Initiativ-Kindergärten* genannt? Oft ist es der Wunsch nach mehr Mitbestimmung, das Einbringen des eigenen pädagogischen Konzeptes, die unbedingte Forderung der kleinen Gruppe oder ganz schlicht der Mangel an öffentlichen Kigaplätzen, der Eltern privat einen Kindergarten gründen läßt. Der Staat, genauer Städte und Gemeinden, fördern diese Idee durch Zuschüsse, vorausgesetzt bestimmte Rahmenrichtlinien, die Räume wie die Ausbildung der angestellten Erzieherinnen betreffend, werden eingehalten. Hier müssen die Eltern ran, finanziell, mit eingebrachter Arbeit, Planungs- und Realisierungsgeschick und vor allem mit regelmäßig investierter Zeit. Denn sie machen den Kindergarten selbst.

Ein engagiertes Mitgehen seitens der Eltern erfordern auch sog. *Konzeptkindergärten*, wie *Waldorf-* oder *Montessori-Kindergärten.*

Phantasievoll tätig, umgeben von natürlichen Dingen und bewußt ferngehalten von unserer technisierten, multimedialen Welt, erobert ein Kind im Waldorf-Kindergarten seine Welt. Die elterlichen Erziehungsvorstellungen und vor allem -praktiken sollten hiervon nicht abweichen, da sonst statt einem Gefühl der Geborgenheit Irritation entstehen wird. Die Welten müssen passen, das betrifft die Spielmaterialien, den festen Tagesablauf, die rhythmische Wiederholung von Aktivitäten, das musische Arbeiten aus sich heraus, ohne jede Vorgabe, und das alles dominierende Lernen am Vorbild.

Das anspruchsvolle Montessori-Konzept geht vom allein fähigen, seine Kompetenzen erspürenden Kind aus, eine Vorstellung, die sich erst durch intensive Gespräche zwischen Erzieherinnen und Eltern in den Alltag umsetzen läßt. Eine Gruppengemeinschaft aus behinderten Kindern und Kindern ohne Handicap gehört mit zu dieser Vorstellung. Ohne Zeitdruck, von außen kommenden Ansporn oder Einmischung durchspielen die Kinder „Übungen des täglichen Lebens“ und arbeiten mit jeweils selbstgewähltem „Sinnesmaterial“, eigens hierfür konzipierten und gestalteten Teilen und Sets, die die Wahrnehmung erfahren lassen und schulen sollen.

Ein Rat: Nutzen Sie alle Vorstellungsveranstaltungen, Schnuppertermine und Tage der offenen Tür, um die jeweilige Atmosphäre und den hauseigenen Stil kennenzulernen. Die Erzieherin, der es gelingt, Ihr Kind zu faszinieren, indem sie sein Vertrauen gewinnt, seine Wertschätzung genießt, es ansprechen und begeistern kann, damit es sich in der Gruppe und in der Einrichtung wohlfühlt, diese Erzieherin ist die richtige, völlig egal, welches pädagogische Konzept sie vertritt.

ENTSCHEIDUNGSHILFEN
Welcher Kindergarten ist der richtige für uns?

- Entspricht er meinen Erziehungsvorstellungen? (Umgang mit Aggression ...)
- Paßt das pädagogische Konzept zu unserer familiären Erziehung?
- Sollen behinderte und nichtbehinderte Kindern gemeinsam in einer Gruppe sein? Dann bieten sich z. B. Kindergärten mit integrativem Ansatz und vor allem Montessori-Einrichtungen an.
- Sehe ich in einer der bislang noch seltenen altersgemischten Gruppen mit familiärer Struktur und Kindern z. B. von 2 bis 12 Jahren Erfahrungsvorteile für mein Kind (siehe Kap. 6.2.5)?
- Wünsche ich eine religiöse Erziehung für mein Kind? Oder befürworte ich eine überkonfessionelle Erziehung mit ethischen und humanitären Gesichtspunkten? Eine Abwägung zwischen einer konfessionellen oder einer kommunalen Einrichtung steht an, wobei allein die Bezeichnung jedoch recht wenig aussagt.
- Wie wichtig ist mir ein Mitspracherecht bei Fragen der Planung und Durchführung? Ein Maximum hiervon, allerdings auch gekoppelt mit einem Maximum an Engagement, bieten private Kindergärten, die auf eine Elterninitiative zurückgehen.
- Bin ich bereit und in der Lage, regelmäßig mitzuarbeiten? Manche privaten Einrichtungen erwarten abwechselnd von allen Eltern die Mitbetreuung der Kinder in der Einrichtung oder bei Exkursionen sowie regelmäßige Koch-, Putz-, Instandhaltungs- oder Umbaueinsätze;

Voraussetzungen, die von alleinerziehenden oder beruflich stark beanspruchten Eltern nur in Ausnahmefällen erfüllt werden können.

- Bin ich bereit und in der Lage, für ein besonderes Erziehungskonzept mich mit einem höheren monatlichen Beitrag an dessen Durchführbarkeit zu beteiligen oder Zusatzkosten durch Elterndienste abzuarbeiten?
- Welche Betreuungszeiten brauche ich für mein Kind? Reicht mir nur vormittags bis 11.30 oder 12 Uhr, brauche ich halbtags, Mittagessen eingeschlossen, oder bin ich auf eine ganztägige Versorgung und Betreuung angewiesen?

Möglichst viele der unten angeführten Pluspunkte sollten die in die engere Wahl kommenden Kindergärten zu verzeichnen haben. Schrecken Sie nicht zurück, und scheuen Sie nicht den Zeitaufwand, diese Checkliste durchzugehen. Alles was vorab geklärt werden kann, spart nachher viel Zeit, Ärger und Tränen.

CHECKLISTE
Pluspunkte eines Kindergartens

- ☐ *Transparenz*: Nach Absprache dürfen Eltern gerne mal reinschauen. Miteinander im Gespräch bleiben und kooperieren ist den Erzieherinnen wichtig.
- ☐ *Äußeres Erscheinungsbild*: Das Gebäude wirkt einladend und hell, der Garten wird zum Spielen genutzt, der Raumschmuck ist von Kinderhänden für Kinderaugen.
- ☐ *Standort*: Der Kindergarten überzeugt nicht nur durch seine Nähe, vielleicht zu Fuß erreichbar, sondern auch durch weitere Vorteile. Denn Entfernung läßt sich aus eigenem Antrieb überwinden, andere Mängel kaum.
- ☐ *Umgang der Kinder miteinander*: Der Ton unter den Kindern, das Beheben von Konflikten, das Lösen von Problemen, der Umgang mit Freude und Kummer, das Verhältnis zwischen den Großen und den Kleinen gefällt uns.
- ☐ *Spielatmosphäre*: Einmischungen der Erzieherinnen nur wenn nötig, ansonsten aufmerksames Beobachten und Verfolgen des Spiel- und Aktivitätsverlaufs. Ein Sicherheit gebender Tagesplan ist vorhanden, spannende Angebote sind vorbereitet, doch eigene Ideen der Kinder werden aufgegriffen sowie besondere Ereignisse spontan ins Programm aufgenommen.

- ☐ *Gesamtatmosphäre*: Der Umgang mit dem Kind ist liebevoll und schützend. Es sind Räumlichkeiten für Kinderbedürfnisse, Bewegungsfreiheit und zum Toben ebenso vorhanden wie Rückzugsmöglichkeiten zum Entspannen oder intensiven und ungestörten Arbeiten. Das Spielmaterial ist jedem Kind nach eigener Wahl frei zugänglich. Alltagsdinge wie Spülen, Aufräumen, Putzen und Essen bereiten passieren alltäglich.
- ☐ *Erzieherinnen*: Sie wirken kompetent, dem einzelnen Kind wie auch der Gruppe zugewandt. Die Umsetzung theoretischer Vorstellungen in den Kigaalltag gelingt, ebenso besteht ein offenes Verhältnis zu den Eltern.
- ☐ *Die Sache mit der Sympathie*: Das Kind fühlt sich zur Erzieherin hingezogen, läßt sich von ihr Spiele und Tätigkeiten zeigen und nimmt mit ihrer Hilfe Kontakt zu anderen Kindern auf. Auch die Eltern kommen mit der Art der Erzieherin klar und fühlen ihrerseits keine Bedenken, eine gemeinsame Vertrauensbasis aufzubauen.

2.1.7 Ist unser Kind kindergartenreif?

Leider eine Frage, die vorab nicht immer zufriedenstellend und irrtumsfrei beantwortet werden kann. Und das gerade jetzt, zu einem Zeitpunkt, an dem der Rechtsanspruch auf einen Kindergartenplatz mit Vollendung des dritten Lebensjahres mühsam schrittweise durchgesetzt wird. Wenn sich diese Regelung binnen weniger Jahre problemlos eingespielt hat, kann prognostiziert werden, daß noch mehr Elternteile den Erziehungsurlaub voll ausnützen werden, da die anschließende Betreuungsgarantie für ihr Kind ihnen den Entschluß, zumindest zeitweilig aus dem Erwerbsleben auszusteigen, leichter machen wird. Doch darf ein allgemeiner Rechtsanspruch auf einen Kindergartenplatz nicht mit einer individuellen Kindergartenreifegarantie gleichgesetzt werden.

Das heißt im Klartext: Nicht jedes Kind ist nach dem dritten Geburtstag bereit für den Kindergarten. Der Kigaplatz steht ihm dann zwar zu, das Kind kann ihn aber noch nicht nutzen – denn allein sein Entwicklungszustand, nicht sein Geburtsdatum ist ausschlaggebend!

Ob ein Kind den Anforderungen des Kindergartens wirklich gewachsen ist, erweist sich letztendlich erst dann, wenn es einige Tage dort live verbracht hat. Nur seine Reaktionen auf die Elternabwesenheit und Gruppenanwesenheit lassen endgültige Schlüsse zu. Ein Gespräch mit dem Kinderarzt, der die individuelle kindliche Entwicklung bereits seit langem verfolgt, aber auch der Kurzeindruck einer Erzieherin, die die Gelegenheit hatte, das Kind bei einer Schnupperveranstaltung zu beobachten, können zur Entscheidungsfindung beitragen. Es gibt auch einige Testfragen, mit deren Beantwortung man feststellen kann, wo das Kind bezüglich einiger Entwicklungsetappen steht.

CHECKLISTE
Ist unser Kind kindergartenreif?

- ☐ Kann unser Kind bereits mehrere Stunden Trennung von Mutter und Vater aushalten (andere vertraute Menschen sind zugegen!)?
- ☐ Äußert es von sich aus regelmäßig den Wunsch, mit anderen Kindern zusammen zu sein, auf den Spielplatz zu gehen, runter auf den Hof?
- ☐ Geht unser Kind schon auf andere Kinder zu, beteiligt es sich an ihrem Spiel oder trägt sogar bereits eigene Spielideen bei?
- ☐ Kann unser Kind schon spielen, d. h. ein Spiel vorbereiten und dann auch schon über 10 Minuten dabeibleiben? Kann es sich auf seine momentane Tätigkeit konzentrieren und verschiedene Materialien für seine Pläne einsetzen?
- ☐ Kann unser Kind sich an- und ausziehen? Schleife binden muß man noch nicht können, aber vielleicht schon mit Stiften, Pinsel oder Schere umgehen?
- ☐ Kann sich unser Kind sprachlich ausdrücken und mitteilen? 3-Wort-Sätze sollten gut klappen. Sprachschwierigkeiten sind kein Grund, nicht in den Kiga zu dürfen, sie sind höchstens der Grund, in einen besonderen (Sprachheil-)Kindergarten zu kommen.
- ☐ Trägt unser Kind tagsüber noch eine Windel, weil es noch nicht sicher trocken ist? Kein Problem, denn dieser von allen anderen genannten Punkten unabhängige Reifungserfolg sagt über die Kindergartenreife nichts aus. Nirgendwo wird man schneller und unkomplizierter trocken als im Kindergarten, wo all die anderen Kinder als Modell dienen können, wenn die Entwicklung der Blasenkontrolle weit genug vorangeschritten ist. (Haug-Schnabel 1993, 1994b) Vertreten Sie diesen Punkt auch standfest beim Gespräch mit der Erzieherin.

Treffen viele der Testpunkte bereits für Ihr Kind zu, sollte der Einstieg aller Wahrscheinlichkeit nach klappen. Eine Garantie hierfür gibt es jedoch nicht. Bei fast allen Punkten ein Ja, und dennoch kann es Schwierigkeiten geben. Genauso kann ein Zappelphilipp, der mit Pinsel und Schere wie mit Hammer und Schwert umgeht und den rechten Schuh fast schon wieder konsequent links trägt, von Anfang an der Liebling aller sein und zum Spiel eingeladen werden.

Doch was passiert, wenn es tatsächlich Probleme beim Kindergartenstart gibt?

Jeden Morgen gibt es Tränen, auch nach der üblichen Eingewöhnungszeit von 1–2 Wochen! Sind es immer noch Angst und Trennungsschmerz oder der Versuch des Kindes, die Mutter zum Bleiben zu „überreden"? Auch letzterem kann Kummer über das Zurückgelassenwerden angesichts der sich verabschiedenden Mutter zugrunde liegen. Beruhigt sich das Kind schnell nach dem Weggang des Elternteils, öffnet sich fürs Gruppenleben und kommt ins Spiel, so signalisiert der weinerliche Protest Umstellungsschwierigkeiten, die sich jedoch mit zunehmender Routine geben werden, ganz schnell sogar, wenn die Erzieherin als tröstende Person akzeptiert wird.

Gar nicht so selten kommt es auch vor, daß ein Kind gerade bei der Mutter ihre eigenen Eingewöhnungsschwierigkeiten an die neue Lebenssituation spürt. Das Kind nach drei Jahren intensiver Zweisamkeit irgendwo abgeben, sich von ihm trennen zu müssen, ohne genau zu wissen, was mit ihm geschieht, und sich dann vielleicht selbst noch auf die wieder beginnende Berufstätigkeit einstellen zu müssen, dieses und vieles mehr kann die Mutter belasten. Bemerkt die Erzieherin etwas von diesen Schwierigkeiten, wird sie der Mutter nahelegen, das Kind einige Zeit vom Vater, der Oma oder von einer Freundin in den Kiga bringen zu lassen, bis die emotionalen Wogen sich geglättet haben. Da einem Kleinkind sowieso der Abschied von der Mutter meist am schwersten fällt, bietet sich diese Lösung an. Erlebt die Mutter so auf Distanz den problemlosen Einstieg in den Kindergarten, kann auch sie leichter loslassen.

Weint das Kind dennoch Morgen für Morgen, läßt sich nicht oder kaum beruhigen, kommt – wenn überhaupt – nur schwer ins Spiel, leidet also in der ganzen Kindergartenzeit, helfen nur folgende Maßnahmen in Absprache mit der Erzieherin.

ENTSCHEIDUNGSHILFEN
Notfallprogramm bei Startschwierigkeiten

- Zuerst ist der Versuch möglich, morgens etwa eine halbe Stunde zu bleiben und dann das Kind bereits nach 2 Stunden wieder abzuholen.
- Hilft auch das nichts, und bleibt die Situation weiter angespannt, beginnt das Kind vielleicht sogar wieder tags oder nachts einzunässen, so empfiehlt es sich – Kindergartenplatz hin oder her –, das Kind zumindest ein halbes Jahr vom Kindergartenbesuch zurückzustellen. Es ist zu diesem Zeitpunkt offensichtlich noch völlig überfordert und kann den Kindergarten nicht als Attraktion, sondern nur als Strapaze erleben.
- Liegt der Verdacht nahe, daß ein Kind seine Erzieherin von Anfang an unsympathisch findet, die beiden nicht miteinander können, kann tatsächlich ein Gruppen- oder Kindergartenwechsel nötig werden, auf die Gefahr hin, daß auf den neuen Platz noch Monate gewartet werden muß. Trotz aller damit verbundener Umstände die einzige Lösung, da man in diesem Alter von seinen Bezugspersonen noch Trost und Zuneigung braucht, dies aber beides nur bei Menschen findet, die man mag und von denen man überzeugt ist, daß sie einen auch mögen.

2.1.8 Startvorbereitungen für die Schule

Es war einmal eine Zeit, in der es Vorschulprogramme für das letzte Jahr im Kindergarten gab. Die Großen wurden entsprechend auch Vorschulkinder genannt. Das war in den 70er Jahren, als die Unterschiede der familiären Kleinkindförderung zwischen den Elternhäusern noch im Kindergarten ausgeglichen werden sollten, um jedem Kind möglichst dieselben Startchancen für die Schule zu geben. Trotz guter Ansätze war das Programm in seiner Ursprungsform wenig erfolgreich, da man bald erkannte, daß durch Zahlen- und Buchstabenlernen der Schulstart nur quasi vorverlegt wurde, die eingeübten Fähigkeiten aber keineswegs dazu geeignet waren, den eigentlichen Start erfolgreicher zu gestalten.

Eine einheitliche Vorschulerziehung mit Arbeitsmappen, angefüllt mit Übungsblättern für Rechen- und Konzentrationsaufgaben und Förderungen zum Lesen- und Schreibenlernen gibt es nicht mehr. Nur noch Reste davon, so daß in manchen Bundesländern die Fünf- oder Sechsjährigen bereits einige Stunden an einigen Wochentagen in die Vorschule statt in den Kindergarten gehen. Oder es gibt in den Kindergärten Vorschulgruppen, in denen die Großen zusammengefaßt sind. Manchmal wird ihnen auch nur stundenweise z. B. ein Extraprogramm am Nachmittag in der Kleingruppe angeboten.

Immer häufiger findet man jedoch innerhalb des ganz normalen Kindergartenprogramms Angebote, die speziell die Großen ansprechen sollen. Es wird experimentiert mit verschiedenen Materialien, um Wahrnehmung, Geschicklichkeit und Überlegung zu schulen. Naturphänomene werden beobachtet und nachvollzogen, Exkursionen gemacht, es wird diskutiert, Spielzeug repariert und der Raum nach Kinderideen mit Kindermöglichkeiten gestaltet, es wird gekocht und gebacken, aber mit vorheriger Planung (Einkauf, abwiegen, abmessen und so weiter). Manchmal wird natürlich auch „Schule" gespielt, zur großen Freude der Kinder. Der Höhepunkt ist dann sicher ein Besuch in „meiner" späteren Schule, vielleicht sogar das besuchsweise Dabeisein im Unterricht. Oder ganz aktuell: Die Großen bekommen besondere Aufgaben und Zuständigkeitsbereiche im Kindergartenalltag, die alle gemeinsam haben, daß eine mehrteilige Aufgabenstellung selbständig und – ganz wichtig – in der richtigen Reihenfolge durchgeführt wird. Allein das verlangt genaue Wahrnehmung und Konzentrationsfähigkeit, ein Erfolg fördert das wichtige Selbstbewußtsein.

Pädagogen und Psychologen haben dazugelernt, Vorschulerziehung ist unauffälliger geworden, es gibt weniger ausgefüllte Blätter zum Vorweisen. Sie ist dafür aber viel kindgemäßer und dadurch effektiver geworden. Alterstypische Spezialitäten werden genutzt, z. B. die Neugier, Neues zu erfahren, die Freude, erworbenes Wissen zu genießen, Fragen zu beantworten. Mit Hilfe ansprechender Anreize „Lernstoff" anzubieten und vor allem den Spaß an Herausforderungen für Kopf, Füße und Hände zu schüren, all das gehört zur heutigen Vorschulerziehung. Plus – nicht zu vergessen – das Hauptprogramm der ganzen Kindergartenjahre: das soziale Miteinander erleben, sich einleben und sich als Gruppenmitglied erleben.

Spätestens jetzt zeigt es sich, daß ein bunter Kinderalltag die beste Vorbereitung auf die Schule ist. Wer vorgelesen oder Geschichten erzählt bekommt, mit wem am Tisch gespielt wird, der ist gut auf ruhiges Arbeiten vorbereitet. Wer viel wandert, am Feuer träumt und in der Sofaecke vergraben Bücher ansieht, vielleicht angeschnuckelt an Mama oder Papa, der kann mit Stille umgehen und sie aushalten. Wer überall mitmachen darf, alle Materialien und auch sogar Werkzeuge unter Aufsicht ausprobieren darf, kommt ganz allein zu Fingerfertigkeit. Wer von Erlebnissen erzählen darf, Interesse spürt und Nachfragen beantworten kann, übt sich im Sprechen und im genauen Beschreiben. Wenn Bewegungsfreude begrüßt und gefördert wird, kommt körperliche Geschicklichkeit mit ihrer positiven Wirkung auf Grob- und Feinmotorik ganz wie von selbst. Wenn kleine Aufträge zu den täglichen Pflichten gehören, ihr Gelingen aber auch gelobt wird, dann wird die Erledigung von Aufgaben selbstverständlich, und das eigene Können kann realistisch eingeschätzt werden.

Alles Dinge, die mit dem eigentlichen Schulstart gar nichts zu tun haben, aber im Vorfeld Probleme gleich gar nicht entstehen lassen.

INFOBOX
Was braucht ein Schulkind?

- Einen liebevollen Abschied am Morgen,
- einen schon vertraut gewordenen Schulweg,
- einen leichten, übersichtlichen und strapazierfähigen Ranzen mit deutlichen Erkennungszeichen,
- Kleidung, in der es sich wohlfühlt,
- ein leckeres, gesundes Vesper und etwas zu trinken,
- eine wichtige Person, die zu Hause ist, wenn man heimkommt, oder einen Hortplatz, an dem man sich geborgen fühlt, bis es nach Hause geht,
- einen festen Arbeitsplatz für die Hausaufgaben in ruhiger Atmosphäre,
- das gleiche Schularbeitsmaterial wie alle Kinder,
- jemanden, der die Hausaufgaben bewundert und kontrolliert,
- Eltern und Geschwister, die sich für den Schulstoff und die Schulerlebnisse interessieren,
- Zeit zum Spielen und Entspannen am Nachmittag,
- Familienwochenenden,
- ein genußvolles Zubettgehen und genügend Schlaf.

Und vergessen Sie die Schultüte nicht, ganz wichtig, am besten selbst gemacht und dadurch höchst individuell und nur mit Dingen gefüllt, die Ihr Kind toll findet. Übrigens, ein kleines Familienfoto im ersten Mäppchen kann Heimweh verringern und viel Sicherheit geben!

2.2 Familien- und Erwerbsarbeit

2.2.1 Berufstätigkeit neben Erziehungsaufgaben

In den ersten Kapiteln stand das Kind im Zentrum des Interesses, seine Lebenswelt und seine Bedürfnisse, eingebettet in die Familie. Wenn nun die beruflichen Aspekte aufgegriffen werden, bedeutet dies keineswegs, daß das Kind nun aus dem Gesichtsfeld verdrängt wird. Seine Bedürfnisse gelten nach wie vor ungeschmälert. Doch auch wenn ein Kind, zumindest das erste, der Neubeginn einer Familie ist, so wird doch seine Umgebung von Vorbedingungen geprägt, die jetzt zur Überarbeitung, d. h. zur Anpassung an die neue Familiensituation anstehen. Ein wichtiger Bereich, der Veränderungen unterliegen muß, ist die Berufstätigkeit zumindest einer der beiden nun zu Eltern werdenden Partner. Die meisten jungen Frauen gehen heute in ihrer Lebensplanung davon aus, ihren Beruf nicht gänzlich aufzugeben, wenn sie eine Familie mit ein oder mehreren Kindern gründen möchten, denn sie sehen ihn als einen wichtigen, nicht wegzudenkenden Bestandteil ihres Lebens.

Bei den Überlegungen wann und in welcher Form dem Beruf wieder nachgegangen werden soll, vernachlässigen Eltern sicherlich das Alter des Kindes nie, doch es gibt Aspekte, die kaum Spielräume für die Berücksichtigung der kindlichen Bedürfnisse oder auch der Wünsche der Eltern zulassen. Nach wie vor ist die Geburt eines Kindes nicht immer zu dem Zeitpunkt wirklich eingeplant gewesen, so daß manche Eltern weder bezüglich der Ausbildung oder der Etablierung in ihren Berufen noch finanziell auf die vielen kleinen oder größeren Umstrukturierungen, die das neue Familienmitglied zwangsläufig mit sich bringt, eingestellt sind. Das noch geringe Einkommen muß mit den unerwarteten finanziellen Anforderungen in Einklang gebracht werden. Neuanschaffungen sind nötig, oder die Wohnsituation muß an die vergrößerte Familie angepaßt werden. Die finanziellen Möglichkeiten einer Familie, gerade bei Neugründung, werden gegebenenfalls bis zur Grenze ausgeschöpft, so daß auf ein zweites Gehalt nicht – zumindest nicht ganz – verzichtet werden kann.

Doch der Grund, neben der Erziehung eines Kindes auch erwerbstätig zu sein, erschöpft sich keineswegs in momentanen finanziellen Aspekten. Viele Mütter müssen nicht nur arbeiten, viele Mütter wollen auch. Neben einem glücklichen Familienleben gehört eine sinnvolle berufliche Tätigkeit für Frauen gleichermaßen wie für Männer zu den Dingen, die sie in ihrem Leben verwirklichen möchten. Entsprach der gewählte Beruf weitgehend den gewünschten

Vorstellungen, was ja das Ziel jeder Berufswahl sein sollte, so ist die Umsetzung beruflicher Wünsche eine Quelle für persönliche Anerkennung und ein positives Selbstwertgefühl. „Ich brauche berufliche Bestätigung, sonst bin ich unzufrieden und unglücklich", ist keine leere Worthülse. Auch das Bedürfnis nach Eigenständigkeit und – gewisser – finanzieller Unabhängigkeit bestimmt die persönliche Lebenszufriedenheit mit. Die Anerkennung einer Person richtet sich schließlich in unserer Gesellschaft größtenteils nach beruflichen und finanziellen Werten.

Hier das Kind mit seinen berechtigten, durch die vorgegebenen Entwicklungsphasen nicht aufschiebbaren Bedürfnisse, dort die Mutter, nur selten ein Vater, mit persönlichen, die Lebenszufriedenheit bestimmenden Wünschen. Sie sind zwar hinauszögerbar, wenn die Bedürfnisse des anderen Beteiligten akzeptiert und anerkannt werden, rückt die Erfüllung der eigenen Wünsche jedoch in weite Ferne, entwickelt sich mehr und mehr Unzufriedenheit mit der momentanen Lebenssituation, die sich auch im Umgang mit dem Kind niederschlagen kann.

Auf der einen Seite die Verantwortung, dem Kind die nötige Liebe, Geborgenheit und Zuwendung zu bieten, und auf der anderen Seite die Freude am Beruf, der Wunsch nach Selbstbestätigung, Eigenständigkeit und Abwechslung. Eine Zerreißprobe, können nicht Kompromißlösungen gefunden werden, die nicht nur zu Lasten eines der Beteiligten gehen, sondern akzeptabel für beide Seiten sind.

Die Lösung der anstehenden Probleme, wenn neben den Erziehungsaufgaben auch einer Erwerbstätigkeit nachgegangen wird, bleibt den Familien zumeist selbst überlassen oder beruht auf Eigeninitiativen der Arbeitgeber. Vorhandene sozial- und familienpolitische Maßnahmen sehen eine dreijährige Unterbrechung der Berufstätigkeit vor oder zielen auf den Wiedereinstieg nach vielen Jahren des Pausierens. Konzepte für eine parallel geführte Familien und Berufstätigkeit – gleich ob bald nach der Geburt des Kindes die Arbeit wieder aufgenommen wird oder nach dem dreijährigen Erziehungsurlaub – sind nur vereinzelt und dann in sehr gemäßigten Ansätzen vorhanden; selbst von einem zur Verfügung stehenden Kindergartenplatz kann nicht überall ausgegangen werden, zwar besteht der Anspruch auf einen Platz, doch nicht dessen zeitliche freie Verfügbarkeit. Durch den dreijährigen Erziehungsurlaub mit seinem gesicherten Arbeitsplatz wurde für viele Eltern, deren finanzieller Background eine vorübergehende Reduzierung erlaubt, die Verwirklichung von Kindererziehung und Berufstätigkeit lebbarer, wenn auch keineswegs problemlos.

Dies klingt vielleicht zunächst pessimistisch; es besteht in manchen Fällen scheinbar keine freie Wahl, wann und in welchem Maße die Hauptbetreuungsperson eines Kindes wieder ihre Erwerbstätigkeit aufnimmt, doch es gibt Möglichkeiten. Die Rahmenbedingungen sowohl hinsichtlich der familiären Situation als auch hinsichtlich der Arbeitsgegebenheiten müssen jeweils auf bestehende Freiräume hin abgeklopft werden. Ein Erziehungsurlaub muß nicht zwangsläufig zur Dequalifikation in der Berufssparte führen, eine Berufstätigkeit – auch vor dem Kindergartenalter – muß nicht unbedingt damit verbunden sein, die Erziehung aus der Hand geben zu müssen.

2.2.2 Kontakthalten zum Beruf und zur Arbeitswelt

Die Sorge, den Anschluß an den Beruf zu verlieren, ist sicherlich nicht unberechtigt und veranlaßt einige Mütter, früher an den Arbeitsplatz zurückzukehren, als sie dies wirklich wünschen. Teils lassen Arbeitgeber auch durchblicken, daß sie von engagierten Mitarbeiterinnen erwarten, möglichst bald wieder die Arbeit aufzunehmen. Hier gilt es, sich nicht verunsichern zu lassen und anderweitig zu zeigen, daß man trotz des Erziehungsurlaubs nicht das Interesse am Beruf verliert. Und nebenbei bereitet man einen gelungenen, problemlosen Wiedereinstieg in sein Berufsleben nach der Pause vor. Mit den Veränderungen des Aufgabenbereichs kann man durch regelmäßige Fort- und Weiterbildungen Schritt halten. Teils muß dann zwar die Betreuung geregelt werden, handelt es sich um mehrtägige Maßnahmen, doch bei frühzeitiger Information und Vorbereitung ist das zu bewerkstelligen. Aber auch regelmäßige Abendkurse stehen in den meisten Städten zur Auswahl oder Fernunterricht, wenn die Wohnlage einfach zu ungünstig und die Betreuung des Kindes für diese Stunden nicht zu regeln ist.

Aber dies ist noch nicht alles, man kann noch mehr tun. Regelmäßige Besuche am Arbeitsplatz sind mehr, als die Kaffeezeit mit netter Unterhaltung zu füllen. So lapidar dies auch klingen mag, der persönliche Kontakt zu den Kollegen und Kolleginnen ist unbezahlbar. Die Bereitschaft, Hilfestellung bei Wiedereinstiegsproblemen zu leisten, wird bei weiterbestehender persönlicher Beziehung auch nach drei Jahren Abwesenheit vom Arbeitsplatz größer sein als bei einem Kontakt, der sich auf die Geburtsanzeige des Kindes beschränkte. Bei solchen Besuchen erfährt man zumindest die wichtigsten Veränderungen im Arbeitsprozeß und bleibt so ständig auf dem laufenden. Nebenbei signalisiert man den Vorgesetzten sein bleibendes Interesse am Berufsgeschehen und verstärkt auch ihr Verantwortlichkeitsgefühl für die im Augenblick zwar nicht arbeitende, doch stets immer wieder präsente Mitarbeiterin.

Mehr Engagement und organisatorischen Aufwand verlangt freilich die Bereitschaft, Kurzzeitvertretungen während Urlaubszeiten, in Krankheitsfällen oder betrieblichen Engpässen bei starkem Arbeitsanfall zu übernehmen.

Derart den Kontakt zum Beruf aufrechtzuerhalten, gilt auch für Mütter, die über den Erziehungsurlaub hinaus die Betreuung ihrer Kinder selbst übernehmen möchten. Für sie sind vielleicht diese Kontakte zum Betrieb, in dem sie gegebenenfalls später wieder einsteigen möchten, sogar insofern wichtiger, als sie normalerweise in keinem Arbeitsverhältnis mehr stehen. Ein jahrelanger derartiger Einsatz und ein ständiger persönlicher Kontakt zu Kollegen bzw. Kolleginnen und zu den Vorgesetzten sind nicht zu unterschätzende Argumente, will man nach langer Berufspause wieder in demselben Betrieb eine regelmäßige Beschäftigung antreten.

INFOBOX
Möglichkeiten, Kontakt zur Arbeitswelt und dem Betrieb zu halten

- Regelmäßige Besuche am Arbeitsplatz,
- betriebsinterne Informationen zusenden lassen,
- Fachliteratur lesen,
- an Fort- und Weiterbildungen teilnehmen,
- Fernunterricht oder Volkshochschulseminare wahrnehmen, die beruflich nützen,
- Urlaubs- und Krankheitsvertretungen übernehmen,
- Einspringen in Zeiten hohen Arbeitsanfalls.

2.2.3 Flexible Arbeitszeit

In den nun folgenden Kapiteln wird es um einzelne betriebliche Maßnahmen, etwas später auch um gesetzliche Regelungen gehen, die dazu beitragen, die erwünschte Vereinbarkeit von Beruf und Familie aus dem Bereich der Wunschvorstellung in die Zone der Machbarkeit zu rücken. Natürlich immer vorausgesetzt, die erwachsenen Mitglieder der Kernfamilie sind an der Realisierung dieser Vereinbarkeit interessiert, für sich selbst wie auch für ihren Partner oder ihre Partnerin.

Die flexible Arbeitszeit gehört zu den Maßnahmen der Berufswelt, die den familiären Tagesablauf erleichtern und das Spannungsfeld zwischen Erziehungs- und Berufserfordernissen entschärfen können. Flexible Arbeitszeit, also eine innerhalb gewisser Grenzen freie Terminierung der täglichen Arbeitsstunden, ist das Zauberwort, das vor allem Eltern und Kindern zugute kommen kann. Die morgendliche Aufstehsituation kann eher an die kindlichen Bedürfnisse und den familiären Rhythmus angepaßt werden, ein paar Worte zwischen Erzieherin und Eltern können ohne hektischen Blick auf die Armbanduhr gewechselt werden, ein Verkehrsstau auf der Strecke zwischen zu Hause, dem Betreuungsort des Kindes und der Arbeitsstelle bedeutet keine Katastrophe mehr, und der bedeutungsvolle Blick der Vorgesetzten oder Kollegen beim verspäteten Eintreffen bleibt erspart. Flexible Arbeitszeiten bedeuten aber auf der anderen Seite auch, daß die Mitbetreuer Ihres Kindes ebenfalls flexibel arbeiten müssen, denn die Zeit, die Sie morgens später zur Arbeitsstelle kommen, kommen Sie auch mittags oder abends später nach Hause.

Flexible Arbeitszeiten wurden bereits in vielen Arbeitsbereichen in verschiedenen Variationen erfolgreich verwirklicht. Dort können die Mitarbeiter in unterschiedlichem Maße souverän über ihre Zeit verfügen, indem entweder Gleitzeit oder variable Arbeitszeiten eingeführt wurden.

INFOBOX
Modelle flexibler Arbeitszeiten

- *Gleitzeitsystem:* Ein Zeitrahmen legt lediglich den frühest möglichen Arbeitsbeginn und das spätest mögliche Arbeitsende fest. Innerhalb fester Kernarbeitszeiten wird die Anwesenheit aller Arbeitnehmer und Arbeitnehmerinnen verlangt.
- *Variables Arbeitszeitsystem:* Hier gibt es keine Kernzeiten mehr. Die Abstimmung der individuellen Arbeitszeiten erfolgt, nach bestimmten Regeln festgelegt, unter den Mitarbeitern selbst.

Das Gleitzeitsystem kommt den familiären Bedürfnissen entgegen, da durch die Zeitsouveränität die Fremdbetreuung des Kindes reduziert werden kann, besonders wenn beide Elternteile Gleitzeit arbeiten können.

Das variable Arbeitszeitsystem bedeutet im Sinne der Vereinbarkeit von Familie und Beruf jedoch nur dann eine Verbesserung, wenn den Bedürfnissen der Kinder nach Regelmäßigkeit des Lebensablaufs und Kontinuität der Betreuung auch weiterhin Rechnung getragen werden kann. Sehr veränderliche Arbeitszeiten der Hauptbetreuungspersonen von Säuglingen oder Kleinstkindern machen es zudem erforderlich, daß die jeweils einspringenden Betreuer die gleiche Flexibilität im Zeiteinsatz für das Kind aufbringen können.

2.2.4 Teilzeitarbeit oder MobilZeit – wovon genau ist hier die Rede?

Um Familien- und Erwerbsarbeit miteinander verbinden zu können, streben seit langem und als erste Mütter eine Teilzeittätigkeit an, vorwiegend nach dem Erziehungsurlaub, aber teils auch bereits während dieser Zeit. Zumeist denkt man dabei spontan an die klassische Form der Teilzeitarbeit, nämlich halbtags am Vormittag zu arbeiten. Doch eine Teilzeitbeschäftigung kann viele Gesichter haben. Zwei Tage voll zu arbeiten und drei Tage frei zu haben, zählt genauso zu der Gruppe der Teilzeitbeschäftigung und wird in einer Reihe von Firmen praktiziert, wie die Halbtagsbeschäftigung, bei der der Feierabend zur Mittagszeit beginnt. Und einige Arbeitsplätze werden von zwei Beschäftigten genutzt, die sich sowohl den Schreibtisch als auch die Arbeit teilen, Job-sharing ist also auch eine spezielle Form der Teilzeitbeschäftigung (Kap. 4.3.1).

Inzwischen hat sich eine Reihe von Arbeitgebern dazu entschlossen, gezielt in Führungspositionen Teilzeitmöglichkeiten einzurichten, seit wenigen Jahren ist dies auch im öffentlichen Dienst möglich.

Die Vollzeiterwerbsarbeit wird immer mehr zum wirtschaftlichen Auslaufmodell. Arbeitslosigkeit, zuwenig Arbeit für zuviele Menschen, aber auch tiefgreifende Werte- und Strukturwandel, die Familie und die Wirtschaft betreffend, sind die Gründe hierfür. In der Teilzeitarbeit sehen Wirtschaftswissenschaftler und Personalmanager *die* Chance für die Arbeitsentwicklung der Zukunft. Die Unternehmensberatung McKinsey gibt an, daß sich 68 % aller Stellen in der deutschen Wirtschaft für Teilzeit eignen, das würde 2 Millionen neue Stellen bedeuten. Das große Potential flexibler Arbeitszeitregelungen in Deutschland ist bislang nur ansatzweise erschlossen.

Für diese Zukunftschance wird die Werbetrommel gerührt. Doch zuerst muß das eher negative Image der alten Teilzeit abgeschafft, die Einstellung hierzu aufgewertet werden, denn von Teilzeit erwarten Experten eine spürbare Entlastung der Arbeitsmarktprobleme, da durch moderne Arbeitszeitregelungen den Arbeitnehmern mehr Freiräume gegeben werden, die Produktivität in den Betrieben sich verbessert und zusätzliche Beschäftigungsverhältnisse geschaffen werden können. Fittere Arbeitnehmer, eine sozialverträgliche Art, das Arbeitsvolumen zu reduzieren, Rationalisierung ohne Schaffung sozialer Härten, qualifizierte Kräfte können gehalten und gewonnen werden, und Familie und Beruf lassen sich leichter vereinbaren.

Die Aufwertung geschieht bereits verbal, indem das nach minderqualifizierter Arbeit klingende Wort der Teilzeitbeschäftigung durch das moderne, Flexibilität anzeigende Wort „MobilZeitbeschäftigung" ersetzt wird. Ein großer Anteil der Teilzeitarbeitsplätze der vergangenen Jahre verteilte sich auf Berufsgruppen, die geringe Qualifikationen erforderten, unattraktiv und schlecht bezahlt waren, bei gleichzeitig hoher körperlicher wie psychischer Belastung. (Bäcker/Stolz-Willig 1993) Von dieser mit dem Begriff Teilzeit bislang verbundenen negativen Assoziation will man heute wegkommen. Der Begriff MobilZeit beinhaltet nicht nur eine reduzierte Arbeitszeit, sondern auch ein neues Konzept, in dem vor allem auf flexible und moderne Arbeitszeitgestaltung Wert gelegt wird. Punkte also, die Eltern mit Kindern im betreuungsintensiven Alter besonders entgegenkommen.

INFOBOX

MobilZeit – von Tages- bis Jahresregelungen gibt es alles

- Für jeden Wochentag wird eine bestimmte Anzahl von Arbeitsstunden festgelegt.
- Es wird pro Woche nur an festen zwei oder drei Tagen gearbeitet.
- Möglich ist auch, nur die Monatsarbeitszeit festzulegen und es dem Arbeitnehmer zu überlassen, wie er die Tage und Stunden monatlich aufteilt.
- Selbst das ist möglich: Über das Jahr wird eine verbindliche Anzahl von Arbeitsstunden vereinbart und die Form der „Abarbeitung" zwischen Arbeitnehmer und Arbeitgeber besprochen, wobei im Extremfall auf eine mehrmonatige Vollzeitbeschäftigung mehrere Monate Freizeit folgen können. (Vorsicht, bei längeren unbezahlten arbeitsfreien Perioden können sozialversicherungsrechtliche Probleme entstehen.)

Um ehrlich zu sein, das Zugpferd für eine Verbesserung der Arbeitsmöglichkeiten in Form von MobilZeit und für eine größere Akzeptanz bei den Unternehmen ist nicht ihre größere Familienverträglichkeit, sondern ihre Bedeutung im Auffangen drohenden Personalabbaus. Teilzeit nun nicht mehr als Arbeit für Mütter, die etwas dazuverdienen wollen, sondern als Weg aus der Arbeitsmarktkrise verstanden, gleichermaßen geplant für Fach- wie Führungskräfte und für Männer wie Frauen.

Es ist eindeutig nachgewiesen:
- daß in vier Stunden am Tag im Verhältnis effektiver gearbeitet wird als in acht;
- daß Teilzeitkräfte motivierter sind;
- daß sie weniger am Arbeitsplatz fehlen.

Je mehr ein Elternteil verdient, desto mehr lohnt sich Teilzeitarbeit. Mit dem Bruttoeinkommen sinken auch die Abgaben für Renten-, Kranken-, Arbeitslosen- und Pflegeversicherung. Die Beträge für Steuer und Solidaritätszuschlag sinken sogar überproportional.

Es zeigt sich immer wieder, daß es aus der Arbeitstradition bestimmte Vorstellungen gibt, die eine Reduzierung der Arbeitszeit problematisch machen und das berufliche Engagement in einem solchen Fall verringert sehen. Das bundesweite Forschungsprojekt „Vereinbarkeit von Beruf und Familie – Familienorientierte Personalpolitik als Teil der Unternehmenspolitik“[4] wird dazu beitragen, daß sich der Gedanke der MobilZeit schneller und vorurteilsfreier durchsetzt. Über 80 % aller jungen Menschen planen beispielsweise, in ihrem Leben eine Familie zu gründen, neun von zehn empfinden ein Leben mit Kindern als sinnvoller. Das ist wichtig, da die Familie neben der individuellen Gesundheit den Bundesbürgern am wichtigsten ist. Deshalb müssen Arbeitsbedingungen geschaffen werden, in denen die Menschen ihrer Wertvorstellung „Familie“ gerecht werden können. Die strikte Trennung zwischen Beruf und Familie muß aufgelöst werden. MobilZeit ermöglicht aktive Teilnahme am Familien- wie am Erwerbsleben. MobilZeit ist keine minderwertige Arbeitsform oder gar eine Sackgasse für die Karriere. Wer sagt denn, daß eine Führungskraft sich 100 %ig der Firma zu verschreiben habe, die Familie zweitrangig sein müsse? Zu einer ganzen Persönlichkeit gehört nicht die einseitige Ausrichtung auf den Beruf, sondern in erster Linie seine Einbindung und Verantwortung für die Familie.[5]

---

[4] Projekt der Gemeinnützigen Hertie-Stiftung mit über 50 Firmen aller Branchen und Größen. Bis 1998 werden in diesem Forschungsprojekt Sozial- und Wirtschaftswissenschaftler in Zusammenarbeit mit Management, Mitarbeitern und Betriebsräten in jeweiligen betrieblichen Modellversuchen die Kernprobleme einer zukünftigen Familienorientierten Personalpolitik untersuchen.

[5] Die MobilZeit-Aspekte wurden aus einem Gespräch mit dem Personalmanager Artur Wollert über neue Wege der Unternehmenspolitik, veröffentlicht in Psychologie Heute, Dezember 1996, S.34–37, entnommen.

2.2.5 Familienmanager in die Wirtschaft!

Was leistet eine Frau, wenn sie wegen eines oder mehrerer Babys im Beruf pausiert, Erziehungsurlaub nimmt, ihre Erwerbstätigkeit also unterbricht? Oder welche Leistungen erbringen ein Vater und eine Mutter, die sich die Erwerbs- und Familienarbeit teilen, wenn sie zuhause sind? Sie betreuen, pflegen und erziehen ihre Kinder und bewältigen die Haushalts- und Familienaufgaben, damit alle sich zuhause wohlfühlen können. Wenn es bis vor wenigen Jahren um den Wiedereinstieg ging oder um die Frage der Beförderung, womöglich in die Führungsschicht oder Chefetage, war die Zeit, in der diese Familienaufgaben vorrangig erfüllt wurden, für das Gespräch mit dem Chef eher nachteilig, eher als Handicap und als für die Karriere verlorene Zeit eingestuft; mit Sicherheit ergaben sich hieraus zumindest keine Pluspunkte für die Kandidaten.

Doch genau hier kommt einiges in Bewegung, Kindererziehung und Haushaltsführung werden von einigen Wirtschaftsfachleuten nicht mehr als verlorene Zeit gesehen, sondern als ein wichtiger Lebensabschnitt, der viele Kompetenzen erfordert und zur Entfaltung bringt. „Wer einen Haushalt führt und Kinder erzieht, hat sicherlich gute Voraussetzungen fürs Managerdasein: Ein ‚Haushaltsprofi' hat Organisationstalent, lernt Risiken einzugehen und Enttäuschungen hinzunehmen – der muß über sehr viele Fähigkeiten verfügen, die wir auch in der Berufswelt brauchen. Vor allem hat Führung viel mit Erziehung zu tun: Mütter und Väter sollten ebenso wie Manager als Vorbild wirken, die Stärken der Kinder – und ihrer Mitarbeiter – erkennen und fördern, ihr Selbstbewußtsein und Selbstvertrauen entwickeln helfen", sagt Artur Wollert, einer der bekanntesten deutschen Wirtschaftswissenschaftler.[6] Hauswirtschaft, Ernährungsberatung, Säuglings-, Kranken- und Altenpflege, Gartenbau, Gerätewartung, Finanzberatung, Animation, Motivation, Empathie, Koordination, Konfliktberatung und Schlichtungsverhandlungen, Gesprächsführung, Kontaktaufbau und -pflege, also verschiedenste Schwerpunkte aus dem psychologisch-pädagogischen Bereich, sowie aktuelle Allgemeinbildung sind nur einige der Aufgaben, die bei Familien- und Haushaltstätigkeit nahezu regelmäßig in ihrer gesamten Vielfalt anfallen. Denken Sie an die Planung und Durchführung einer Ferienreise mit drei eigenen Kindern und einem

[6] Die Aspekte zu „Mütter sind die besseren Manager" wurden aus einem Gespräch mit dem Personalmanager Artur Wollert (Knauth/Wollert 1996) über neue Wege der Unternehmenspolitik, veröffentlicht in Psychologie Heute, Dezember 1996, S.34–37, entnommen.

Freundeskind im Alter zwischen 16 Monaten und 11 Jahren; an die Renovierung des Hauses bei weiter laufendem „Familienbetrieb"; an die Arztfrau mit vier Kindern, die nachmittags in der Praxis aushilft; an die Organisation des Weißen Sonntags, der wieder einmal als Familienfest in die Annalen eingehen soll; oder an die Mitgestaltung der Schulabschlußfeier, als Lisa Keuchhusten bekam und der Waschmaschinenschlauch riß. Sie können sicher Beispiele hinzufügen.

In der Familie erworbene Kompetenzen wie Entscheidungsfähigkeit, Konfliktlösestrategien, Organisationstalent, Frustrationstoleranz, Motivationsfähigkeit und Krisenmanagement werden langsam als berufliche Schlüsselqualifikationen akzeptiert. Wenn jemand bei der Bundeswehr war, so traut man ihm Ordnung und Disziplin zu. Doch dann sollten Familienerfahrene ebenfalls einige zusätzliche Pluspunkte beim Wiedereinstieg oder Aufstieg im Beruf angerechnet werden.

2.3 Rechte, Pflichten und Finanzen

2.3.1 Ein Kind ist nicht nur Privatsache

Zuerst einmal ist die Geburt eines Kindes die intimste und privateste Angelegenheit, die man sich vorstellen kann. Sein Kind berühren, es im Arm halten, betrachten und liebkosen – nur so, unter Beteiligung aller Sinne, kann man ganz langsam fassen, was sich hier zwischen zwei Menschen ereignet hat.

Der Staat schützt diese familiäre Privatsphäre. Doch nicht nur dieser Schutz gehört zu seinem Verantwortungsbereich. Zwar langsam, aber erfreulicherweise immer mehr wird erkannt, welche Bedeutung für ein Kind das familiäre Wohlbefinden, das Aufwachsen in Geborgenheit vermittelnden familiären Strukturen hat. Ein Kind großzuziehen, ist eine Zukunftsinvestition der Eltern – für alle. Wie diese ausfällt, prägt das Bild einer Gesellschaft. (deMause 1980) An einigen Stellen hat unser Staat, haben also wir, die Verantwortung erkannt und in Taten umgesetzt, so z. B. beim Mutterschutz, beim Erziehungsurlaub und beim Erziehungsgeld (siehe Kap. 2.3.2).

Um in den Genuß dieser staatlichen Unterstützungen bei der elterlichen Erziehungsleistung zu kommen, muß jedes Kind erst einmal „amtlich werden". Und das beginnt direkt nach der Geburt.

CHECKLISTE
Haben wir an alles Bürokratische gedacht?

☐ Ihr Kind muß als neuer Erdenbürger beim Standesamt angemeldet werden. Den ersten Schritt übernehmen bei ambulanter und stationärer Entbindung zumeist die Kliniken, ansonsten müssen die Eltern das Standesamt informieren. Für das Ausstellen der *Geburtsurkunden* ist beim ersten Kind die Heiratsurkunde der Eltern oder die Geburtsurkunde der ledigen Mutter nötig. Drei Geburtsurkunden brauchen Sie sofort als Vorlagen für weitere Schritte:

☐ Mit einer Geburtsurkunde müssen Sie bei der Familienkasse im Arbeitsamt das *Kindergeld* beantragen.

☐ Die andere Geburtsurkunde brauchen Sie für die Auszahlung des *Mutterschaftsgeldes*. Dieses steht berufstätigen oder sich in Ausbildung befindenden Müttern während der Mutterschutzfrist zu. Voraussetzung ist, daß sie frühestens sieben Wochen vor der Geburt eine Bescheinigung ihres Arztes über den voraussichtlichen Entbindungstermin und nach der Geburt eben diese Geburtsurkunde bei ihrer Krankenkasse – falls sie gesetzlich versichert sind – oder beim Bundesversicherungsamt (Reichpietschufer 74/67, 10785 Berlin) – falls sie privat krankenversichert oder wegen einer nicht versicherten Teilzeittätigkeit nicht in der gesetzlichen Krankenversicherung versichert sind – einreichen.

☐ Für die *Anmeldung* des Kindes bei der *Krankenkasse* ist die dritte Geburtsurkunde nötig. Sind die Eltern oder ein Elternteil in einer gesetzlichen Krankenkasse, kann das Kind mitversichert werden, sind sie privat versichert, braucht das Kind eine eigene Versicherung.

☐ Wer *Erziehungsurlaub* nehmen will, muß dies frühestens sechs Wochen, spätestens vier Wochen vor Ende der Mutterschutzfrist und Antritt des Erziehungsurlaubes beim Arbeitgeber anmelden. Bereits zu diesem Zeitpunkt ist festzulegen, ob eine Ausnutzung des gesamten dreijährigen Erziehungsurlaubes geplant ist, sich die Eltern bei der Betreuung des Kindes abwechseln wollen und ob nach dem Erziehungsurlaub die Berufstätigkeit wieder aufgenommen werden soll. Nur beim letzten Punkt ist eine nachträgliche Änderung der Planung möglich: Auch wenn der betreuende Elternteil zunächst die Wiederaufnahme seiner Berufstätigkeit plante, so kann er dennoch spätestens drei Monate vor Beendigung des Erziehungsurlaubes den Arbeitsplatz kündigen.

☐ Für das *Bundeserziehungsgeld* gibt es keine bundesweit einheitliche Anlaufstelle. Formulare zur Beantragung des Erziehungsgeldes oder Auskunft darüber, wo sie zu haben sind, gibt es beim Bürgermeister-, Bezirks- oder Jugendamt, im Rathaus, bei der Gemeinde- oder Stadtverwaltung, in Baden-Württemberg auch bei den Zweigstellen der Landeskreditbank. Es lohnt sich, das Bundeserziehungsgeld direkt nach der Geburt eines Kindes zu beantragen, da es nur für sechs Monate rückwirkend gewährt werden kann. An den genannten Stellen können Sie auch erfahren, ob und unter welchen Bedingungen ein zusätzliches Landeserziehungsgeld im dritten Lebensjahr des Kindes gezahlt wird.

☐ Beim Arbeits-, Sozial- oder Wohnungsamt weitere Informationen einzuholen, lohnt sich oft, da sich durch den (ersten) Familienzuwachs einige Ansprüche der Eltern erhöhen können.

2.3.2 Was steht uns zu? Mutterschutz und Mutterschaftsgeld, Erziehungsurlaub und Erziehungsgeld

Die erste Station der staatlichen Unterstützung wird durch den sog. *Mutterschutz* garantiert. Über alle Hilfen des Staates für die familiär erbrachten Leistungen bei der Erziehung und Betreuung der Kinder sollte man gut informiert sein, da sie nicht automatisch einsetzen, sondern beantragt und hierbei die richtigen Ansprechpartner gewählt bzw. Antragszeiten berücksichtigt werden müssen.

Ein Blick auf die folgende Zusammenstellung lohnt sich also, auch wenn es zuerst etwas trocken erscheint!

INFOBOX
Mutterschutz und Mutterschaftsgeld

- Mutterschutz gilt für alle Frauen, die zu Beginn der Schutzfrist in der Bundesrepublik Deutschland in einem Ausbildungs- oder Arbeitsverhältnis stehen.
- Die Schutzfrist dauert von sechs Wochen vor der Geburt bis acht Wochen nach der Geburt, bei Früh- und Mehrlingsgeburten bis zwölf Wochen nach der Geburt.
- Frauen, denen Mutterschutz zusteht, haben unterschiedliche Ansprüche auf Mutterschaftsgeld – je nachdem, ob sie privat oder gesetzlich krankenversichert sind:
  Arbeitnehmerinnen, die gesetzlich versichert sind, d. h. in der Zeit vom 10. bis zum 4. Monat vor der Geburt selbst Mitglied einer gesetzlichen Krankenversicherung waren, bekommen während des Mutterschutzes bis zu 25 DM pro Kalendertag direkt von der Krankenkasse gezahlt, also höchstens rund 750 DM im Monat. Frauen, die über ihren Mann familienversichert sind, haben hierauf keinen Anspruch.

Arbeitnehmerinnen, die privat krankenversichert sind, überweist das Bundesversicherungsamt in Berlin insgesamt 400 DM Mutterschaftsgeld.

- Unabhängig davon, ob privat oder gesetzlich krankenversichert, haben die werdenden Mütter Anspruch auf den sog. Arbeitgeberzuschuß, der den Unterschied zwischen dem täglichen Basisbetrag von 25 DM und ihrem bisherigen durchschnittlichen Nettoverdienst ausgleicht.
- Im Mutterschutz darf grundsätzlich nicht gekündigt werden.

Der **Erziehungsurlaub** beginnt mit dem Ablauf der Mutterschutzfrist, also acht Wochen nach der Geburt. Er gibt Arbeitnehmerinnen oder Arbeitnehmern die Möglichkeit, sich maximal drei Jahre lang intensiv ihrem Säugling und Kleinstkind zu widmen, wenn sie mit ihrem Kind im selben Haushalt leben und es überwiegend selbst betreuen und erziehen. Erziehungsurlaub kann von Berufstätigen in jedem Arbeitsverhältnis genommen werden; bei Vollzeitarbeit, Teilzeitarbeit, bei befristeten Verträgen, bei geringfügigen Beschäftigungen, wobei sich der Arbeitsvertrag jedoch nicht um die Zeit des Erziehungsurlaubs verlängert. Auch Auszubildende können Erziehungsurlaub in Anspruch nehmen. Bei ihnen, wie auch bei wissenschaftlichem Personal und Ärzten in der Weiterbildung verlängert sich sogar der befristete Vertrag um die Dauer des Erziehungsurlaubs.

Kündigungsschutz: Mit der Gewährung des dreijährigen Erziehungsurlaubs dokumentiert der Staat den hohen Wert der familiären Betreuung in den ersten drei Lebensjahren des Kindes. Deshalb darf auch der Arbeitgeber den Erziehungsurlaub weder verweigern noch per Vertrag abhandeln. Für Vater oder Mutter im Erziehungsurlaub dürfen sich keine Nachteile ergeben; darüber wacht der Betriebs- oder Personalrat.

Während des Erziehungsurlaubs, der auf die Zeiten der Betriebszugehörigkeit anzurechnen ist, bleibt das Arbeitsverhältnis bestehen, obwohl keine Arbeit geleistet und kein Arbeitsentgelt bezahlt wird. Während dieser drei Jahre kann der Arbeitnehmer jedoch unter Einhaltung seiner persönlichen Kündigungsfrist kündigen. Am Ende des Erziehungsurlaubes auch noch, wenn die für alle Eltern verbindliche Sonderkündigungsfrist von drei Monaten eingehalten wird. Das bedeutet, daß Mutter oder Vater sich spätestens, wenn das Kind zwei Jahre und neun Monate alt wird, entschieden haben muß, ob sie oder er wieder arbeiten will.

Kranken- und Rentenversicherung: Während des Erziehungsurlaubs bleibt auch die Pflichtmitgliedschaft in der gesetzlichen Krankenversicherung bestehen, ohne daß aus dem Erziehungsgeld Beiträge zu leisten wären. Wenn der „Erziehungsurlauber", besser Familienarbeiter, privat krankenversichert ist, so ändert sich nichts an seinen monatlichen Beiträgen.

Erwerbstätigkeit während des Erziehungsurlaubs: Man kann während des Erziehungsurlaubs arbeiten, aber:

a) nur maximal 19 Stunden pro Woche, denn sonst wäre der Zweck des Erziehungsurlaubs – die Betreuung des Kindes – nicht mehr gewährleistet, und
b) nur, wenn der Arbeitgeber dieser Regelung (auch bei Tätigkeit in einem fremden Betrieb) zustimmt, da hierauf kein Rechtsanspruch besteht.

Rückkehr an den Arbeitsplatz: Der Erziehungsurlaub ist mit einer Weiterbeschäftigungsgarantie verbunden. Und was bedeutet das? Der Arbeitgeber muß nach Beendigung des Erziehungsurlaubs einen gleichwertigen Arbeitsplatz zur Verfügung stellen. Ein gleichwertiger Arbeitsplatz zeichnet sich durch die identische Arbeitszeit wie durch das identische Gehalt aus, der Aufgabenbereich muß ähnlich sein, und der Arbeitsplatz darf nicht unzumutbar weit entfernt vom alten sein. Ein Anspruch, genau den Arbeitsplatz wie vor der Geburt nun wieder zu erhalten, besteht nicht, es sei denn, dies wäre vertraglich festgelegt worden. Aber im Regelfall erhält man seinen alten Arbeitsplatz zurück. Nach dem Erziehungsurlaub hat man übrigens keinen Anspruch auf Teilzeitarbeit. Wer vorher ganztags gearbeitet hat, muß grundsätzlich auch nachher ganztags arbeiten, es sei denn, der Arbeitgeber erlaubt die kürzere Arbeitszeit.

INFOBOX
Wechsel von Voll- zu Teilzeitarbeit und umgekehrt

- Es gibt weder einen Rechtsanspruch auf einen Teilzeitarbeitsplatz während des Erziehungsurlaubs, noch einen Anspruch auf einen Wechsel von einer Teilzeit- zurück zu einer Vollzeittätigkeit, wurde nach dem Erziehungsurlaub zunächst eine Teilzeitstelle aufgrund von Familienerfordernissen angetreten.
- So können sich beim Wunsch oder dem Muß, wieder eine Vollzeitbeschäftigung aufzunehmen, Schwierigkeiten ergeben, denn ein Wechsel liegt ausschließlich im Ermessen des Arbeitgebers.

Während des dreijährigen Erziehungsurlaubs besteht ein gesetzlicher Anspruch auf das Bundeserziehungsgeld für die Dauer von zwei Jahren. Einige Bundesländer gewähren anschließend ein Landeserziehungsgeld in unterschiedlicher Höhe und von unterschiedlicher Dauer.

Erziehungsurlaub und *Erziehungsgeld* sind eigenständige Leistungen, die nicht voneinander abhängen. Man bekommt Erziehungsurlaub auch dann, wenn man kein Erziehungsgeld erhält.

INFOBOX

Erziehungsurlaub (3 Jahre) und Bundeserziehungsgeld (2 Jahre)

- Für jedes Kind kann nach der Geburt Bundeserziehungsgeld für 24 Monate beantragt werden, vorausgesetzt Vater oder Mutter hat Erziehungsurlaub genommen und ist in dieser Zeit nicht mehr als 19 Stunden wöchentlich erwerbstätig und das Familieneinkommen liegt unterhalb einer festgesetzten Grenze.
  Im Unterschied zum Mutterschaftsgeld wird Erziehungsgeld aber nicht nur berufstätigen Frauen und Männern, sondern auch Hausfrauen, Auszubildenden, Schülern und Studenten, Arbeitslosen, Sozialhilfeempfängern und Selbständigen gezahlt.
- Bundeserziehungsgeld erhält man nicht automatisch. Für das erste Jahr sollte es direkt nach der Geburt des Kindes bei der für das jeweilige Bundesland zuständigen Stelle beantragt werden, da es nur für 6 Monate rückwirkend gewährt werden kann. Für das zweite Lebensjahr muß das Geld erneut beantragt werden; dieser Antrag ist ab dem 9. Lebensmonat des Babys möglich.
  Im Anschluß an das Bundeserziehungsgeld kann in einzelnen Bundesländern unter jeweils unterschiedlichen Voraussetzungen ein weiteres halbes oder ganzes Jahr Erziehungsgeld vom Land beantragt werden. Die für das Bundeserziehungsgeld zuständigen Stellen informieren Sie auf Nachfrage über die Möglichkeit und die Voraussetzungen für ein Landeserziehungsgeld im dritten Lebensjahr des Kindes.
- Nicht jedes Ehepaar oder unverheiratet zusammenlebende Elternpaar erhält monatlich 600 Mark Bundeserziehungsgeld pro Kind. Der Erhalt ist vom Familieneinkommen und der Gesamtkinderzahl abhängig.
  Für die *Einstufung des Familieneinkommens* ist es von Bedeutung, ob der Elternteil, der Erziehungsurlaub beantragt, nach der Geburt ganz aufhört zu arbeiten oder einer Teilzeitbeschäftigung nachgeht. Als Bemessungsgrundlage gilt das voraussichtliche Gesamteinkommen beider Elternteile des Jahres, in dem das Kind geboren wird. Hört ein Elternteil ganz auf zu arbeiten, so werden seine Einnahmen vor der Geburt nicht berücksichtigt. *Bei Teilzeitarbeit im Erzie-*

hungsurlaub über der Geringfügigkeitsgrenze (15 Stunden) zählen sowohl die Einkünfte vor als auch die nach der Geburt zum ermittelten Familieneinkommen.
In den ersten 6 Monaten nach der Geburt liegt die Verdienstgrenze für Paare bei 100.000 Mark netto, für Alleinstehende bei 75.000 Mark netto. Familien, die mit ihrem Einkommen darüber liegen, bekommen die 600 Mark Erziehungsgeld nicht.
Ab dem 7. Lebensmonat des Kindes gibt es das volle Erziehungsgeld nur bis zu einem Jahreshöchsteinkommen von 29.400 Mark netto für Paare und 23.700 Mark netto für Alleinerziehende. Nach dem 7. Monat wird das Erziehungsgeld für Familien, die nun über der für diesen Abschnitt geltenden Einkommensgrenze liegen, nicht abrupt gestrichen, sondern stufenweise gekürzt: Pro 30 Mark über der Einkommensgrenze wird monatlich 1 Mark vom Erziehungsgeld abgezogen. Diese Einkommenshöchstgrenzen gelten jeweils für Eltern oder Elternteil mit *einem* Kind: jedes weitere Familienkind hebt automatisch für die gesamte Erziehungsgeldzeit die Höchstgrenze um jährlich 4.200 Mark an.

- Falls nach dieser Berechnung eine Familie unter 40 Mark monatlich erhalten würde, bekommt sie nichts, da der Verwaltungsaufwand zu groß wäre.
- Erziehungsgeld wird nicht gezahlt, wenn Lohnersatzleistungen bezogen werden. Hierunter fallen Mutterschaftsgeld, Krankengeld und Arbeitslosengeld. Arbeitslose Eltern müssen sich entscheiden, ob sie Arbeitslosengeld oder Erziehungsgeld beziehen wollen. Falls sie sich für letzteres entscheiden, kann das Arbeitslosengeld während des Bezugs des Erziehungsgeldes ruhen und anschließend – ohne Verkürzung der Anspruchsdauer – weiter gewährt werden. Eine Entscheidung für das Arbeitslosengeld ist aber immer dann günstiger, wenn dieses nur noch wenige Monate läuft und anschließend Anspruch auf Arbeitslosenhilfe besteht, die zusätzlich zum Erziehungsgeld gewährt wird. Einen Haken hat die Sache: Wer Arbeitslosengeld bezieht, muß dem Arbeitsmarkt grundsätzlich zur Verfügung stehen, d. h. jederzeit in der Lage sein, eine Arbeit zu übernehmen.
- Das Erziehungsgeld wird nicht gekürzt, wenn Wohngeld, Bafög, Arbeitslosenhilfe oder Sozialhilfe gezahlt werden. Das Erziehungsgeld ist nicht als Hilfe gegen Bedürftigkeit gedacht, sondern als zusätzliche Anerkennung der Betreuungsleistung.

Die Sache mit dem Erziehungsgeld ist kompliziert! Ein Rechenbeispiel kann Klarheit schaffen:

Ein Ehepaar mit drei Kindern erhält bis zu einem Nettoeinkommen von 37.800 Mark auch nach dem 7. Monat weiterhin das volle Erziehungsgeld.

Bei der Berechnungsgrundlage von einem Kind darf es 29.400 Mark verdienen, für ihre zwei weiteren Kinder kommen je 4.200 Mark, gleich 8.400 Mark zulässige Erhöhung hinzu. Die Einkommenshöchstgrenze liegt also dann bei genau 37.800 Mark, dem Einkommen der Beispielfamilie.

Würden die Eltern aber 48.000 Mark verdienen, lägen sie um 10.200 Mark über der jährlichen Höchstgrenze von 37.800 Mark bei dieser Familienkonstellation. Die ersten sechs Monate erhält die Familie das volle Erziehungsgeld; ab dem siebten Lebensmonat wird das Erziehungsgeld nun folgendermaßen gekürzt: die Differenz von 10.200 Mark muß durch 30 geteilt werden, was 340 ergibt. D. h., 340 Mark werden von den monatlichen 600 Mark abgezogen. Sie entsinnen sich: Pro 30 Mark über der Einkommensgrenze wird monatlich 1 Mark vom Erziehungsgeld abgezogen! Unsere Beispielfamilie bekommt ab dem siebten Lebensmonat noch 260 Mark monatlich. (U. a. nach ELTERN Januar 1997, S. 59–62)

2.3.3 Was kostet Fremdbetreuung, und wer hilft bei der Suche?

Die Betreuungsplätze für Unterdreijährige in Westdeutschland sind knapp und die Wartezeiten lang. Schätzungen gehen von ca. 55.000 gemeldeten und ungemeldeten Tagespflegestellen und von ca. 78.000 Plätzen in Tageseinrichtungen aus.[7] Dies entspricht einer Versorgungsquote von ca. 6,5 % der Kinder unter drei Jahren. Auch die Ganztagsbetreuung in der Schule entspricht mit Hortplätzen für 5 % der 6- bis unter 10jährigen nur einem Viertel bis einem Sechstel des geschätzten tatsächlichen Bedarfs. Kindergartenhalbtagsplätze sind wesentlich zahlreicher und müssen innerhalb der nächsten Jahren flächendeckend für alle Kinder über drei angeboten werden. Für Ganztagsplätze in diesem Alter sieht es dagegen schon wieder viel schlechter aus.

Die Chance, beim zuständigen Jugendamt (oder bei der Familienhilfe) einen Platz zugewiesen zu bekommen, ist jedoch als Alleinerziehende deutlich erhöht. Bevorzugt erhalten in den alten Bundesländern alleinstehende (insbesondere erwerbstätige) Mütter oder Väter und verheiratete erwerbstätige Mütter, welche nachweisen können, daß die Familie ein zweites Einkommen benötigt, einen Platz. Auch für eine Ganztagskindergarten- oder eine Hortstelle erhöhen sich die Zuspruchschancen für Alleinerziehende.

[7] In den neuen Bundesländern gab es 1995 ca. 99.000 Plätze in Kinderbetreuungseinrichtungen für unter Dreijährige (entspricht 40,1 %).

Wenn Ihr Einkommen nicht ausreicht, können die Betreuungskosten von der Behörde ganz oder teilweise übernommen werden. Sozialhilfeempfänger zahlen für staatlich vermittelte Stellen generell nichts. Voraussetzung, die von Ihnen gewählte Betreuungsstelle ist dem Jugendamt bekannt und wird im entsprechenden Verzeichnis aufgeführt. Sie können sich aber auch für die Anerkennung einer von Ihnen gefundenen Betreuungsmöglichkeit bei der Behörde einsetzen.

Auch Tagesmütter können vom Jugendamt vermittelt werden. Dies erhöht zudem die Chance, eine qualitativ bessere, da vom Jugendamt zumindest in manchen Punkten kontrollierte Pflegestelle zu erhalten.

Neben dem Jugendamt helfen die örtlichen Träger der Familienhilfe wie Arbeiterwohlfahrt, Caritas, Deutscher Paritätischer Wohlfahrtsverband, Deutsches Rotes Kreuz und Diakonisches Werk bei der Suche nach einem Betreuungsplatz weiter. Wie die Hilfe ausfällt, ist lokal jedoch verschieden; die einen helfen vielleicht mit einem Kindertagesstättenplatz, haben aber kein Angebot für Kinder unter drei Jahren, andere vermitteln vielleicht eine Tagesmutter oder bieten eine Babysittervermittlung an. Es lohnt sich also bei den Trägern einzeln anzufragen. Am einfachsten ist es natürlich, wenn es eine gemeinsame Anlaufstelle gibt, die einen Überblick über das gesamte Betreuungsspektrum in der jeweiligen Stadt geben sowie zu Selbsthilfegruppen oder professionellen Helfern weitervermitteln kann. In Freiburg macht das beispielsweise die „Kontakt- und Informationsstelle für Kinder und Eltern“ (KONTIKIE). Es finden sich neben den großen Trägern auch in jeder Stadt weitere Ansprechstellen für Familienfragen, auf die man aber bei der Suche nach Betreuungsmöglichkeiten automatisch stoßen wird (z. B. Deutscher Kinderschutzbund, Deutscher Familienverband, Sozialdienst katholischer Frauen, Arbeitsamt, Elterninitiativgruppen und so weiter).

INFOBOX
Wer betreut halb- oder ganztags mein Kind, und an wen muß ich mich wenden?

- Au-pair-Mädchen/Jungen: Verein für internationale Jugendarbeit[8], Verband katholischer Mädchensozialarbeit[9]
- Kinderfrau: Arbeitsamt, Zeitungsannonce
- Kindergarten: Telefonbuch unter Kindergarten bzw. Stadtverwaltung, Wohlfahrtsverbände
- Krippe: Sozial- oder Jugendamt
- Tagesmutter: Jugendamt, Bundesverband der Tagesmütter[10], Wohlfahrtsverbände, Zeitungsannonce, Betreuungsbörse der Zeitschrift „Eltern“[11], Kinderbüro[12]
- Hort: Schule, Stadtverwaltung

In Einzelfällen hilft Ihnen Ihre Arbeitsstelle beim Vermitteln eines Betreuungsplatzes oder bietet sogar eigene Plätze an, mehr dazu in Kapitel 7.2.3.

Die Betreuungskosten streuen stark von Region zu Region. Plätze im Osten sind günstiger als im Westen Deutschlands. Privat organisierte Betreuung ist meist billiger, aber auch unsicherer und zumindest teilweise auch unprofessioneller. Natürlich hängen die Kosten in erster Linie von der gewünschten Betreuungszeit ab. Ein Babysitter kostet die Stunde meist nicht mehr als ein Kinobesuch, eine versicherungsrechtlich voll angestellte Ganztags-Kinderfrau kostet im Monat soviel wie eine Urlaubsreise.

Wie teuer ein Betreuungsplatz im Einzelfall tatsächlich ist, läßt sich vor allem im Fall von Krippe, Kindergarten und Tagespflegestelle nur vor Ort entscheiden, unter Berücksichtigung des jeweiligen Zuschusses durch die entsprechende Jugendbehörde. Hierfür

---

[8] Verein für Internationale Jugendarbeit, Bundesgeschäftsstelle, Wesselstr. 8, 53113 Bonn, Tel. 0228/698952.

[9] IN VIA, Katholische Mädchensozialarbeit – Deutscher Verband e.V., Ludwigstr. 36, 79104 Freiburg, Tel. 0761/200206, Fax 0761/200638.

[10] Bundesverband der Tagesmütter, Postfach 1106, 40636 Meerbusch, Tel. 02159/1377, Fax 02159/2020.

[11] ELTERN-Lesedienst, Stichwort „Betreuungsbörse“, Gruner & Jahr, 81664 München.

[12] Das Kinderbüro vermittelt Tagespflegestellen für Firmen. Zweigstellen gibt es in Berlin, Düsseldorf, Frankfurt, Hamburg, Köln, Mainz, Mannheim, München und Stuttgart (Familienservice).

ist eine Vermittlung durch das Jugendamt und eine durch diese Behörde durchgeführte Feststellung der Eignung als Betreuungsstelle notwendig.

INFOBOX
Was kostet ein Betreuungsplatz im Monat?

- Krippe ganztags: 0–948 DM
- Kindergarten halbtags: 0–360 DM
- Kindergarten ganztags: 0–750 DM
- Hort: 0–600 DM
- Tagesmutter ganztags: 640–1.120 DM
- Au-pair-Mädchen (nur halbtags): 400 DM
- Kinderfrau: 3.000–4.000 DM

(Stand: 1997)

2.4 Gedanken zu Gegenwart und Zukunft

2.4.1 Wie man es macht, man macht es verkehrt. Zumindest als Mutter!

Mütter haben es nicht einfach. Sind sie neben ihren Mutteraufgaben berufstätig, gelten sie oft als Rabenmütter, sind sie nicht berufstätig, also „nur“ Mutter, gelten sie als unzureichend! Auf alle Fälle werden ihre Kinder und deren Verhalten beobachtet und beurteilt, übrigens trifft das für Kinder von erwerbstätigen wie von nicht erwerbstätigen Müttern zu. Den vielen Ratschlägen nach, die Eltern – vor allem Mütter – erbeten und unerbeten zu hören bekommen, wenn mal wieder ein Kind-Erwachsener-Konflikt in der Öffentlichkeit zur Lösung ansteht, scheinen alle Zuhörer und Zuschauer Erziehungsexperten zu sein. Erziehen kann offensichtlich jeder. Zumindest weiß jeder andere besser, was nun zu tun wäre oder schon vorher hätte getan werden müssen. Doch Kinder tatsächlich großzuziehen, nicht nur hierbei zuzuschauen, scheint ein undankbares Geschäft zu sein. *Ein* verpatzter Auftritt in der Öffentlichkeit, und die Erziehungsfähigkeit und Erziehungsleistung der Eltern sind nachhaltig in Frage gestellt. Elterngüte wird öffentlich kontrolliert, bewertet anhand der Kriterien Ansprechbarkeit, Beeinflußbarkeit, Beruhigbarkeit und Stimulierbarkeit des Kindes auf Kommando, zu Hause wie auch in fremder Umgebung. Diesen Anforderungen genügen zu müssen und sich dann auch noch für die in diesem Zusammenhang sofort zur Diskussion stehende Berufstätigkeit oder Nicht-Berufstätigkeit, genauer die damit automatisch verbundene unterschiedliche Betreuungssituation der Kinder, rechtfertigen zu müssen, empfinden Eltern als starken gesellschaftlichen Druck, der durch die abnehmende Präsenz von Kindern in der Öffentlichkeit eher noch zunimmt. Darum wird es immer wichtiger, ein Kind zu haben, mit dem man nirgends auffällt, sich nicht schämen muß, also ein „pflegeleichtes", wohl angepaßtes Kind, bei dem niemand viele Nachfragen hat. Die Zahl der Elternratgeber zu Erziehungsfragen und zur Normalität von Entwicklungsschritten war noch nie so groß, ihr Absatz noch nie so hoch wie momentan.

„Selbstverwirklichung geht doch immer auf Kosten der Kinder!"
„Kein Wunder, daß Leon noch einnäßt, schließlich ist seine Mutter auch berufstätig."

Falls Sie arbeiten wollen, obwohl Ihr Kind noch nicht kindergartenreif ist, dann machen Sie sich auf solche Bemerkungen gefaßt. Das ändert sich aber auch nicht nach dem Kindergartenstart, falls es Ihnen nicht gelingt, Kindergarten- oder Schulzeiten mit Ihren Arbeitsstunden nahtlos in Einklang zu bringen, was kaum möglich ist. Selbst bei einer Teilzeitbeschäftigung wird eine Mutter für kurzfristig ausgefallene Schulstunden telefonisch noch Abhol- oder Unterbringungs-Arrangements zu organisieren versuchen. Und wenn irgendwie alles schlußendlich doch noch klappt, ein klares Lob ist den Müttern keineswegs sicher. – „Wirklich, wie Sie das alles bei Ihrem Beruf bewältigen. Sie haben aber auch Glück mit Ihrem Sebastian, daß er so ein zufriedenes Kerlchen ist. Ich hätte das freilich nie gewagt."

Oft kann man sich des Eindrucks nicht erwehren, daß auf irgendwelche Entwicklungs- oder Anpassungsschwierigkeiten geradezu gewartet wird, wenn eine Familie versucht, Kinder, Haushalt und Beruf unter einen Hut zu bekommen. Und stellen sich wider Erwarten keine auffälligen Probleme ein, dann war es Glück, kaum einer der Beobachter wird diesen Erfolg den individuellen Bemühungen um gute Betreuung der Kinder oder den trotz Freude am Beruf vorhandenen elterlichen Qualitäten zuschreiben.

Welche Gründen auch immer hinter der Berufstätigkeit einer Mutter stehen mögen, gleich welches Arrangement für die Betreuung des Kindes gefunden wurde, die Spannbreite der Kommentare hierzu reicht von direkten Vorwürfen, über versteckte Anklagen bis hin zu Verwunderung, daß das Kind trotzdem so gut geraten ist.

Gibt es Schwierigkeiten, als wenn es diese in Familien mit nichterwerbstätigen Müttern nicht auch gäbe, und selbst wenn sie zu dem normalen Spektrum innerhalb der Entwicklung zählen, dann liegt es sicher an der Berufsausübung. Das Rabenmutterimage entsteht ganz schnell und ist beständig. Gleichgültig, wie sehr Sie Ihren Beruf lieben, wie sehr er Ihnen Ausgleich, Befriedigung, Lebenszufriedenheit gibt, auch gleich, wie gut Ihr Kind mit dem Betreuungsarrangement klarkommt – vielleicht sogar zu gut, so daß Sie eine gewisse Eifersucht auf die Tagesmutter verspüren – irgendwann werden Sie sich wahrscheinlich fragen, ob es nicht besser gewesen wäre, sich ganz der Kindererziehung zu widmen. Und gerade in schwierigen Familienzeiten erwischen Sie dann derartige Kommentare von außen wie ein kalter Guß. Also besser auf den Beruf verzichten, auch wenn Sie wissen, es vielleicht sogar bereits ausprobiert haben, daß er – und alles was dazugehört – Ihnen nach einer Weile fehlen und Ihre Unausgeglichenheit das Familienleben und auch die Beziehung zu Ihrem Kind beeinträchtigt oder die kritische finanzielle Lage die Spannung in der Familie wachsen läßt? Zumindest wären Sie dann vor solchen Kommentaren sicher. Meinen Sie!

„Sie war ja immer um ihn herum. Wollte ihn ja überhaupt nicht loslassen. Das mußte ja eines Tages Abnabelungsprobleme geben."

„Die Vollblutmütter fürchten wir, die mischen sich in alles ein, weil sie sonst nichts zu tun haben, als ihre Küken zu beglucken."

„Das hab ich ja gleich gewußt, wenn ein Kind da ist, dann ist das ganze berufliche Engagement dahin. Und Pläne hatte die, die reichten bis zum Mond. Jetzt reicht alles nur bis zum Sandkasten."

„So, Sie sind *nur* Hausfrau? Was machen Sie eigentlich den ganzen Tag?"

„Mit ihr kann man nicht mehr in Ruhe reden, entweder stören die Kinder, oder sie redet nur über sie."

„Wie, ich denke, Sie sind immer zu Hause, und Ihr Kind ist immer noch nicht sauber?"

Merken Sie etwas? Gleich, zu welcher Lebensweise Sie sich entschlossen haben, auszusetzen gibt es immer etwas an Müttern. Als Mutter stehen Sie immer zur Diskussion. Treten Probleme auf, wissen alle warum – hinterher. Sicher, man lernt immer dazu, auch Sie sind hinterher in manchen Dingen klüger. Doch wünscht man sich selbst einen anderen Lebensstil als den momentan gelebten, so kommt zur Frustration über die Kommentare nicht selten noch Wut hinzu, vor allem wenn im Moment keine Alternativen sichtbar sind.

Gegen Angriffe von innen und außen ist man am besten gewappnet, wenn die eigene Lebenssituation und ihre speziellen Möglichkeiten bereits vorab gründlich überdacht und Positionen abgewogen wurden. Stabiler gegen Angriffe und geschützter vor dem eigenen schlechten Gewissen wird man, wenn das Befinden und Verhalten des Kindes genau beobachtet werden, aber auch das eigene Erleben der Situation. Kommt mein Kind mit der Betreuung gut zurecht, und bin ich gerne zeitweilig berufstätig? Oder liegt mir das vielfältige Leben daheim, und alle Familienmitglieder können diese Zufriedenheit mitgenießen? Wenn ja, dann können Vorwürfe, aus welcher Ecke sie auch kommen mögen, zwar kurz zum Nachdenken führen, aber nicht zur Verunsicherung. Merke ich, daß mein Kind unter der gewählten Betreuungssituation leidet, müssen mit allen Beteiligten Verbesserungen überlegt werden, oder es muß – wenn dies ohne Erfolg bleibt – eine kindgemäßere Betreuungslösung, vielleicht nur durch die eigenen Eltern, gefunden werden, selbst auf die Gefahr hin, daß radikale familiäre Umstrukturierungen anstehen (siehe Kap. 7.4.2). Der Rollenkonflikt zwischen Mutterschaft und Beruf wird nur dann in jedem Einzelfall von der betreffenden Frau und Familie in sachgerechter Weise gelöst werden können, wenn der Wert und die Bedeutung von Kindererziehung und Familientätigkeit ebenso anerkannt und hochgeschätzt werden, wie es bei einer Erwerbstätigkeit der Fall ist. Denn dann könnte jeder seinen Bereich wirklich frei wählen, Väter könnten wie Mütter an der Kindererziehung und Familientätigkeit aktiv beteiligt sein; Väter wie Mütter ihrer Ausbildung und ihren Interessen gemäß erwerbstätig sein. Vor diesem Hintergrund würde vielen Familien ihre Entscheidung für ihren eigenen, individuellen Weg bedeutend leichter fallen, wenn diese Einstellung nicht nur ihrer privaten Wertetabelle entsprechen würde, sondern sich auch in der gesellschaftlichen Wertschätzung und Effizienzeinstufung aller drei Arbeitsschwerpunkte (Beruf, Haushalt, Erziehung) wiederfände.

2.4.2 Die ersten ihrer Art: neue Väter

In einem Punkt sind sich die Auswertungen von Elternbefragungen (z. B. ELTERN-Aktion Väter, in: ELTERN, Heft 7–9/1994) einig: Ein emanzipierter Mann zu sein, bedeutet heute eine permanente Überforderung. Männer empfinden Vaterschaft durchweg als sehr befriedigend, gleichzeitig als anstrengend und oft verunsichernd. „Ich wurde von niemandem auf die Vaterrolle vorbereitet. Die meisten Mädchen bekommen schon in frühester Kindheit und später in der Schule gesagt, wie sich eine gute Mutter zu verhalten hat. Das neue Erscheinungsbild eines Vaters muß ich erst erlernen und erfahren." Und das, wo doch Vorbilder für die Vaterrolle an sich schon Mangelware sind. Lediglich jeder zehnte Mann sieht den eigenen Vater als nachahmenswertes Vorbild für sich. Trotzdem läßt dieses

Durchschnittsergebnis hoffen, denn eine genauere Aufsplittung der Daten zeigt, daß unter den jüngeren Männern (bis 24 Jahre) deutlich mehr sind – fast doppelt so viele –, die sich den eigenen Vater zum Vorbild nehmen. Diese Generation hatte offensichtlich schon vereinzelt die Chance, die neuen Väter am eigenen Leib kennenzulernen.

Die neuen Väter können nicht einheitlich beschrieben werden, ihre Gruppe ist zu gemischt. Trotzdem soll ein Versuch gewagt werden. Wie sie ihr Betreuungsengagement mit ihrer Berufstätigkeit in Einklang bringen, ist sehr unterschiedlich. Hiernach lassen sich die Väter in doch recht verschiedene Gruppen einteilen.

Nur 1 % der bundesdeutschen Väter nimmt die Möglichkeit des Erziehungsurlaubs auch wahr. Sie bleiben während eines Teils oder die gesamte Zeit des dreijährigen Erziehungsurlaubs zuhause oder arbeiten höchstens Teilzeit. Die aktive Vaterschaft ist ihnen ebenso wichtig, wenn nicht sogar wichtiger, als das momentane Bemühen um die Karriere. Sie stellen sich ihrem Kind oder ihren Kindern von Anfang an als männliche Bindungspartner und weitere Hauptbezugsperson neben der Mutter zur Verfügung. Wickeln, Baden, Füttern, Spielen, Schmusen, Trösten und zu Bett bringen sehen sie genauso als ihre Aufgabe wie die ihrer Partnerin. Sie begleiten das Kind zur Spielgruppe, auf den Spielplatz, zum Arzt und haben es beim Einkaufen dabei. Sie fühlen sich für Haushalt und Kind ebenso verantwortlich wie die Mutter. Und sie sind die absolute Ausnahme, heftig und kontrovers diskutiert.

Über die Hälfte der deutschen Männer gibt an, sie würde Erziehungsurlaub nehmen, wenn ihrer Familie daraus kein finanzieller Nachteil entstünde. Dennoch darf spekuliert werden, daß die Zahl bei einer Realisierung dieser finanziellen Vorstellungen rasant abnehmen würde. Bei einem Großteil stehen die finanziellen Sorgen nur als Nennprobleme im Vordergrund und verdecken massive Rollenkonflikte, die einer Übernahme von Familien- und Haushaltstätigkeit bei Verringerung oder gar zeitweiliger Aufgabe der Erwerbstätigkeit für den Mann nahezu unüberwindbar im Wege stehen.

Einer Teilzeittätigkeit gehen in Deutschland bislang nur 2 % der männlichen Erwerbstätigen nach. Teilzeitarbeitende Väter äußern generell ein hohes Maß an Zufriedenheit mit ihrer Situation. Positiv wird in erster Linie die intensivierte Beziehung zu den Kindern bewertet. (Fthenakis 1985a)

Im Regelfall, über 90 %, bleibt der Mann nach Geburt eines Kindes voll berufstätig, bringt sich jedoch in vielen Fällen abends, an den Wochenenden und in den Ferien verstärkt als Vater ein. Ein großer

Teil der Familien kommt mit der klassischen Rollenverteilung gut zurecht.

Hier sind interessante Beobachtungen möglich: Das anfängliche intensive Bemühen um Kind und Partnerin läßt zwar einige Wochen nach der Geburt etwas nach, doch auf lange Sicht wächst das Interesse eines Vaters an seinem immer mobiler und kommunikativer werdenden Kind. Die neuen Väter unter den vollberufstätigen beteiligen sich an der Kinderbetreuung, jedoch immer noch recht wenig an den Haushaltstätigkeiten. Beim Zusammensein mit den Kindern dominieren Spiel- und Spaßangebote, während die regelmäßigen Pflegemaßnahmen sowie vor allem der Haushalt weiterhin in den Aufgabenbereich der Frau und Mutter fallen.

2.4.3 Geschlechterrollen in der Familie

Wenn sich 92 % aller Ehemänner kaum am gemeinschaftlichen Haushalt beteiligen und bis heute Mädchen mehr und strenger zur Mithilfe bei der Hausarbeit angehalten werden als Jungen, ändert sich zumindest an der familiären Aufgabengestaltung wenig bis nichts. Die reinen Routineaufgaben des Haushalts, ebenso die regelmäßigen Kinderbetreuungsaufgaben bleiben unangefochten Aufgaben der Mütter. Wie so oft kommt auch hier erst durch ein erlebtes Vorbild etwas ins Rollen.

Wenn man den Versuch unternimmt, die Befragungen von Jungen und Mädchen zum Thema auszuwerten, so zeigen sich recht eindeutige Trends. *Für die Mädchen:* Die Berufstätigkeit der eigenen Mutter hat zumindest für Mädchen eine gewichtige Vorbildfunktion. Auch sie wollen einen Beruf, fast alle wollen Mutter werden, und keine von ihnen möchte später „Nur-Hausfrau" sein, selbst wenn ihre Mutter von Beruf Hausfrau und Mutter ist und sie dies gut finden. Wann und in welchem Ausmaß dem Beruf nachgegangen wird, stellen sich die Mädchen unterschiedlich vor. Vor den Kindern berufstätig – ja, mit kleinen Kindern nicht oder nur „ein bißchen" berufstätig, damit die Kinder auch etwas von der Mutter haben, diese Zeit für sie hat, vor allem, damit jemand zu Hause ist, wenn die Kinder von der Schule heimkommen. Wenn die Kinder dann groß sind (über 10), wird wieder gearbeitet, aber dennoch soll Zeit für die Kinder bleiben. Ein kleiner Teil plant Betreuungsunterstützung von außen, ein ganz kleiner Teil sieht im Kindesvater den möglichen Mit- oder gar Vollbetreuer. Generell wünschen sie sich für sich selbst und genauso für ihre späteren Kinder einen Vater mit (mehr) Zeit und (mehr) Geduld. Ihr eigener wie auch der Vater ihrer Kinder ist weiterhin fast unumstritten in seiner Funktion als finanzieller Familienversorger, kaum vorstellbar und auch nicht gewünscht in getauschten Rollen als kompetenter und für den Haushalt zuständiger Hausmann.

Für die Jungen: Natürlich, ohne jede Diskussion werden sie einen Beruf haben und ihn ausüben. Eine lange Unterbrechung oder vollständiges Aussteigen aus dem Beruf sind im Schulalter noch völlig unvorstellbar. Immer mal wieder ist einer unter den Jungen, der es sich toll vorstellen würde, „wenn meine Frau und ich beide halbtags arbeiten und auf die Kinder aufpassen würden". Auffallend viele Jungen wollen nach der Arbeit viel Zeit mit ihren Kindern verbringen, aber wohl gemerkt nach der Arbeit. Teile der Kinderbetreuung zu übernehmen, wird für immer mehr Jungen selbstverständlich. Ganz anders sieht es bei der Hausarbeit aus: Nur ein verschwindend geringer Teil der Jungen erwähnt diesen Aufgabenbereich, und wenn überhaupt, dann als „eher Frauensache". Die Jungen von Müttern mit Beruf Hausfrau und Mutter wünschen sich auffallend häufig auch für ihre Frau und Kinder genau diese Konstellation. Ganz selbstverständlich fällt ihnen dann das Geldverdienen zu. Daß ihre Eltern so leben, wie sie leben, wird als passend empfunden. Ein Tauschen der Aufgabenbereiche kann kaum vorgestellt werden und erscheint auch nicht erstrebenswert.

3. Von Beruf Mutter und Hausfrau

3.1 Was ist in dieser Familie besonders?

3.1.1 Szenario

Heute gibt es bei Adams nur etwas Schnelles zum Mittagessen, Suppe, Butterweckchen und Salat, aber Frau Adam ist mit dem schlafenden Baby Lea unter dem Arm nur eine halbe Stunde vor dem Rest der Familie aus der Stadt nach Hause gekommen. Herr Adam fuhr – wie jeden Mittag – mit dem Fahrrad am Kindergarten vorbei und hat Gwendolyn aufgeladen, Raphael kam aus der Schule angerannt, wie immer halb verhungert und beim Erzählen kaum zu bremsen. Heute hat er es besonders wichtig. „Mama, sag schon, hat alles geklappt? Können wir auf die Hütte?“ Frau Adam lächelt geheimnisvoll und blinzelt ihrem Mann zu. Sie hat nämlich, in ihrer Funktion als Elternbeirätin, beim letzten Elternabend den Auftrag bekommen, eine Wochenendfreizeit für Raphaels Klasse mitzuplanen. Und ihre Aufgabe war es, eine ganz tolle Hütte mitten im Wald mit Brunnen und Feuerstelle und einer riesengroßen Wiese zum Spielen zu finden und zu klären, ob die zum festgesetzten Termin der Klassenfahrt noch frei ist. Den ganzen Morgen war sie nun unterwegs – und tatsächlich, es wird klappen. „Gell, Mama, wenn ich mal in der Schule bin, suchst du mir auch eine Hütte!“ bettelt Gwendolyn. Aber das ist nicht die einzige Überraschung, die Frau Adam aus der Stadt mitgebracht hat. Sie hat tatsächlich noch zwei Konzertkarten „erstanden“, damit Adams nächste Woche mal wieder zu zweit schön ausgehen können. „Petra kommt dann wieder zu euch!“ – „Scharf, die kann so toll Gitarre spielen und Geschichten erzählen, da braucht ihr euch gar nicht beeilen, heimzukommen!“ ruft Gwendolyn strahlend. „Dürfen wir dann in euerem Bett einschlafen, da riecht es immer so gut, und alles ist viel weicher?“ bettelt Raphael. „Von mir aus, ein letztes Mal, aber ihr werdet langsam zu schwer dafür, daß wir euch nachts durch die Wohnung schleifen!“ antwortet Frau Adam und wendet sich ihrem Mann zu. „Denkst du daran, daß du am Donnerstag ganz pünktlich nach Hause kommen mußt, da du dann die ganze Kinderschar abfüttern und bettmüde machen darfst? Da habe ich nämlich wieder Italienisch, denn einer von uns sollte sich ja in den Ferien verständigen und die Zeitung lesen können, damit wir nichts versäumen!" Wie jeden Mittag schaut Herr Adam auf die Uhr, ist entsetzt darüber, wie spät es schon wieder ist, verabschiedet sich und fährt zurück ins Büro. Raphael springt auch sofort auf und will in seinem Zimmer verschwinden. „Halt", ruft Frau Adam, „hast du nicht zufällig etwas vergessen?" – „Das blöde Abräumen, aber beim Michael müssen wir nie helfen, den Tisch abzuräumen, und dem seine Mama geht sogar noch schaffen!" „Wie Familie Schubert ihren Haushalt und ihre Familienaufgaben erledigt, müssen Herr und Frau Schubert selbst wissen, aber bei uns helfen alle zusammen, denn nur dann kann jeder seine Aufgaben erledigen und hat auch noch Zeit für sich und für gemeinsame Freizeit. Wollten wir nicht heute nachmittag zusammen schwimmen gehen? Das klappt aber nur, wenn ich vorher noch für Lea zum Kleidermarkt fahren kann."

3.1.2 Die Besonderheiten des Berufs Mutter und Hausfrau

Wenn man heute kleine Mädchen im Kindergarten- oder Schulalter fragt, was sie denn mal werden wollen, wenn sie groß sind, nennen sie die verschiedensten Berufe, von der Zoodirektorin bis zur Notärztin, Mutter wird ganz selten genannt, Hausfrau noch seltener. Daß kleine Jungen als Beruf Vater nennen oder womöglich Hausmann, kommt nie vor, das war auch vor Jahren nicht anders. Früher, noch vor 30 bis 40 Jahren, wollte noch fast jedes zweite Mädchen im Kleinkindalter Mutter werden. Ob sie diese Funktion als Beruf sah, sei dahingestellt.

Einer der häufigsten und ehemals selbstverständlichsten Berufe für Frauen wird seltener. Nicht, daß weniger Frauen Kinder bekommen würden, sondern daß weniger Frauen in diesem kombinierten Aufgabenbereich ihr lebenslanges Tätigkeitsfeld sehen. Laut Statistischem Jahrbuch ist die „Nur-Hausfrau" (die übrigens fast immer auch Mutter ist) seit Anfang der 90er Jahre in der Minderheit. Frauen, die zu Hause sind, Haushalt und Kinder versorgen, sich ausschließlich der Familie widmen, tun dies in abnehmender Zahl ihr ganzes erwachsenes Leben lang. Für die meisten ist dieser Tätigkeits- und Aufgabenbereich nur von begrenzter Zeitdauer das einzige Einsatzfeld. Für viele wird Mutterschaft von einer reduzierten, wenn nicht sogar vollen Berufstätigkeit begleitet.

Mutter und Hausfrau zu sein, wird bis heute von der Gesellschaft – und das sind wir! – nicht als echter Beruf anerkannt, die

Notwendigkeit hierfür auch nicht eingesehen und somit die Konsequenzen daraus, ein Gehalt und eine angemessene, lebenswürdige Rente für die Jahre der Kindererziehung und ausschließlichen Haushaltsführung, auch nicht akzeptiert. Vollzeitmütter, Familienmanagerinnen arbeiten für nichts und mit wenig Anerkennung und kaum Bestätigung, dauernd der sich opportunistisch täglich anders ausrichtenden öffentlichen Meinung ausgesetzt. Einmal vertritt die öffentliche Meinung die Ansicht, die Tätigkeit als Mutter könne eine moderne Frau nie und nimmer ausfüllen, mache sie auf keinen Fall glücklich und „lasse ihr ganz schnell die Decke auf den Kopf fallen". Lebt man in einer entsprechenden Umgebung, so gehört sehr viel Selbstbewußtsein, ja schon Zivilcourage dazu, festzustellen, daß man dennoch vorhabe, einige Jahre ganztags Säuglings- und Kleinstkindmutter zu sein. Sich hierbei dann auch noch wohl, voll bestätigt und stolz auf seine Leistungen zu fühlen, beschwört viele skeptische Blicke hervor und – ganz verdeckt natürlich – auch handfesten Neid. Nur vor diesem Hintergrund sind Zitate wie das folgende in Elternzeitschriften zu verstehen: „Jetzt genieße ich meinen Erziehungsurlaub. Es ist ja die einzige Zeit, in der man eine Daseinsberechtigung als Hausfrau und Mutter hat."

Aber die öffentliche Meinung kann auch ganz schnell anders aussehen und sich gerade dann auswirken, wenn man voll Begeisterung für beides, für Kinder und für Beruf, versuchen möchte, diese zwei Welten in einer Familie – vielleicht sogar mit Beteiligung des Partners – unter einen Hut zu bringen. Denn mit Sicherheit meint gerade dann die öffentliche Meinung, daß Mutter und Hausfrau zu sein, immer noch als uneingeschränkte Frauendomäne zu favorisieren sei und, nicht genug, dem Mann der Rücken von dererlei Aufgaben freizuhalten sei. Wie fühlt man sich dann, selbst wenn die individuell gewählte „Gegen-den-Strom-Entscheidung" offensichtlich allen Beteiligten, klein wie groß, männlich wie weiblich, gut bekommt? Entsinnen Sie sich an Kapitel 2.4.1?

3.2 Und die Kinder?

3.2.1 Kurzfristige Betreuungsmöglichkeiten

Auch Vollzeitmütter haben mal keine Zeit für ihre Kinder. Ein Kind für ein paar Stunden unterzubringen, wenn ein Arztbesuch der Hauptbetreuungsperson ansteht oder der erste Kinobesuch nach vielen Monaten der nachgeburtlichen Abstinenz, sollte im Vergleich zur

Suche nach einer langfristigen Betreuungsstelle eigentlich kein Problem sein. Doch so einfach ist es nun auch wieder nicht! Es geht ja nicht darum, sein Kind irgendwo zu parken und schlimmstenfalls das Gefühl zu haben, man hätte die Parkzeit überschritten und bekäme vielleicht einen Strafzettel. Es geht darum, auch wenn es nur für kurze Zeit ist, sein Kind wohlbehütet und kompetent versorgt zu wissen. Gerade, wenn die Kinder noch klein sind (0–3 Jahre), gibt es keine schnelle Lösung. Versäumt man die Pflicht einer sorgfältigen Eingewöhnung (wie in Kapitel 6.2.3 ausführlich beschrieben), muß man mit denselben Konsequenzen wie bei einem mißlungenen Start in einer Tageseinrichtungen rechnen: Abschiede voller Weinen und Protest, frustrierte, lustlos spielende Kinder in der Zeit der elterlichen Abwesenheit, ignorierende bis strafende Begrüßungen beim Abholen und auf die Dauer das Risiko von Vertrauensverlust auf seiten des Kindes bis hin zu Entwicklungsstörungen.

Kindergartenkindern kann man da schon mehr zumuten. Sie begreifen, daß es sich nur um eine kurzfristige Elternvertretung handelt – sie kennen die Situation ja auch schon aus dem Kindergarten – und sie kein Zurückgelassenwerden befürchten müssen. Individuelle Unterschiede gilt es aber auch hier zu berücksichtigen. Kinder tun sich unterschiedlich schwer mit der mütterlichen Abwesenheit. Einige schielen die ganze Zeit sehnsüchtig zur Tür, aus der die Mutter verschwunden ist, andere genießen das alternative Spielprogramm mit einem reizvollen neuen Interaktionspartner bedenkenlos.

Es geht also auch hier nicht um irgendeine, irgendwie gestaltete außerelterliche Betreuung, sondern um eine vorbereitete Betreuung guter Qualität. Ein Babysitter, der ins Haus kommt, muß seine Eignung als Betreuungsperson erst einmal unter Beweis stellen und sollte, wie man oft sagt, „mit dem Kind können“. Passen Betreuer und Betreuter nicht zusammen und geht es dem Sitter offensichtlich allein ums Geld, sollte man davon Abstand nehmen. Bei den ersten Kontaktaufnahmen sollte ein Elternteil immer anwesend sein, die Beziehung der beiden beobachten und testen, was passiert, wenn das Kind kurz mit dem Babysitter alleine bleibt, um dann, wenn alles klappt, die Abwesenheitsdauer sukzessive auszudehnen.

Es gibt Bestrebungen, die Betreuungskompetenz der **Babysitter** zu schulen und zu verbessern, sogenannte Babysitterkurse werden von den verschiedensten Institutionen mittlerweile angeboten. Solch einen qualifizierten Babysitter zu bekommen, sollte es wert sein, ein paar Mark draufzulegen. Vorsicht! Nicht jede Institution, die Babysitter vermittelt, hat für eine entsprechende Schulung oder Qualitätskontrolle gesorgt.

Au-pair-Mädchen (seltener auch Jungen) sind meist Abiturientinnen oder Studentinnen aus dem Ausland, die nach Deutschland kommen, um ihre Sprachkenntnisse zu verbessern und das Land kennenzulernen. Sie wohnen während des Aufenthalts bei der Gastfamilie. Sie betreuen die Kinder für 5–6 Stunden am Tag und an bis zu drei Abenden in der Woche, wenn die Eltern ausgehen möchten. Außerdem erledigen sie leichte Hausarbeiten. Sie können sich als suchende Eltern das Herkunftsland meist aussuchen. Au-pairs sind nicht zu empfehlen, wenn die Kinder noch sehr klein sind, denn der recht schnelle Betreuungswechsel – Au-pairs bleiben maximal 10 bis 12 Monate – ist für die Kleinsten schwer zu ertragen und vertrauensmindernd. Es besteht auch von Au-pair-Seite häufig eine gewisse Scheu, Säuglinge zu betreuen, da es ihnen häufig an Erfahrung mit dieser Altersgruppe fehlt. Bei älteren Kindern und einer guten Passung zur Familie und deren Erziehungsstil, kann die hinzukommende Betreuungsperson durchaus belebend sein. Wichtig ist mit den Au-pairs ihre Erwartung bezüglich der Kinderbetreuung genau zu besprechen, damit es nicht zu vermeidbaren Konfrontationen kommt, wenn das Au-pair-Mädchen die Kinder nur vorm Fernseher parkt.

Einen ganz anderen Aspekt bringt der sogenannte **Oma- (Opa-) Hilfsdienst**[13] (auch Großeltern- oder Seniorendienst genannt) ins Geschehen. Hier erklärt sich ein fester Pool von Senioren bereit, in einem familiären Betreuungsnotfall einzuspringen. Die Kosten für die Eltern entsprechen meist dem eines Babysitters oder bleiben darunter. Es geht hier auch um den Kontakt zwischen verschiedenen Generationen, die Geduld der Älteren und die Lebendigkeit und Spontaneität der Kleinen sinnvoll zusammenzubringen. Kontaktmöglichkeiten zwischen Alt und Jung und gegebenenfalls Kinderbetreuung durch Senioren finden sich auch häufig in einem der Mütterzentren (siehe Kap. 6.5.3).

Der **Notmütterdienst**[14] ist eine bundesweite Organisation, der erfahrene Frauen vermittelt, die in Notsituationen (Krankheit der Mutter, Pflegebedürftigkeit eines Familienmitglieds etc.) Kinder und Haushalt versorgen und dafür einen festen Satz von 150 DM

[13] Adressen gibt es bei den Wohlfahrtsverbänden (Arbeiterwohlfahrt, Caritas, Deutscher Paritätischer Wohlfahrtsverband, Deutsches Rotes Kreuz, Diakonisches Werk).
[14] Notmütterdienst, Zentrale, 069/776611.

für 24 Stunden erhalten[15]. Meist übernehmen Krankenkassen, Sozialämter oder Versicherungen die Kosten.

Eine Betreuungsnotsituation kann irgendwann einmal auf jeden zukommen. Auch hier sollte man sich, wie für eine Erste-Hilfe-Situation, entsprechend vorbereiten.

CHECKLISTE
Betreuungsnotfall

- ☐ Wer steht in einem Notfall sofort zur Verfügung?
- ☐ Wie lange kann ich mein Kind dort lassen?
- ☐ Fragen Sie nach, ob die Möglichkeit tatsächlich gegeben ist! Auch über Nacht!
- ☐ Kommt niemand in ihrem Verwandten- und Bekanntenkreis in Frage, klären Sie die Eventualsituation mit Ihrer Krankenkasse oder einem Notmütterdienst ab! Was müssen Sie im Notfall tun, und ist es möglich, die dann zuständigen Betreuungspersonen vorher bereits einmal kennenzulernen?

Wenn die Mutter ins **Krankenhaus** muß: Am besten Sie geben Ihr Kind einer bekannten Person aus dem erweiterten Bezugspersonenkreis von Verwandt- oder Bekanntschaft, den das Kind bereits gut kennt. Sie übergehen bei Kleineren damit die üblichen Eingewöhnungsprobleme. Die gesetzlichen Krankenkassen zahlen diesen Personen sogar eine gewisse Summe dafür.

INFOBOX
Ersatzleistungen für die einspringende Betreuungsperson bei einem Krankenhausaufenthalt der Mutter

- ♦ Für alle Mitglieder einer gesetzlichen Krankenkasse ist dies gesetzlich geregelt (§ 38 des V. Sozialgesetzbuches). Privat Versicherte bekommen nichts.
- ♦ Verwandte bis zum zweiten Grad (Großeltern, Geschwister, Tanten und Onkel) bekommen Fahrtkosten und einen nachgewiesenen Verdienstausfall ersetzt. Maximal derzeit 13 DM pro Stunde in den alten bzw. 11 DM in den neuen Bundesländern.

[15] Eine einmalige Vermittlungsgebühr von 30 DM und 5 % des Entgelts für die Notmutter kommen hinzu.

- Vorausgesetzt: Vater oder Mutter müssen ins Krankenhaus oder zur Kur, mindestens ein Kind ist unter 12 (bei manchen Kassen unter 14), und kein Verwandter lebt im gleichen Haushalt, der die Betreuung übernehmen könnte.

Ist keine Verwandte oder Bekannte in der Lage einzuspringen, besorgt auch die Krankenkasse auf Wunsch jemanden, der für die Krankenhauszeit ins Haus kommt.

Alternative ist die Mitnahme des Kindes ins Krankenhaus, was in manchen Spitälern erlaubt ist. Die Mutter kann, wenn sie nicht bettlägerig ist, ihr Kind tagsüber besuchen. Aber es gibt keine nächtliche Betreuung, und im Zimmer der Mutter zu schlafen, wird wahrscheinlich nur im Fall einer Einzelunterbringung möglich sein.

3.2.2 Weiterbildungsseminare mit Kinderbetreuung

Sollten Mütter sich eigentlich pausenlos zwingen, an ihren späteren Wiedereintritt ins Berufsleben zu denken? Hier antworten Spezialisten mit einem eindeutigen Nein. Denn das zerreißt, schafft Unruhe und läßt kein Einleben in die Familienaufgaben zu. Freuen Sie sich jedoch darauf, auch während des Erziehungsurlaubs und dann vor allem in späteren Jahren hin und wieder Berufskontakte in Form von Betriebsveranstaltungen, Notfallvertretungen oder Fortbildungen zu haben, ist das etwas anderes. Dann sollten Sie nach Expertenmeinung diese Möglichkeiten zur Hebung des Wohlgefühls nutzen.

Sich in seinem erlernten, wenn auch im Augenblick nicht ausgeübten Beruf weiterzubilden, ist dann sehr wichtig, wenn ein baldiger Wiedereinstieg in den Beruf geplant ist. Doch diese Möglichkeit wirft für Mütter sofort die Frage auf, wie die Kinder während der Kurszeiten versorgt und betreut werden können. Mit Fernunterricht läßt sich dieses Problem zwar weitgehend entschärfen, doch ist diese Lernform keineswegs für jeden die richtige. Außerdem können ein paar Tage fern ab vom häuslichen Umfeld in einem anderen Personenkreis ein motivierendes Arbeits- und Lernmilieu schaffen. Nur, wohin mit den Kindern? Sie ein Wochenende in Vaters alleinige Obhut geben, kann eine gute Lösung sein, aber eine ganze Woche, das könnte schwierig werden. Einige Tage die Kinder zu betreuen, begeistern auch manche Großeltern hin und wieder. Doch der Einzug einer Kinderschar bei Opa und Oma im regelmäßigen Turnus oder deren kurzfristiger Umzug ins Familienhaus könnte die Freude auf Dauer trüben und deren Gutwilligkeit überstrapazieren.

„Bringen Sie Ihre Kinder mit!" ist inzwischen die Devise einiger Veranstalter, z. B. Volkshochschulen, und einer Reihe von Bildungseinrichtungen speziell für Frauen. Doch schauen Sie sich diese Angebote genau an, und fragen Sie nach den Bedingungen. Und schauen Sie sich Ihre Kinder an. Ein mehrtägiger Kurs, bei dem jeden Tag oder sogar vor- und nachmittags Betreuer oder Betreuerin wechseln – und das in fremder Umgebung – wird wahrscheinlich höchstens Ende des Kindergartenalters Ihrem Kind und somit Ihnen Vergnügen bereiten. Sind die Kinder jedoch jünger, werden sich mit recht großer Wahrscheinlichkeit kleinere oder größere Katastrophen einstellen. Und dann werden Sie selbst nur eingeschränkt etwas von der Fortbildung haben, weil Ihre inneren Antennen permanent in Richtung Betreuungsbereich ausgerichtet sind und der Kummer Ihres Kindes Ihnen Ihre Konzentrationsfähigkeit raubt. Auch wenn das Betreuungsangebot explizit Kinder unter drei Jahren einschließt und nach Veranstalterangaben qualifiziertes Personal zur Verfügung steht, sollten Sie nicht begeistert darauf eingehen. Für Ihren Säugling oder Ihr Kleinstkind bedeutet das einen Betreuungswechsel ohne Eingewöhnungszeit mit entsprechender Belastung (siehe Kap. 6.2.3), die Qualifikation ist ihm in seiner Bedürfnislage völlig gleichgültig. In seinen Worten: „Mama oder Papa nicht da", „nicht zu Hause", „alle und alles fremd". Und das bedeutet verhaltensbiologisch: Verlassenheitsangst tritt auf, Kontakt- und Zuwendungsbedürfnis sind hochgradig aktiviert; beides kann nur durch vertraute Bezugsperson gestillt werden. Manch einer mag anfangs lächeln, liest er das Kleingedruckte in einem Einladungsprospekt zu einem Kongreß: „Das Mitbringen von eigenen Kindern von 0–3 Jahren ist möglich. Bitte eine zusätzliche, vertraute Bezugsperson für die Unterrichtszeit selber mitnehmen ...", schließlich ist gerade das ja meist das Problem. Doch die Veranstalter berücksichtigen hier wirklich die kindlichen Bedürfnisse in diesem Alter. In den ersten drei Lebensjahren sollten während Weiterbildungsseminaren möglichst private Betreuungslösungen gesucht werden. Aber auch für Kindergartenkinder sollte ein Kennenlernen der fremden Erzieherin, der anderen Kinder und der neuen Räume erst im Beisein der Mutter ermöglicht werden, damit sie dann die Spiel- und Aktivitätsangebote auch in ihrer Abwesenheit wahrnehmen können.

3.3 Familien- und Erwerbsarbeit

3.3.1 Die „kleinen" Überraschungen mit den Wiedereinstellungsgarantien

Mit all den Ängsten, aber auch nötig werdenden Planungen und neuen Anforderungen, um sich in seinem Tätigkeitsfeld wieder auf Vordermann zu bringen, ist nach langen Jahren der Berufspause ein gehöriges Pensum zu bewältigen. Von verschiedenster Seite wird dabei Unterstützung angeboten.[16] Manche Frauen haben das Privileg, sich nicht noch gleichzeitig auf die Suche nach einer Arbeitsstelle begeben zu müssen. Ihr Arbeitsplatz „wartet" seit Jahren auf sie. Ihr Betrieb gab ihnen eine Arbeitsplatzgarantie, sobald sie den Beruf wieder aufnehmen wollten, teils bis zu zehn Jahren (einschließlich Erziehungsurlaub).

Doch Vorsicht! Bei solchen Zusagen muß man sich bereits vorab die Bedingungen genau anschauen, sonst kann man – wenn es darauf ankommt – eine unliebsame Überraschung erleben. Sie können wirklich nur von einer gesicherten Rückkehr an Ihre Arbeitsstelle ausgehen, wenn Ihre verlängerte Erziehungszeit mit einem ruhenden Arbeitsverhältnis verbunden ist.

CHECKLISTE
Verlängerte Erziehungszeiten

Handelt es sich bei den Garantien um
- ☐ ein ruhendes Arbeitsverhältnis?
- ☐ eine Arbeitsplatzgarantie?

Zusätzlich wichtig, beruhten diese Garantien auf
- ☐ einer Tarifvereinbarung?
- ☐ einer Betriebsvereinbarung?

Denn hier liegen die wesentlichen Unterschiede, die im folgenden erklärt werden sollen.

[16] Gleichstellungsbüros, Kontaktstellen für Frau und Beruf, Frauenbeauftragte geben in Städten Auskunft; oder aber Deutscher Frauenrat, Simrockstr. 5, 53113 Bonn, Tel. 0228/223008; Deutscher Frauenring e.V., Bundesgeschäftsstelle, Talstr. 56a, 66119 Saarbrüken, Tel. 0681/54710; Bundesinstitut für Berufsbildung, Friesdorfer Str. 151, 53175 Bonn, Tel. 0228/3880.

INFOBOX
Ruhendes Arbeitsverhältnis

- Der/die beurlaubte Arbeitnehmer/in bleibt weiterhin Beschäftigte(r) des Betriebes, nur die Hauptpflichten, d. h. Arbeitsleistung und -entlohnung, gelten nicht mehr. Die Arbeit kann nach einer vereinbarten Zeitspanne wieder aufgenommen werden. Es bestehen keine Wiedereinstiegsrisiken oder zeitliche Verzögerungen.
- Nur wenige Arbeitgeber bieten eine solches ruhendes Arbeitsverhältnis während verlängerter Erziehungszeiten an.

Sonstige **Arbeitsplatzgarantien** entsprechen nicht dem, was umgangssprachlich unter dem Begriff Garantie verstanden wird. Gleich ob es sich um tariflich geregelte Erziehungszeiten handelt (auch wenn sie gerne verlängerter Erziehungsurlaub genannt werden) oder um Betriebsvereinbarungen, in der Regel wird das Arbeitsverhältnis aufgelöst, d. h., Sie müssen also nach Ihrem dreijährigen Erziehungsurlaub erst einmal kündigen! Wollen Sie Ihren Beruf wieder aufnehmen, entscheiden über Ihre Rückkehr betriebliche Belange, und die hängen von der wirtschaftlichen Situation ab. Es muß gegebenenfalls erst ein adäquate Stelle frei oder eine neue Stelle betriebstechnisch nötig werden. Manchmal wird auch eine Überprüfung der Qualifikation verlangt, z. T. stehen Sie dann sogar in Konkurrenz mit Neubewerbern. Es handelt sich also bei den sog. Einstellungsgarantien meist um prestigeträchtige Regelungen, die ihre positiven Seiten nur in Zeiten guter Wirtschaftslage zeigen und für die Arbeitnehmerin recht wenig Sicherheit bieten. Das trifft vor allem zu, wenn es sich um Betriebs- und nicht um Tarifvereinbarungen handelt. Klären Sie also die Bedingungen genau, bevor Sie sich auf Wiedereinstellungsgarantien verlassen, damit Sie wissen, woran Sie in ein paar Jahren wirklich sind.

INFOBOX

- **Betriebsvereinbarungen** sind zwingend gültig, können jedoch einseitig aufgekündigt werden. Ist das der Fall, gelten ab sofort wieder die schlechteren gesetzlichen Regelungen oder Tarifvereinbarungen.
- **Tarifvereinbarungen** können nur verändert werden, wenn eine neue Vereinbarung zwischen Arbeitgeber- und Arbeitnehmervertretern getroffen wurde. Tarifvereinbarungen brechen Betriebsvereinbarungen, wenn diese schlechtere Regelungen vorsehen.

Das zu den negativen Seiten der Arbeitsplatzgarantien. Doch die positiven sollten darüber nicht vergessen werden. Ist beispielsweise aufgrund schlechter Konjunkturlage ein Personalabbau nötig, so hält man von Firmenseite zwar sein Wiedereinstellungsversprechen nicht, doch Mütter mit diesen Vereinbarungen profitieren dann von den Sozialplänen genauso wie die noch im Betrieb beschäftigten Kollegen und Kolleginnen und erhalten Abfindungen und andere Zahlungen oder Unterstützungen.

Immer mehr Firmen bemühen sich durch Arbeitsplatzgarantien, Müttern wirklich die Rückkehr zu vereinfachen. Man möchte eingearbeitete Mitarbeiterinnen nicht verlieren und kommt ihnen möglichst entgegen. Hier ist auch Raum für individuelle Absprachen, in vielen kleinen und mittelständigen Betrieben wird das seit Jahren unauffällig praktiziert. Das zeigte beispielsweise der Bundeswettbewerb „Der familienfreundliche Betrieb“[17]. In größeren Firmen sollte man bei solchen individuell ausgehandelten Wiedereinstellungszusagen auch die Zustimmung des Betriebsrats einholen; der kann nämlich im Einzelfall Einspruch gegen die Wiedereinstellung erheben.

3.3.2 Beruf: Mehrfachmutter. Wie werde ich Tagesmutter, und was muß ich beachten?

Die Anzahl der Mütter, die sich entschließen, neben ihrem eigenen Kind noch ein oder mehrere fremde Kinder bei sich zu Hause für ein paar Stunden oder den ganzen Tag zu betreuen, nimmt langsam aber stetig zu. Die Motive hierfür können unterschiedlicher Natur sein. Frauen, die ihre Mutterschaft genießen und noch ein oder zwei weitere Kinder betreuen möchten und ihrem Kind eine größere Einbettung in ein geschwisterähnliches Umfeld bieten wollen, sind eine Gruppe der sogenannten Tagesmütter. Andere versuchen, sich auf diese Weise ein finanzielles Zubrot zu erwirtschaften, in einer Zeit, in der sie durch ihr eigenes Kind (Kinder) sowieso an ihr Heim gebunden sind. Die entstehenden Aufgaben werden jedoch leicht unterschätzt, denn hinzukommenden Kindern gerecht zu werden, ihnen die altersgemäße Zuwendung und Anregung zu bieten und sie nicht einfach abzuspeisen, womöglich vor die Glotze zu setzen, ist kein Leichtes. Wird diese Aufgabe jedoch gut gemeistert, kann die Tagespflege eine sinnvolle pädagogische Arbeit sein, bei

[17] Die Broschüren zu den jährlichen Bundeswettbewerben „Der familienfreundliche Betrieb“ können beim Bundesministerium für Familie, Senioren, Frauen und Jugend (Pressereferat, Rochusstr. 8–10, 53123 Bonn, Tel. 0228/9302888) kostenlos bezogen werden.

der wertvolle Erfahrungen und Kenntnisse gesammelt werden können. Einige Tagesmütter betrachten ihre Betreuungsarbeit zurecht als Beruf und qualifizieren sich auf ihrem Fachgebiet ständig weiter. Ausbildungskurse gibt es beim Bundesverband der Tagesmütter[18], den örtlichen Tagesmüttervereinen und den Wohlfahrtsverbänden.

Hinzu kommt die keineswegs leichtere Aufgabe, mit den Eltern der betreuten Kinder zusammenzuarbeiten. Unterschiedliche Erziehungsvorstellungen und evtl. Eifersucht auf die mit Zuwendung durch das eigene Kind belohnte Tagesmutter führen nicht selten zum Eklat, letztendlich zum Betreuungsabbruch. Es ist wichtig, sich vorher klar zu werden, wie „streng" beispielsweise die betreuungssuchenden Eltern bzw. die Tagesmutter erziehen. Streitpunkte können bereits Entscheidungen sein, wie die, ob die Kinder beim Essen aufstehen dürfen, wenn noch nicht alle fertig sind. Ob Süßigkeiten gegeben werden dürfen, und wenn ja, wie oft?

Oft beklagt wird von Tagesmutterseite auch die mangelnde Pünktlichkeit der Eltern beim Abholen der Kinder oder die unbesprochene Vorstellung, auch kranke Kinder sollten betreut werden.

Klare Absprachen sollten bereits vor Betreuungsbeginn erfolgen, wenn möglich sogar in den Betreuungsvertrag aufgenommen werden.

Tagesmutter ist ein verantwortungsvoller und komplexer Beruf. Sie sollten sich also vor Beginn Ihrer Karriere genauso wie bei einem anderen Berufsweg gut überlegen, ob die Entscheidung die richtig für Sie ist. Auch wenn Sie diesen Beruf nur für wenige Jahre ausüben wollen, sollten Sie die Sache professionell angehen. Bedenken Sie auch, vor allem wenn Sie Kinder unter drei Jahren aufnehmen, wie schmerzhaft ein Betreuungsabbruch nach kurzer Zeit für die Kleinen ist, und versuchen Sie, für einen längeren Zeitraum vorzuplanen.

CHECKLISTE
Bin ich als Tagesmutter geeignet?

☐ Macht es mir Spaß, und bin ich fähig, für mehrere Kinder zu sorgen, mit ihnen zu spielen, sie zu pflegen, mit ihnen zu schmusen und sie zu fördern?

☐ Kann ich Verantwortung für ein oder mehrere mir anvertraute Kinder übernehmen (Unfallgefahr, Erziehungsverantwortung, Vorbild sein)?

---

[18] Tagesmütter Bundesverband für Kinderbetreuung in Tagespflege, Breite Str. 2, 40670 Meerbusch, Tel. 02159/1377, Fax 02159/2020.

☐ Bin ich in der Lage, Haushalt und Kinderbetreuung so zu organisieren, daß die Kinder nicht zu kurz kommen und ich nicht ständig gestreßt bin?

☐ Habe ich die Kompetenz, um mich mit den Eltern der „neuen" Kinder über Erziehungsstile (Fernsehgewohnheiten, Malstiftspuren auf der Kinderkleidung ...) u. a. auszutauschen und eventuell Konfliktlösungen auszuhandeln?

☐ Habe ich die persönliche Stärke, auch mit Streßsituationen angemessen umgehen zu können und nicht gleich auszurasten? Auf der anderen Seite genug Durchsetzungsvermögen, um – wenn nötig – Grenzen zu setzen?

☐ Bin ich willens, mich durch Weiterbildungsmaßnahmen, etwa des Jugendamtes, ständig weiterzuqualifizieren, zum Wohl des Pflegekindes und zur Steigerung des eigenen Kompetenzgefühls?

ENTSCHEIDUNGSHILFEN

Wann es *nicht* sinnvoll ist, als Tagesmutter anzufangen (nach Kurth 1995)

- Wenn das fremde Kind persönliche Probleme lösen soll (Kontaktarmut, Eheprobleme, Schwierigkeiten mit dem eigenen Kind);
- wenn es nur darum geht, einen „entlastenden" Spielkameraden für das eigene Kind zu bekommen;
- wenn es nur ums Geld geht.

Um das Risiko eines gescheiterten Pflegearrangements zu minimieren, sollten Sie mit Sorgfalt an diese Aufgabe herangehen. Am besten setzen Sie sich mit dem nächsten lokalen Tagesmütterverband in Verbindung[19] und lassen sich dort einführen. Sie werden dort erfahren, wie wichtig Qualifikation und Absicherung in diesem Zusammenhang sind. Wenn Sie sich aus- und weiterbilden, gewinnen Sie an Souveränität im Umgang mit den fremden Kindern und Eltern, und Sie erkennen Ihre Arbeit als Tagesmutter als wichtigen Beruf. Die Absicherung erfolgt durch einen detaillierten Betreuungsvertrag, den Sie mit den Eltern abschließen, in dem Dinge wie Entgelt, Weiterbezahlung während des Urlaubs und der Ausfallzeiten, aber auch die Versicherung, Betreuungszeit etc. geregelt sind

[19] Die Adressen gibt es beim Tagesmütter Bundesverband.

(hierfür gibt es Formulare bei den Tagesmütterverbänden). Die Mühe lohnt sich, um späteren Querelen vorzubeugen, da nicht genau abgesprochene und schriftlich festgelegte Punkte, wie z. B. die Weiterbezahlung bei Krankheit von Tagesmutter oder Tageskind, später plötzlich zu Streitpunkten werden können.

Erfolgversprechend scheint auch der Weg, sich mit anderen Tagesmüttern zusammenzuschließen, um zu bestimmten Gelegenheiten die Kinder gemeinsam zu betreuen. Es fördert den Austausch unter den Betreuungspersonen, verhindert Isolation, und auch die Gleichaltrigenkontakte werden evtl. neu belebt. Auch der Anschluß an ein benachbartes Mütterzentrum oder eine Kita ist möglich, wenn die Einrichtung offen für solche Kontakte ist.

Auch die Zusammenarbeit mit dem Jugendamt ist wichtig. Viele Jugendämter helfen bei der Vermittlung von Tagespflegestellen, führen Karteien von Tagesmüttern und Eltern, die einen Platz suchen. Wenn das Jugendamt Sie bezahlt, sind Sie zudem steuerbefreit, und Sie haben die Chance, an Fortbildungsseminaren teilnehmen zu können.

INFOBOX
Möglichkeiten der Organisation der Tagespflege

- 1. Möglichkeit: Das Jugendamt vermittelt die Tagesmutter. Eltern und Tageseltern schließen einen Vertrag. Die Bezahlung erfolgt direkt. Das Jugendamt zahlt gegebenenfalls einen Zuschuß.
- 2. Möglichkeit: Auch hier vermittelt das Jugendamt und übernimmt gleichzeitig die Zahlung (Tagespflegegeld). Von den Eltern zieht es einen deren Verhältnissen entsprechenden Teilbetrag ein.
- 3. Möglichkeit: Das Jugendamt oder ein freier Träger schließt einen Dauervertrag mit den Tageseltern und verpflichtet sich, Kinder zu vermitteln. Diese Institutionen zahlen den Tageseltern eine von der Kinderzahl abhängige Vergütung und eine Alterssicherung. Das Jugendamt zieht auch hier einen entsprechenden Teilbetrag von den betreuungssuchenden Eltern ein.

Die Bezahlung der Tagesmutter kann über das Jugendamt erfolgen. Die Einkünfte sind dann steuerbefreit. Bekommt die Tagesmutter das Geld direkt von den Eltern, dann unterliegen die Einnahmen dem Einkommenssteuergesetz. Selbständige Tagespflegepersonen sind zudem, wie freiberuflich Arbeitende generell, dem Sozialversicherungssystem nicht angeschlossen und bekommen keinerlei Zuschüsse zur Renten-, Kranken- und Arbeitslosenversicherung.

Nach dem Kinder- und Jugendhilfegesetz unterstehen Sie als Tagesmutter erst der Aufsichtspflicht des Jugendamtes, wenn Sie mehr als drei Kinder betreuen (sog. Tagesgroßpflegestelle). Einige Bundesländer haben Landesausführungsgesetze gemäß § 23 KJHG erlassen, die die Aufsicht, notwendige Qualifizierung der Tagesmutter und die (Teil-)Finanzierung der Pflegestelle genauer regeln. Während einige Bundesländer wie Schleswig-Holstein um eine gleichrangige Qualifizierung der Tagespflege neben der in Tageseinrichtungen bemüht sind, betrachten vor allem einige der neuen Bundesländer die Tagespflege nur als Notlösung. Das neue Kinder- und Jugendhilfegesetz betont den Förderungsaspekt in dem Betreuungsverhältnis, es geht also nicht mehr um eine reine Verwahrung oder Beaufsichtigung, sondern um Betreuung, Bildung und Erziehung (siehe Kap. 2.1.2). Auch besteht ein Anspruch auf Beratung durch das Jugendamt, den man weidlich ausnutzen sollte.

Wenn Sie das gute Gefühl haben, dieser Beruf ist etwas für Sie, gilt es noch einige „Vorsichtsmaßnahmen" vor Beginn der Arbeit als Tagesmutter zu treffen, um vermeidbare Probleme erst gar nicht aufkommen zu lassen.

CHECKLISTE
Vor dem Start als Tagesmutter zu beachten

- ☐ Ganz wichtig! Besprechen Sie die auf Sie zukommenden Veränderungen mit Ihrem Partner und in altersgemäßer Form mit Ihren Kindern.
- ☐ Prüfen Sie, ob Ihre Räumlichkeiten für einige Kinder ausreichen.
- ☐ Schließen Sie einen formellen Betreuungsvertrag mit den Eltern ab, in dem Abholzeiten, Bezahlung, Kündigungsfrist, Urlaubsregelung, Betreuung bei Krankheit der Tagesmutter bzw. des Tagespflegekinds etc. festgelegt werden.
- ☐ Schließen Sie eine gute Haftpflichtversicherung ab, denn Sie haften für das Tageskind (evtl. über das Jugendamt möglich).
- ☐ Schließen Sie sich einem lokalen Tagesmütterverband an.
- ☐ Bilden Sie sich aus (einige Jugendämter erstatten oder teilfinanzieren den Teilnehmerinnen die Kursgebühren).
- ☐ Lassen Sie sich vom örtlichen Jugendamt einweisen, wenn Sie Tageskinder über das Jugendamt erhalten wollen.

Ein mit etwas mehr Aufwand verbundener aber sehr lohnender Weg ist der Erwerb eines bundeseinheitlichen Betreuungszertifikats. Der Tagesmütter Bundesverband hat hierfür ein 160stündiges Curriculum entwickelt, das über 1,5 bis 2 Jahre, mit einem wöchentlichen Termin, die wichtigsten pädagogischen Kenntnisse vermittelt. Die von den Kursteilnehmern eingebrachten Kompetenzen werden dabei angemessen berücksichtigt. Die Kosten betragen je nach Honorarniveau zwischen 883 und 1.138 DM.

3.4 Rechte, Pflichten und Finanzen

3.4.1 Von Beruf Mutter und Hausfrau oder Meisterin der Hauswirtschaft

INFOBOX
Berufsaussichten: Mutter und Hausfrau

- Nach Angabe des Statistischen Bundesamtes müßten die Leistungen mit 2.550 DM netto monatlich honoriert werden. Einen Arbeitgeber würde eine Mutter und Hausfrau rund 5.000 DM kosten (zugrundegelegt: z. B. Babysitter 15 DM/Std., Putzhilfe 12–15 DM/Std., 1 Hemd bügeln 5 DM).
- Über 100 Prozesse laufen im Moment in der Bundesrepublik, in denen Mütter die Bundesversicherungsanstalt für Angestellte verklagen und eine gerechte Bewertung ihrer Erziehungsleistung in Form einer eigenständigen und existenzsichernden Rente verlangen. Nach langen Kämpfen bis vor das Bundesverfassungsgericht werden heute einer Mutter für die als Erziehungszeiten gerechneten Jahre 75 % des Durchschnittseinkommens angerechnet. Das ergibt für eine Mutter, die neun Kinder großgezogen hat, 315 DM Rente.
- In Holland ist eine Müttergewerkschaft gegründet worden, die – wie auch die Deutsche Hausfrauengewerkschaft[20] – ein Gehalt für alle Mütter vom Staat und die Einführung einer Mütterrente fordert. Einen Expertinnenzuschlag soll es für die Mütter geben, die einen einjährigen Kursus zur „Familienmanagerin“ absolvieren.

[20] Deutsche Hausfrauengewerkschaft e.V., Bundesgeschäftsstelle, Ahornstr. 27, 12163 Berlin, Tel. 030/7921357, Fax 030/7911500.

Mütter, die Hausfrauen sind, haben in den letzten Jahren den Ehrentitel „von Beruf Mutter und Hausfrau“ zuerkannt bekommen. Auf der einen Seite wird durch diese Bezeichnung endlich die Familienarbeit einer jeden anderen Berufsausübung gleichgesetzt, auf der anderen Seite kann aber nichts darüber hinwegtäuschen, daß es sich hierbei bislang erst um eine anerkennende Wortwahl handelt, die noch darauf wartet, mit den wesentlichen Rahmenbedingungen für einen anerkannten Beruf realisiert zu werden.

Erste Schritte der Familienarbeit in Richtung Berufsanerkennung gibt es bereits. Mütter, die Hausfrauen sind, können Hauswirtschafterin werden, und zwar auf einem Weg, der ihrem Alltagsleben angepaßt ist und über den Hausfrauenbund[21] organisiert wird.

Normalerweise braucht man für den Beruf der Hauswirtschafterin drei Jahre Ausbildung, um sich zur Prüfung anmelden zu können. Fertige Hauswirtschafterinnen sind gesuchte Fachkräfte im Hotel- und Gaststättengewerbe, aber auch in Altenheimen, Kindertagesstätten, Kantinen oder Mensen.

Der Spezialweg für Hausfrauen und Mütter ist in den alten und in den neuen Bundesländern noch unterschiedlich.

INFOBOX

Berufsweg: Hausfrau – Hauswirtschafterin – Meisterin der Hauswirtschaft

- In den alten Bundesländern kann sich eine nicht ganztags berufstätige Frau nach sechs Jahren eigener Haushaltsführung und einem etwa ein Jahr dauernden Lehrgang ohne Lehrzeit zur Prüfung anmelden. Der Lehrgang kostet 800–1.000 DM und wird einmal pro Woche in Form von 5–6 Unterrichtsstunden angeboten.
- Das Prozedere ist in den neuen Bundesländern identisch, nur gelten andere Aufnahmevoraussetzungen: Zugelassen zur Prüfung wird auch, wer acht bis zwölf Jahre einen Mehrpersonenhaushalt neben einer vollen Berufstätigkeit geführt hat. Der geforderte Mehrpersonenhaushalt umfaßt mindestens zwei Personen, so daß auch Alleinerziehende zugelassen werden. Der Lehrgang kann in Form der bereits oben genannten Wochenstunden oder als jeweils 16stündiges Blockseminar an Wochenenden besucht werden.
- Wer drei Jahre Hauswirtschafterin war, kann eine Prüfung als Meisterin ablegen und nun an der Arbeitsstelle oder sogar im eigenen Haushalt Lehrlinge ausbilden.

---

[21] Die Bundesgeschäftsstelle des Deutschen Hausfrauenbundes, Coburgerstr. 19, 53113 Bonn, Tel. 0228/237718, gibt über die hauswirtschaftliche Berufsausbildung Auskunft.

Das Besondere ist, daß das erlernte Wissen, wie z. B. in Haushaltsorganisation, Ernährungslehre, Umweltverhalten, häuslicher Krankenpflege, Kindererziehung, Unfallverhütung und Kleiderpflege, in einer Berufstätigkeit oder auch zu Hause erfolgreich eingesetzt werden kann.

3.4.2 Kontakt zur Berufswelt: ehrenamtlich oder fast ehrenamtlich

Der Beruf Mutter und Hausfrau ist auffällig häufig mit einer vergleichsweise ebenso wichtig eingeschätzten, jedoch ebenso wenig gewürdigten und ebenso unlukrativen Tätigkeit vergesellschaftet, der ehrenamtlichen. Ein heiß und äußerst kontrovers diskutiertes Thema. Es geht ganz schnell um humanitäre Werte, die keiner von uns in Frage stellen möchte, um Solidarität, um gegenseitiges Verantwortungsgefühl, ohne die unsere Gesellschaft nicht menschenwürdig bestehen kann, doch muß es auch darum gehen, daß diese edlen Dienste – mit wachsender Tendenz – nicht von einzelnen von uns erbeten werden können, damit der große Rest sein philanthropes Ideal aufrechterhalten und – vor allem – viel soziale Verantwortung abgeben und noch mehr Geld sparen kann.

Es geht um das Ehrenamt, die Arbeit der Ehrenamtlichen, viel Arbeit, wenig Ehre. „Was tun die Ehrenamtlichen nicht alles: Sie kümmern sich um kranke und alte Nachbarn, um Junkies oder Verbrechensopfer. Sie organisieren Selbsthilfegruppen, Beratung und Gesprächsabende und Kinderbetreuung nach der Schule. Sie verteilen abgelaufene Lebensmittel an Sozialhilfeempfänger und Suppe an Obdachlose. Entweder organisieren sie sich selbst oder sie werden von der Kirche, von Verbänden oder gar dem Staat gebeten. So stehen allein in Baden-Württemberg 30.000 psychisch Kranke oder Alte unter amtlicher Betreuung, die zu 80 Prozent ehrenamtlich geleistet wird." (Poetschke 1997)

INFOBOX
Schätzung der ehrenamtlich Tätigen in der Bundesrepublik[22]

- Das Bundesfamilienministerium geht davon aus, daß etwa 12 Millionen Menschen, das sind 17 % der Bevölkerung, ehrenamtlich tätig sind. Die Hilfsorganisationen einschließlich Amnesty International und Greenpeace schätzen etwa 16 Millionen Menschen, das wären 20 % der bundesdeutschen Bevölkerung.

[22] Erstellt nach Angaben in Poetschke 1997.

- Die Verteilung sieht folgendermaßen aus:
  - 4,5–5 Mio. bei den Kirchen,
  - 2,5 Mio. im Sport,
  - 2,2–2,6 Mio. in Bürgerinitiativen und Selbsthilfegruppen (hier sind die meisten Anstiege zu verzeichnen)
  - 1,5 Mio. bei den freien Wohlfahrtsverbänden.
- Die Schätzungen über den Wert ehrenamtlicher Arbeit liegen weit auseinander, sind aber noch bei der geringsten Schätzungen beeindruckend: die Hilfsorganisationen gehen von einem jährlichen Arbeitswert von 130 Milliarden DM aus, die Bundesregierung gab für 1993 einen Schätzwert von 22 Milliarden an.

Für unser Thema besonders spannend ist die Tatsache, daß mindestens zwei Drittel der ehrenamtlichen Arbeit von Frauen geleistet wird, im kirchlichen Bereich zwischen 80 und 90 %. Die Deutsche Hausfrauengewerkschaft stellte fest, daß es sich bislang hierbei fast ausschließlich um Familienfrauen zwischen 40 und 60 Jahren handelte, nicht erwerbstätig mit inzwischen großen Kindern. Frauen, die eine „Ersatzkarriere" versuchen, Frauen, die sich diese Art der Arbeit „leisten können". Im Moment ist eine Verschiebung hin zu Müttern in der Familienphase zu beobachten, die als Versuch, mit der nichtfamiliären Außenwelt in der Zeit vor dem „Wiedereinstieg" in Verbindung zu bleiben, interpretiert wird. Sicher eine mögliche Strategie, doch wiederum eine, die nur für sehr selbstbewußte, sich ihrer Leistungsfähigkeit und ihres Könnens bewußte, frustrationstolerante und viel Anerkennung erlebende Frauen geeignet erscheint, denn wie es bei ihrem Erstberuf Hausfrau und Mutter der Staat versäumt, eine gerechte Rente für ihre Erziehungsleistung zu realisieren, so versäumen es beim Ehrenamt in den meisten Fällen die Träger oder Institutionen, Beiträge zu entrichten. Und das, obwohl es den Beweis für Machbarkeit bereits gibt: die Pensionskasse der freien Wohlfahrtspflege. Es gibt inzwischen zwei Sorten „Ehrenamtsnachweishefte". Das eine dient der Bescheinigung ehrenamtlicher Arbeit, in dem zweiten kann man sich die Teilnahme an Fortbildungs- und Qualifizierungskursen bestätigen lassen.[23]

[23] Die Scheckhefte sind für je DM 2,– plus Versandkosten z. B. bei der Katholischen Frauengemeinschaft Deutschlands e.V., Prinz-Georg-Str. 44, 40477 Düsseldorf, Tel. 0211/44992-0, Fax 0221/4499275, erhältlich.

3.4.3 610-Mark-Jobs = „geringfügig beschäftigt"

610-Mark-Jobs sind Möglichkeiten einer geringfügigen Erwerbstätigkeit nebenher, speziell genutzt von Frauen und ganz speziell von Müttern. Oft sind die Kinder bereits mindestens im Kindergartenalter, so daß etwas dazuverdient werden kann, ohne sich im Regelfall nach einer Kinderbetreuung umschauen und diese womöglich auch noch bezahlen zu müssen. Die 610-Mark-Jobs gehören zu den am kontroversesten diskutierten Arbeitsverhältnissen. Auf der einen Seite wird klar die Möglichkeit gesehen und propagiert, aus den vier Wänden rauszukommen, den Familienalltag für wenige Stunden unterbrechen zu können, ein eigenes Taschengeld zu haben und vor allem das Gefühl, auch wieder am Erwerbsleben teilzunehmen. Auf der anderen Seite wird die fehlende soziale Absicherung, das Vortäuschen eines regulären Arbeitsverhältnisses jedoch ohne das sonst übliche soziale Netz, gesehen und negativ beurteilt.

Um sich hier entscheiden zu können, müssen die Besonderheiten der 610-Mark-Jobs bekannt sein.

INFOBOX

Was ist an 610-Mark-Jobs besonderes?

- 610-Mark-Jobs, also geringfügige Beschäftigungen, bedeuten: Entweder man arbeitet weniger als 15 Stunden in der Woche und hat einen maximalen Monatslohn von 610 Mark, oder man ist im Laufe eines Jahres nicht länger als zwei Monate oder 50 Arbeitstage beschäftigt, wobei man bei dieser Regelung ohne Einschränkung verdienen kann.
- 610-Mark-Jobs sehen auf den ersten Blick verlockend aus, denn was verdient wird, bekommt man voll ausgezahlt, da vom Monatsgehalt in der Regel keine Steuern bezahlt und keine Beiträge der Sozialversicherung abgezogen werden müssen, doch auf den zweiten Blick stellt man fest, daß man weder renten- noch arbeitslosenversichert ist und sich zusätzlich – wenn man nicht durch den Ehepartner familienversichert ist – auch krankenversichern muß. Pauschal 20 % Lohnsteuer, eventuell Kirchensteuer und den Solidaritätszuschlag zahlt im Normalfall der Arbeitgeber, wenn er nicht die Pauschalsteuer auf die Beschäftigten abzuwälzen versucht. Sozialabgaben werden bei geringfügigen Beschäftigungen weder vom Arbeitnehmer noch vom Arbeitgeber bezahlt. Genau da ist der Haken!
- Im *Krankheitsfall* gilt – wie bei allen anderen Arbeitnehmern – die Lohnfortzahlung sechs Wochen lang, doch danach springt die Krankenkasse nicht – wie bei allen anderen Arbeitnehmern – ein, wenn der 610-Jobber nicht selbst, sondern vielleicht über die Krankenkasse des Ehemannes versichert ist.

- Und die *Rente*? Bei ausschließlicher Arbeit auf 610-Mark-Basis hat man keinen Anspruch auf Rente; galt diese Arbeitssituation nur zeitweilig, wird die 610-Mark-Zeit nicht auf die Rentenjahre angerechnet.
- Bei *Arbeitslosigkeit* gibt es weder Arbeitslosengeld noch Arbeitslosenhilfe, weil ja keine Versicherungsbeiträge gezahlt wurden.
- Es gilt der reguläre *Urlaubsanspruch*, der je nach Tarifvertrag der entsprechenden Branche bei mindestens 24 bis zu 30 Tagen pro Jahr liegen kann. Ebenso werden die Feiertage bezahlt, die auf einen Arbeitstag fallen, und müssen nicht nachgearbeitet werden. Zuschläge an Sonn- und Feiertagen, Extrahonorierung für Überstunden und Nachtarbeit gibt es für 610-Mark-Beschäftigte genauso, wie das der Tarifvertrag der Vollzeitkräfte vorsieht.
- Wenn alle anderen Mitarbeiter im Betrieb *Urlaubs- und Weihnachtsgeld* bekommen, steht beides auch dem 610-Mark-Jobber anteilig entsprechend seiner Arbeitszeit zu.
- Wenn eine 610-Mark-Beschäftigte ein Kind bekommt, gilt für sie der allgemeine *Mutterschutz* (siehe Kap. 2.3.2); sie muß sechs Wochen vor der Geburt und acht Wochen danach nicht arbeiten und steht unter Kündigungsschutz. Erst beim *Mutterschaftsgeld* zeigt sich ein Unterschied: Wer nicht selbst krankenversichert ist, wie die meisten 610erinnen, bekommt nur einen einmaligen Zuschuß von maximal 400 Mark, der auf Eigeninitiative beim Bundesversicherungsamt[24] beantragt werden muß.
- *Erziehungsgeld* und *Erziehungsurlaub* stehen allen Arbeitnehmern gleichermaßen zu (Informationen beim Bundesministerium für Familie, Frauen, Jugend und Senioren[25], und siehe Kap. 2.3.2).
- Eine Kündigung erfolgt auch hier innerhalb der gesetzlichen Fristen oder entsprechend den Kündigungsfristen des Tarifvertrags. Viele 610-Mark-Jobs sind jedoch von vornherein zeitlich begrenzt und enden automatisch mit dem Auslaufen des Arbeitsvertrages.
- Wenn man im Schnitt mehr als 15, aber weniger als 18 Wochenstunden arbeitet, fehlt zwar weiterhin die Arbeitslosenversicherung, doch man ist wenigstens renten- und krankenversichert. Der volle soziale Schutz kommt erst mit einer Wochenarbeitszeit von mindestens 18 Stunden zum Tragen.
- Hinsichtlich ihrer schlechten sozialen Absicherung sind 610-Mark-Jobs langfristig nicht zu empfehlen.

---

[24] Bundesversicherungsamt (BVA), Reichpietschufer 74–76, 10785 Berlin, Tel. 030/269990.

[25] Bundesministerium für Familie, Senioren, Frauen und Jugend, Pressestelle, Rochusstr. 8–10, 53123 Bonn, Tel. 0228/9302888.

♦ Zur weiteren Information:
„Das ist mein gutes Recht!“ Broschüre des Niedersächsischen Frauenministeriums[26];
„... nicht rechtlos – aber sozial schutzlos?“ Broschüre des Bundesvorstands des Deutschen Gewerkschaftsbundes[27].

3.5 Gedanken zu Gegenwart und Zukunft

3.5.1 Der Beruf Mutter und Hausfrau muß vorbereitet werden

Sie müssen wissen, was auf Sie zukommt, vor allem, wenn Sie zuvor seit Jahren berufstätig waren! Reden Sie mit möglichst vielen Müttern. Mal ist es der Horror-Job, mal der schönste Beruf der Welt; es wird Höhen und Tiefen wie in jedem anderen Beruf auch geben. Sie haben den ganzen Tag geschuftet, und man sieht – fast – nichts. Es wird an Bestätigung fehlen, die übrigens auch im Berufsleben nicht automatisch dazugehört. Und es wird auch oft Unangenehmes, Langweiliges, reine Routine zu erledigen geben, wie im Beruf. Dort werden Monotonie und ungeliebte Tätigkeiten nur vielleicht deshalb besser ertragen, weil auch sie mit dem gleichen Stundenlohn bezahlt werden wie andere Zeiten. Und wenn Sie mal wieder nicht wissen, wo Ihnen der Kopf steht, Sie sich völlig überlastet und ausgelaugt vorkommen, treffen Sie mit Sicherheit jemanden, der erstaunt ausruft: „Was, Sie arbeiten nicht, Sie sind nur Mutter? Das hätte ich von Ihnen nicht gedacht!“

Nur wer den Beruf Mutter akzeptiert und ihn selbst für wichtig und sich für geeignet dafür hält, wird darin zufrieden, wenn nicht sogar glücklich. Diese Entscheidung ist nach der Partnerwahl (die ja, wenn alles klappt, sogar fürs ganze weitere Leben ist) sicher die bedeutendste Entscheidung für ganz wichtige Jahre in Ihrem Leben, vor allem aber im Leben Ihrer Kinder. Die Entwicklung der Kinder jeden Tag hautnah erleben zu wollen, das gehört dazu. Ebenso die freudige Spannung auf eine ganz neue Herausforderung, nämlich den Lebensstil der eigenen Familie maßgeblich zu prägen. Die Selbständigkeit und Eigenverantwortlichkeit einer Familienmanagerin als Privileg und nicht als alleingelassen zu empfinden. Die Fort-

[26] Norddeutsches Niedersächsisches Frauenministerium, Hamburger Allee 26–30, 30161 Hannover, Tel. 0511/1208808 oder 0511/1208846.
[27] Bundesvorstand des Deutschen Gewerkschaftsbundes, Postfach 101026, 40001 Düsseldorf, Tel. 0211/43010.

schritte der Kinder, ihre Ausgeglichenheit und Fröhlichkeit als Bestätigung, eine ohne viel Kummer überstandene, fast genossene Kinderkrankheit als Zustimmung, die Begeisterung aller über einen von Ihnen geplanten Familienausflug als Anerkennung werten zu können, lassen Sie Ihr Engagement und erfolgreiches Wirken auch selbst erkennen.

Doch diese Erfolge hängen nicht nur von Ihnen ab. Ein verläßlicher Partner gehört dazu, der Ihre Arbeit zu schätzen weiß und Ihren Einsatz für die Familie anerkennt. Diese Voraussetzungen stabilisieren auch die Partnerschaft, vor allem wenn der Mann die Familientätigkeit unterstützt, mitträgt, nicht nur sporadisch der Frau bei „ihrer“ Arbeit hilft!

Bisher war immer nur von der Familie die Rede. Ohne Außenkontakte mit anderen Müttern, aber auch mit anderen Menschen läßt sich der Beruf Mutter und Hausfrau nur schlecht ertragen. Mit den Kindern raus, zu anderen Familien und mit ihnen etwas unternehmen, aber auch allein mit dem Partner weggehen und Zweisamkeit oder Einladungen und Veranstaltungen genießen, und auch mal allein etwas unternehmen, worauf man Lust hat, läßt wieder Kraft für Streßtage und für den Alltag sammeln.

INFOBOX
25 Jahre: Mütter schließen Freundschaft

♦ „Wenn Sie eine Freundin finden möchten, wenn Sie bereit sind, sich mit anderen Müttern über Ihre Probleme zu unterhalten, dann schreiben Sie uns bitte. Wir werden Ihren Namen, Ihre Adresse und Ihre Telefonnummer veröffentlichen.“
Mit diesem Aufruf gründete ELTERN 1971 die Aktion „Mütter schließen Freundschaft“, um Frauen mit Kleinkindern aus ihrer Isolation zu helfen. Die Resonanz war riesig, innerhalb weniger Monate meldeten sich mehr als 2.000 Frauen, 10 Jahre später waren 2.000 Mütterclubs gegründet, zu denen rund 30.000 Frauen gehörten. Heute, 25 Jahre später, kommen im Schnitt pro Monat 200 Briefe bei ELTERN an, die diese Aktion betreffen.

Und der Haushalt? Hier machen Familienmütter mit Sicherheit die meisten Fehler. Weil man bei Familientätigkeiten selten sieht, was wirklich getan worden ist und wieviel Arbeit und Zeit darin steckt, versuchen sie durch Perfektion, im Haushalt Leistung vorzuweisen. Eine übertriebene Haushaltsführung schadet mehr, als sie nützt, und macht allen Familienmitgliedern das Leben schwer, anstatt – was Haushaltsführung sollte – zum Wohlbefinden daheim beizutragen.

Niemand kann Ihnen die Entscheidung, Mutter und Hausfrau zu werden, abnehmen, aber Hilfen geben, die richtigen Fragen zu stellen, um der Sache auf den Grund zu kommen, kann man.

ENTSCHEIDUNGSHILFEN

Was ändert sich durch den Übergang von der Berufstätigkeit zur Familientätigkeit? Wie komme ich damit zurecht?

- Wird ein Wohnungswechsel nötig, brauchen wir eine zwar größere, aber dennoch günstigere Wohnung, vielleicht weiter außerhalb, auf dem Land? Und wie komme ich mit der veränderten Wohnsituation zurecht?
- Habe ich meine bisherigen Bekannten fast ausschließlich durch meine Arbeit gefunden? Fällt es mir leicht, auf neuen Wegen Kontakte zu knüpfen?
- Wie wichtig ist mir freie Zeiteinteilung und möglichst wenig Störung meiner Planungen?
- Wie wichtig ist mir regelmäßige Ansprache? Kann ich mich selbst bei Laune halten?
- Wie wichtig ist mir finanzielle Selbständigkeit, ein eigenes Einkommen?
- Kann ich mir vorstellen, vom Gehalt meines Mannes zu leben, es als unser Gehalt für geleistete Familien- und Erwerbsarbeit zu sehen? Kann mein Mann dies auch so sehen?
- Wie wichtig ist für meine Aktivitäten und mein Durchhaltevermögen die Motivation von außen?
- Wie wichtig sind mir Anerkennung und die Bestätigung durch andere?
- Wie schätze ich selbst den Wert von Erziehungs- und Familienarbeit im Vergleich mit anderen Arbeiten ein?

3.5.2 Von Beruf Hausmann und Vater – vertauschte Verhältnisse

Für immer kann es sich eigentlich kein Mann vorstellen. Die paar wenigen, die es tatsächlich gibt, Langzeithausmänner und Vollzeitväter, sind als Prozentzahlenwert für die Bundesrepublik nicht wiederzugeben.

Für einen begrenzten Zeitraum aus dem Berufsleben steigt inzwischen hin und wieder ein Mann aus. Er nimmt dann Erziehungsurlaub oder zumindest einen Teil davon. Das Bundeserziehungsgeldgesetz (siehe Kap. 2.3.2) erlaubt eine partnerschaftliche Nutzung des Erziehungsurlaubs durch beide Elternteile. Die Inanspruchnahme des Erziehungsgeldes und des Erziehungsurlaubs allgemein ist sehr hoch, doch die väterliche Akzeptanz des Erziehungsurlaubs für sich selbst bleibt die Ausnahme; es sind also fast ausschließlich Mütter, die von der Möglichkeit des Erziehungsurlaubs Gebrauch machen. Daran hat auch die Ausweitung der Maßnahme und die Möglichkeit des mehrfachen Wechsels beider Partner nichts geändert. Wie man sieht, schafft eine gesetzliche Möglichkeit noch lange nicht die Voraussetzungen, geschweige denn den Antrieb, das Erlaubte auch umzusetzen.

Volkswirte beklagen am bundesdeutschen Erziehungsurlaubsmodell, daß es in den meisten Fällen allein schon finanziell nicht durchführbar ist.[28] Wenn statt zwei Einkommen für zwei Menschen nach der Geburt des Kindes nun ein Einkommen für drei Familienmitglieder (oder mehr) reichen muß, ist die größere Lohntüte das schlagende Argument. Die haben jedoch meist die Männer, da noch immer Frauen in den Ländern der Europäischen Union 30 bis 40 % weniger verdienen. Da hilft es auch wenig, daß der Elternteil, der für das Kind in seinem Beruf pausiert, bis zu 19 Wochenstunden in seinem Beruf nebenher arbeiten darf.

INFOBOX
Zahlen zu Väter im Erziehungsurlaub[29]

- Seit Einführung der Maßnahme hat sich zwar die Zahl der Väter, die Erziehungsurlaub genommen haben, absolut gesehen *in den alten Bundesländern* von 1.824 (im Jahr 1987) auf 5.564 (im Jahr 1994) verdreifacht, aber der relative Anteil männlicher Erziehungsurlauber ist in diesem Zeitraum nur von 0,7 auf 1,5 % gestiegen.
- *In den neuen Bundesländern* nahmen 1991 235 Väter Erziehungsurlaub, 1994 waren es 485, d. h. relativ gesehen, hat sich der Anteil an Erziehungsurlaubern dort von 0,4 auf 1,3 % erhöht.
- Gründe, weshalb Väter keinen Erziehungsurlaub nehmen (befragt wurden 984 Väter, Mehrfachnennungen):

[28] Interview mit V. Teichert in: Leben & Erziehen 8, 1996, S. 16–18.

[29] Die Ergebnisse wurden dem Zwischenbericht des Projekts „Väter und Erziehungsurlaub" von Vaskovics, L. A., Lachenmaier, W. & Rost, H. entnommen. In diesem vom Bundesministerium für Familie, Senioren, Frauen und Jugend sowie dem Bayerischen Staatsministerium für Arbeit und Sozialordnung, Familie, Frauen und Gesundheit geförderten Projekt wird das Phänomen der einseitigen Nutzung des Erziehungsurlaubs untersucht. (Ansprechpartner: Dipl.-Soz. Harald Rost. Tel. 0951/9652518)

- 74,0 % finanzielle Gründe (Einkommensverlust war nicht auszugleichen)
- 30,3 % Angst vor Anschlußverlust im Beruf
- 29,9 % keine Bereitschaft, auf berufliche Karrierechancen zu verzichten
- 29,7 % berufliche Unterbrechung ist nicht möglich
- 20,8 % Vater hat nie daran gedacht, Erziehungsurlaub zu nehmen
- 20,4 % Angst, nicht an den Arbeitsplatz zurückkehren zu können
- 16,4 % Vater kann sich nicht vorstellen, zu Hause zu bleiben
- 11,7 % Erziehungsurlaub kommt generell nicht in Frage
- 10,4 % Angst vor der Reaktion von Vorgesetzten und Kollegen

Untersuchungen zeigen auch, daß es vor allem die Familieneinstellungen sind, die es Vätern erleichtern oder sie daran hindern, sich am Erziehungsurlaub zu beteiligen.

INFOBOX

Familiäre Faktoren, die einen väterlichen Erziehungsurlaub fördern bzw. ihn verhindern[30]

♦ *Für den Erziehungsurlaub* sprechen:
- moderne Familieneinstellung, gleichwertige Aufgabenteilung,
- ausgeglichener Verdienst beider Partner vor der Geburt bzw. höherer Verdienst der Frau,
- hohe schulische und berufliche Qualifikation beider Partner,
- geringe Karriereambition des Mannes, hohe Karriereambition der Frau,
- Bruch in der Erwerbsbiographie des Mannes,
- hohe Priorität familiärer Interessen.

♦ *Gegen den Erziehungsurlaub* sprechen:
- traditionelle Werthaltungen, „klassische" Rollenaufteilung,
- starkes Einkommensgefälle zwischen Mann und Frau,
- hohe Karriereorientierung beim Mann, geringe Karriereambition bei der Frau,
- geringe „Ersetzbarkeit" des Mannes in seinem Arbeitsumfeld.

Für die Väter spielen berufliche Bedenken eine ganz große Rolle. Sind diese Bedenken momentan denn noch in dieser Stärke berechtigt? Wie stehen die Betriebe zum Erziehungsurlaub der Väter. Alle vorliegenden Untersuchungen geben die aktuelle Situation recht eindeutig, ohne große Widersprüche wieder:

[30] ebenfalls Ergebnisse aus dem Projekt: Väter und Erziehungsurlaub.

Keine Bedenken haben größere Betriebe, allen voran der öffentliche Dienst, dem väterlichen Erziehungsurlaub gegenüber. Doch auch andere Unternehmen sehen ihn recht problemlos, wenn es sich beim Erziehungsurlauber um einen Mitarbeiter mit niedriger beruflicher Qualifikation und Position handelt, wenn also ein Ersatz für eher untergeordnete Fähigkeiten gesucht werden muß, seine Stelle unbefristet besetzt werden kann, der Erziehungsurlaub am Stück genommen wird, ein regelmäßiger Kontakt zum Unternehmen bestehen bleibt und – ganz wichtig – nach Ende des Erziehungsurlaubs wieder Vollzeit gearbeitet wird.

Die Bedenken von Betriebsseite häufen sich jedoch noch immer, wenn der Erziehungsurlauber eine hohe berufliche Qualifikation und somit Position hat, also eine „Spezialistenstelle" neu, aber nur befristet besetzt werden muß. Gegen eine Beteiligung der Väter am Erziehungsurlaub, womöglich noch mit mehrmaligem Wechsel geplant, sind vor allem kleine Privatbetriebe. Negativ kann sich auch der fehlende Kontakt zum Unternehmen während des Erziehungsurlaubs auswirken, gefürchtet wird der Wunsch nach Teilzeitarbeit nach Beendigung des Erziehungsurlaubs.

Und wie fühlen sich die Väter selbst? Keiner bedauert die Zeit mit dem Kind, die Chance zum Beziehungsaufbau, die besondere Vaterschaft. Die Rolle des aktiven Vaters an sich würden viele wieder übernehmen, obwohl ihnen die Pflege- und Betreuungsarbeiten, über den ganzen Tag verteilt, anfangs sehr schwer gefallen sind. Erst Routine ließ sie den Tagesablauf in den Griff bekommen. Doch genau die Routine war es dann, immer die gleichen Leute, die gleichen Wege, die gleichen Aufgaben, die sie als zermürbend empfanden und die im Endeffekt eine Wiederholung des Erziehungsurlaubs beim nächsten Kind in Frage stellte. Bei Befragung von Hausmännern fällt ihre vergleichsweise hohe Unzufriedenheit mit ihrem Zuhausesein auf. Den ganzen Tag Arbeit, abends hundemüde, doch alles ist eintönig, jeder Tag läuft ab wie der vorhergehende. Es tut sich nichts. Sie beklagen sich über die Belastung durch die Monotonie des Haushalts, es fehlt ihnen die über die Berufstätigkeit vermittelte soziale Anerkennung. Die meisten sind auf der Suche nach einer Teilzeittätigkeit. Der Wiedereinstieg in den Beruf ist für Männer, die längerfristig vollständig aus dem Erwerbsleben ausgestiegen waren, über die Zeit des Erziehungsurlaubs hinaus von außen immer noch stark erschwert. (Griebel 1991) Niemand traut ihnen mehr den „echten" Einsatz zu.

Sobald die Erziehungsurlauber selbst aktiv werden, Kollegen und Kolleginnen ansprechen, sich zusammentun (z. B. in Mütter- oder

Familienzentren, siehe Kap. 6.5.3), regelmäßige Treffs und gelegentliche Unternehmungen organisieren, sich ab und zu gegenseitig die Kinder betreuen, um Freistunden zu bekommen, geht es ihnen schlagartig besser, und die Situation wird rundum befriedigender – genauso wie bei Müttern auch!

4. Geteilte Partnerschaft

4.1 Was ist in dieser Familie besonders?

4.1.1 Szenario

Herr und Frau Lambrecht frühstücken. Frau Lambrecht hat ihren Morgenmantel und bequeme, dicke Stricksocken an. „Ich drück' dir die Daumen für deine Besprechung!" sagt sie zu ihrem Mann und lächelt ihm zu. Herr Lambrecht wirft noch einen Blick in seinen Zeitplaner, ein letzter Schluck Kaffee und dann zieht er das Jackett an. „Also Tschüs, bis heute mittag! Denkst du daran, die Bilder abzuholen? Falls es dir nicht reicht, egal, dann holen Anjuscha und ich sie heute nachmittag. Euch zwei Damen einen schönen Morgen!" Klein-Anjuscha, 10 Monate alt, schläft noch. Wenn sie wach wird, kräht sie, und Mama kommt und spielt noch ein wenig mit ihr im Bett. Das alles kennt Anjuscha schon. Morgens ist die Mama da und nachmittags der Papa, abends, am Wochenende und in den Ferien sind meist alle zusammen. Seit sie auf der Welt ist, arbeitet ihr Vater nur noch vormittags im Büro. In dieser Zeit ist Mama mit ihr zusammen. Am Nachmittag beginnt Frau Lambrechts Arbeitszeit in einer Apotheke. Sie teilt sich die Stelle mit einer anderen Apothekerin, deren Kinder schon in den Kindergarten und in die Schule gehen und die deshalb vormittags berufstätig und nachmittags zu Hause sein möchte. Während Frau Lambrechts Arbeitszeit versorgt ihr Mann Anjuscha. Den Haushalt machen Lambrechts zusammen, am Wochenende gemeinsam, unter der Woche Frau Lambrecht vormittags, Herr Lambrecht nachmittags. An der Küchenwand hängt ein Plan, das Dringende ist rot unterstrichen, was auch mal wieder sein sollte in grün – wie die Hoffnung! Und jeder hat so seine Spezialbereiche: Frau Lambrecht kauft meistens ein und ist für die Wäsche zuständig, Herr Lambrecht kocht und putzt vor allem. Aber manchmal geht es auch genau andersherum. Um die Mittagszeit treffen sich alle drei Lambrechts nochmals kurz und teilen sich das Wichtigste mit. „Du wirst es nicht glauben, heute morgen hat Anjuscha fast eine Stunde allein auf ihrer Decke gespielt. Der Bügelberg ist abgetragen, und das Gemüse für heute abend habe ich schon geputzt. Mein Gott, wir müssen dran denken, daß Caroline am Wochenende Geburtstag hat!" sagt Frau Lambrecht. „Stell dir vor, bei der Dienstbesprechung hat alles geklappt, und mein Vorschlag wurde angenommen. Ist das nicht toll? Unser gemeinsames Nachdenken hat sich gelohnt. Auf dem Nachhauseweg habe ich übrigens schon getankt; du mußt also nicht mit den letzten Tropfen fahren. So, und jetzt fort mit dir, die Menschheit mit all ihren Gebrechen wartet schon auf dich. Für einen Kuß muß es aber noch reichen! Mach's gut. Anjuscha, gib Mama noch einen Schmuser. Einen, hab' ich gesagt, halt, das reicht jetzt aber, ihr Schmuseweiber!" Da fällt Frau Lambrecht noch ein: „Fast hätte ich es vergessen, Anjuscha hat die Vase auf dem Couchtisch umgeworfen. Vielleicht fönst du den Teppich auch noch mal kurz." Nach einem gemeinsamen Mittagsschläfchen mit Anjuscha räumt Herr Lambrecht erst mal eine Runde auf, holt Sprudel- und Bierkästen und träumt davon, sich eine Hilfe im Haushalt leisten zu können.

4.1.2 Gesellschaftliche Situation der geteilten Partnerschaft

Das hört sich ja unheimlich gut an. So glatt läuft die Geschichte natürlich nicht jeden Tag. Und bis dieser Zustand erreicht war, hat es lange gedauert. Und noch jeden Tag muß an diesem Entschluß, Berufstätigkeit und Familientätigkeit während der Kleinkindjahre gemeinsam auszuführen, gearbeitet werden. Herbe Auseinandersetzungen und tägliche Anfechtungen von innen und außen haben bereits stattgefunden. So z. B.:

„Seit das Kind da ist, ist nichts mehr wie früher, weder im Beruf noch zu Hause. Den Satz: ‚Ja da kommt ja unsere Stundenkraft!' kann ich auch bald nicht mehr hören. Ich habe ja den Verdacht, die nehmen mich nicht mehr ernst."

„Warum ist eigentlich immer, wenn ich nach Hause komme, das Kind naß und der Sprudelkasten trocken."

„Hab' nicht ich die letzten drei Mal die Geschirrspülmaschine ausgeräumt?"

„Ich kaufe eigentlich lieber einen anderen Weichspüler. Übrigens wenn du die Babywäsche aufgeräumt hast, finde ich nichts mehr."

„Früher war der Tisch aber liebevoller gedeckt."

Und auch die Umwelt hat so ihre Meinung zu dieser speziellen Lebensweise: Bei einer derart angespannten Wirtschaftslage, warum sind die denn da nicht froh und dankbar, daß der Mann eine volle Stelle hat. Geht der doch tatsächlich freiwillig auf halbe Kraft und kämpft auch noch für seinen Abstieg. Warum muß eine Frau mit Kleinstkind denn überhaupt arbeiten, wenn der Verdienst des Mannes durchaus ausreichen würde. Selbstverwirklichung – und für so einen Quatsch nimmt er einen Karriereknick in Kauf. Wenn dieses Zeichen für mangelndes Engagement mal nicht an ihm hängen bleibt. Sie sollte ihm in den jungen Jahren den Rücken freihalten, damit er seine ganze Kraft in seinen Aufstieg stecken kann. Davon könnten dann später alle profitieren. Traut er ihr denn nicht zu, daß sie die Kinder allein groß kriegt. Die wird ihm schon sagen, wie er das Treppenhaus zu wischen hat. Wie wäre es mit einer Weiterbildung in Babypoputzen? Ob das dem Kind guttut, morgens Mama, mittags Papa, abends beide? Na, die werden ja sehen, wo das hinführt. Zu viele Köche verderben den Brei, das geht nicht lange gut.

Wir haben mit Bedacht eine Zusammenstellung der internen Verunsicherungen und der externen Angriffe gegen diese Form des „Anders-Leben" gewählt. Denn es wird – wenn auch mit anderen Worten, so doch sicher mit ähnlichem Inhalt – zu Empfindungen bei den Betroffenen und zur Konfrontation mit entsprechenden Kommentaren kommen, wenn Eltern sich für eine geteilte Partnerschaft und somit gegen den gesellschaftlichen Strom entscheiden. Übrigens – nur gegen den Strom kommt man zur Quelle.

4.2 Und die Kinder?

4.2.1 Wer gewinnt bei dieser Lösung?

Bei weitem nicht alle Familien fangen die Säuglings- und Kleinstkindzeit durch Betreuung des Kindes im bezüglich Emotionen, Erziehungsstil und Lebensumfeld „nahen" Familienkreis auf. Es ist noch eine kleine Gruppe von Idealisten, in der sich Vater und Mutter Familienarbeit und Erwerbsarbeit während der Zeit der Kindheitsjahre teilen, um am Familienleben und am Erwerbsleben teilnehmen zu können. Eine gesellschaftliche Aufwertung der Familienarbeit gegenüber der Berufstätigkeit würde jedem Vater und jeder Mutter den Umdenkprozeß in diese Richtung erleichtern.
Einen eindeutigen Gewinner gibt es bei dieser Lösung auf alle Fälle: die Kinder!

Die Betreuung durch Mutter und Vater im Wechsel sowie gemeinsam erlauben ihnen, den Alltag mit Mutter *und* Vater zu erleben.

Sie bekommen Mutter und Vater in ganz verschiedenen Rollen mit; eine durch nichts zu ersetzende Erfahrung mit Identifikationsfiguren. Vater *und* Mutter als Tröster, Anschmiegpartner, Spielpartner, Vorbild, Anregung, mal „dienstlich" und täglich ganz privat erlebt. Auf diesem Weg können die Erfahrungen des Kindes mit dem „besonderen" Betreuungspartner Vater intensiviert und so um weitere Erlebnisfacetten bereichert werden. Daß Väter und Mütter, selbst bei einem vergleichbaren Erziehungsstil, allein aufgrund von Temperaments- und Ausdrucksunterschieden, völlig verschieden mit ihren Kindern umgehen und auf sie reagieren, konnte in vielen Untersuchungen gezeigt werden, und ebenso, daß das Erleben beider Betreuungspartner eine wichtige Bereicherung des kindlichen Erfahrungsraums darstellt. (Fthenakis 1985b)

Viele Untersuchungen über die Entwicklungsbedingungen von Säuglingen im familiären Rahmen belegen, daß die meisten Kinder mehr als eine, meist drei bis maximal sechs Bindungspersonen haben, oft außer der Mutter den Vater, ältere Geschwister, die Großmutter, eine am Familienleben beteiligte verwandte oder bekannte Person oder ihre Kinderfrau. Wichtig sind Zuverlässigkeit und Kontinuität bei liebevoller Pflege. Ganz wichtig sind: Kosen, Küssen, Knuddeln, Ansprechen und langes Anschauen – Verhaltensweisen, die auch im Verhaltensrepertoire von Vätern zu finden sind. Ein weiterer wichtiger Punkt: Für Kinder aus geteilten Partnerschaften erübrigt sich trotz der Berufstätigkeit beider Eltern zumeist eine ausgedehnte Fremdbetreuung. Wenn überhaupt, wird eine auf wenige Stunden reduzierte Fremdbetreuung für den Überlappungsbereich der beiden Arbeitszeiten nötig (siehe Kap. 3.2.1).

Falls sich Vater und Mutter bereits beim Erziehungsurlaub abwechseln wollen, müssen sie ihre spezielle Erziehungsurlaubsregelung fristgerecht beantragen: Spätestens vier Wochen vor Antritt muß man dem Arbeitgeber mitteilen, in welcher Form und wie lange man jeweils den Erziehungsurlaub nehmen möchte. Möchte die Mutter ihr Kind im ersten und im dritten Lebensjahr schwerpunktmäßig betreuen, so fällt der letzte Termin für die Anmeldung beim Arbeitgeber noch in die Mutterschutzfrist. Der Vater kann sich mit der Anmeldung seiner „Betreuungsetappe" noch fast ein Jahr Zeit lassen.

Da der Erziehungsurlaub geteilt und ein (maximal) dreimaliger Wechsel möglich ist, können Eltern in Halb- oder Dreivierteljahresschritten aus dem Beruf aussteigen und die Erziehung abwechselnd übernehmen. Verlockend für die Erwachsenen, weil Mutter *und* Vater intensive Phasen der Betreuung erleben und dennoch ein vergleichsweise enger Bezug zur Arbeit erhalten bleibt. Doch das

Kind nimmt dieses „Wechselbad" nicht ganz so locker und sollte – um Probleme zu vermeiden – kindgemäß, nämlich von Anfang an durch intensiven Kontakt mit beiden Elternteilen, egal wer im Moment mit Betreuen an der Reihe ist, darauf vorbereitet werden.

„An sich ging es ja ganz gut, aber wenn irgend etwas nicht in Ordnung war, und vor allem, wenn sie krank war, konnte ich sie kaum trösten und beruhigen. Dann habe ich die Minuten gezählt, bis meine Frau zurückkam." Frustrierend für einen Vater, der – selten genug – bereit ist, aktiv an der Erziehung teilzunehmen. Der intensiven, zeitlich ausgedehnten Beziehung des ersten halben Jahres zur Mutter, schlossen sich das Abstillen und ein Wechsel der Hauptbetreuungsperson an, was das Töchterchen zunächst nicht so einfach akzeptierte. Der teils mehr als achtstündige Arbeitstag des Vaters im ersten Lebenshalbjahr seines Kindes – oft schlief es bereits bei seiner Rückkehr – verhinderte sicher nicht, daß er die zweite Hauptbezugsperson geworden war. Was aber nichts daran änderte, daß er dennoch am Anfang seines Betreuungsstartes zunächst „nur" die zweite Geige spielte, vor allem in Fällen großen Kummers oder Unwohlseins. Um dies zu vermeiden, müssen also Baby und Vater vorbereitet werden. Am besten wäre ein mindestens dreimonatiger doppelter Erziehungsurlaub für Mutter und Vater, der finanziell abgesichert werden muß. In dieser „Triadenkennenlernzeit" nach der Geburt könnten sich Mutter und Kind sowie Vater und Kind erfahren, aber auch Vater und Mutter könnten sich mit ihrer neuen Rolle und jedes Elternteil für sich mit der neuen Situation intensiv vertraut machen. (Bensel/Haug-Schnabel 1997) Ein gehäuftes Hilflosigkeitsgefühl gerade am Anfang führt sonst zu herber Enttäuschung, trotz besten Willens anscheinend nicht auszureichen oder einfach nicht kompetent genug, auf die Bedürfnisse des Kindes eingehen zu können. Wenn der Vater bereits im ersten Halbjahr viel Zeit mit dem Kind verbringt, vielfältige Aufgaben übernimmt, die die Mutter ihm aber auch überlassen muß, so klappt der Übergang. Denn dann hat er sich Sicherheit im Umgang mit dem Säugling verschafft, und zwar nicht nur, wenn dieser gut gelaunt und spielfreudig ist, sondern auch wenn er beruhigt, zu Bett gebracht oder in nörgelndem Zustand ertragen werden muß. Und der Säugling hat ihn bereits an seinen individuellen und für ihn typischen Aktionen und Reaktionen kennengelernt.

4.3 Familien- und Erwerbsarbeit

4.3.1 Was bedeutet geteilte Partnerschaft?

Geteilte Partnerschaft bedeutet eine Gleichverteilung von Familienarbeit, Kinderbetreuung und Erwerbstätigkeit zwischen beiden Elternteilen. Beide verringern bewußt ihre Berufstätigkeit und arbeiten Teilzeit, um Kinderbetreuung und Familienarbeit gemeinsam zu erledigen. Beispiele dieser Form der Elternschaft sind bisher vor allem bei Selbständigen sowie bei beruflich qualifizierten und finanziell etwa gleichgestellten Partnern zu finden. (Hess-Diebäcker/Stein-Hilbers 1991) Aber immer mehr junge Männer können es sich vorstellen, zeitweise die berufliche Tätigkeit einzuschränken, um die Entwicklung ihres Kindes bewußt mitzuerleben und mitzubeeinflussen. Von den unter 30jährigen können es sich 43 % und von den unter 35jährigen 36 % vorstellen, aus diesem Grund zeitweilig nur noch einer Teilzeitarbeit nachzugehen. (IES 1990)

Eltern in geteilten Partnerschaften stehen nicht vor der Alternative Kind oder Beruf, sondern nutzen die Chance, beides zu verbinden. Bisher ist nur einer unter zehn Teilzeitbeschäftigten ein Mann – die Möglichkeit des Familienurlaubs nutzt sogar nur jeder vierzigste Mann. Es gibt immer noch viele Vorurteile, daß sich der typische Teilzeitarbeitsvertrag auf weibliche Mitarbeiter bezieht und weniger qualifizierte Arbeitskräfte betrifft. Immer mehr Untersuchungen dokumentieren jedoch, daß bereits ein Drittel der Führungspositionen praktisch übergangslos für MobilZeit geeignet scheint, ein weiteres Drittel mit geeigneten Umstrukturierungen problemlos umzugestalten wäre.[31] Moderne MobilZeit ist ein erfolgreiches Konzept, bei dem neben einer Verbesserung des allgemeinen Betriebsklimas in aller Regel auch die Betriebskosten sinken. MobilZeit für Männer und Frauen attraktiv zu machen, ist eine gleichermaßen wichtige unternehmens- wie wirtschaftspolitische Aufgabe, bei der überholte Assoziationen ebenso abgebaut werden müssen wie geschlechtsspezifische Vorurteile. Es ist noch weitgehend unbekannt, daß MobilZeit von ihrem Konzept her neben vielfältig differenzierten Job-sharing-Modellen beispielsweise auch die Möglichkeit beinhaltet, daß Mann und Frau *eine* Stelle in einer Firma annehmen.

---

[31] Die MobilZeit-Aspekte wurden aus einem Gespräch mit dem Personalmanager Artur Wollert (1992, 1993) über neue Wege der Unternehmenspolitik, veröffentlicht in: Psychologie Heute, Dezember 1996, S.34–37, entnommen.

INFOBOX
Job-sharing oder Partner-Teilzeitarbeit

- Hier wird ein Arbeitsplatz in zwei (oder mehr) Teilzeitarbeitsplätze aufgeteilt, die Arbeitnehmer wechseln sich eigenbestimmt ab.
- Im Unterschied zur einfachen Aufteilung in Form zweier Teilzeitarbeitsplätze sind hier beide Arbeitnehmer gemeinsam für ihre Arbeitsleistung verantwortlich.
- Eine gute Kommunikation zwischen den Teammitgliedern ist Voraussetzung.
- Falls ein Partner aus dem Arbeitsverhältnis ausscheidet, darf dem Teammitglied aus diesem Grund nicht gekündigt werden.

Wichtig ist in diesem Zusammenhang auch noch die Frage, auf welchen Wegen man zu einer Teilzeit- statt einer Vollzeitstelle kommen kann.

INFOBOX
Wie wechselt man auf Teilzeit?

- Für Beschäftigte im Öffentlichen Dienst und für Beamte kein Problem: Hier kann jeder Elternteil, der ein Kind unter 18 Jahren betreut, eine Teilzeittätigkeit beantragen. Eine Ablehnung des Antrages muß explizit mit arbeitstechnischen Belangen begründet werden.
- Für alle anderen Beschäftigten gilt vorerst folgendes:
  Ist Ihre Arbeit anerkannt, und haben Sie ein gutes Verhältnis zum Chef oder zur Geschäftsführung, so bitten Sie um einen Gesprächstermin, bei dem Sie die Frage stellen, ob Sie Ihren Vollzeitjob in Zukunft in Teilzeit ausüben können.
- Sie sollten Ihre Gründe für diesen Umstellungswunsch sowie Ihre Idee zur Realisierung klar darstellen.
- Ist Ihr Verhältnis nicht so gut, oder kennen Sie bereits die ablehnende Haltung des Chefs zu dieser Frage, wenden Sie sich direkt an die Personalabteilung und an den Betriebsrat.
- Wenn Sie Glück haben, ist sowieso ein Personalabbau geplant und der Arbeitgeber froh über jeden, der kürzer treten will.

4.3.2 Geteilte Partnerschaft verlangt Teamarbeit

Teamarbeit, alle sind dafür, doch irgendwie scheint es ganz schön schwierig zu sein.[32] Der Einsatz von Teams gilt als ein erfolgversprechendes Wundermittel in der neuen Unternehmenspolitik. Teams haben die Freiheit, viele Dinge selbst zu entscheiden. Und wenn sie sich einig sind, können sie diesen Freiraum im eigenen Interesse nutzen. Auch eine geteilte Partnerschaft sollte nach den Erfolgsgesetzen eines Teams arbeiten. Wie sehen diese aus, und wie sind sie auf die Familie übertragbar?

INFOBOX
Voraussetzungen für eine erfolgreiche Teamarbeit in der Wirtschaft

- Wichtig ist die Bereitschaft, sich selbst und die eigene Leistung in die Gruppe einzubringen.
- Es gibt keine festen Arbeitszeiten mehr, keine genau definierten Positionen, keine bewährten Arbeitsabläufe.
- Ergebnisorientierte Arbeitsgruppen sind in, der Erfolg setzt sich aus dem Erfolg der Gruppe wie auch des einzelnen zusammen.
- Es gibt keine mit dem einzelnen vereinbarte Ziele mehr, sondern Zielvorgaben gelten für alle gemeinsam. Niemand soll mehr sagen können: „Schön, ich bin mit meiner Sache durch", sondern: „Wo gibt's Probleme, wo kann ich noch mit anpacken?"
- Lob oder Tadel trifft alle.
- Typisch und offensichtlich nicht ungünstig für Teams ist, daß sie – gemessen an dem, was sie leisten sollen – sehr knapp besetzt sind.
- Es ist eine Kunst, sich für das Team einzusetzen, ohne darin unterzugehen.
- Solidargemeinschaften sind gefragt: Mal mehr machen, wenn es die eigene Situation gerade erlaubt, dann auch erwarten, unterstützt zu werden, wenn man mal selbst ausfällt.
- Wichtig ist, ertragen zu können, wenn die eigene Leistung im Ergebnis der Gruppe aufgeht.
- Auf gegenseitige Anerkennung kann nicht verzichtet werden, besonders individuelle Spezialitäten betreffend.

[32] Der Vergleich zwischen Unternehmens- und Familienbelangen wurde durch den Artikel „Teamarbeit" von M. Kuntz, BRIGITTE 10/97, 98–102 angeregt.

Mann und Frau sollten bereits Partner gewesen sein, bevor sie sich an eine geteilte Partnerschaft mit Kind heranwagen. Eine gute Voraussetzung ist sicher, wenn beide schon vor Ankunft des Kindes erwerbstätig waren und zusammen einen gemeinsamen Haushalt erfolgreich, d. h. ohne allzu viele und ohne immer die gleichen Querelen gemanaget haben. Beide sollten überzeugt und bereit sein, in gleicher Intensität am beruflichen und privaten Leben aktiv teilzunehmen, sich in beiden Bereichen einzubringen. Während im Beruf meist weiterhin feste, jedoch immer reduzierte Arbeitszeit, eine wie bislang definierte Position und sicher auch die bewährten Arbeitsabläufe erhalten bleiben, wird zu Hause in bezug auf Arbeitszeit, Position, genaue Funktion, und Arbeitsabläufe größtenteils Neuland betreten werden. Kreativität, Spontaneität, Ausdauer, Geduld, Verständnis, Leistung und Selbstbehauptung sind bei beiden Partnern gefragt, wenn das Teamergebnis befriedigend bis gut aussehen und keiner untergehen soll. Du bist zuständig für das, ich für das, recht und schön, aber wenn's brennt, müssen beide alles können und notfalls auch machen. Wenn die Dreimonatskolik überwunden ist, das Baby (fast) immer schon (fast) die ganze Nacht durchschläft, wenn jeder Tag schon etwas mehr freie Minuten erlaubt, dann hatten beide ihren Anteil an diesem Erfolg. Oft werden Sie den Eindruck haben, daß Ihr Tagespensum nicht bewältigbar ist, die Zeit zu knapp, zu wenig Hände zur Verfügung, zu wenig ausgeschlafene Köpfe – wie Sie oben gesehen haben, eine für echte Teams typische Situation. Das gehört so!

Einer darf auch mal ausfallen, mal nicht funktionieren, kein Problem, wenn der andere gerade Kraft im Überfluß hat und sich für mindestens zwei austoben kann. Die Revanche kommt sicher. Gute Partnerschaften sollten nach einiger Zeit verstanden haben, daß es völlig egal ist, wer von beiden die Situation letztendlich ins Plus brachte, Hauptsache beide haben an diesem Weg mitgearbeitet. Gute Partnerschaften sollen nach einiger Zeit aber auch begriffen haben, daß trotz aller Gemeinsamkeit ein jeder die Anerkennung des anderen braucht, Spezialkompetenzen geachtet werden und unterschiedliche Arbeitsstile akzeptiert werden („Also ich hätte das ja anders gemacht!“ – „Mit dem Löffel füttere ich ja gar nicht.“ – „Bettwäsche hatten wir ja bisher nie auf links gedreht in den Schrank gelegt.“ – „Oh, Schweineleber, für Leberschnitten hatte ich immer Rinderleber genommen.“). Letzteres soll am schwierigsten sein.

4.4 Gedanken zu Gegenwart und Zukunft

4.4.1 Ist geteilte Partnerschaft etwas für uns?

Geteilte Partnerschaft ist eine Lösung für Spezialisten, denn sie verlangt ein hohes Maß an Flexibilität. Geteilte Partnerschaft kann aber auch ein Beispiel für soziale Mathematik sein. Nach dem Motto: geteilte Freude gleich doppelte Freude, geteiltes Leid gleich halbes Leid! Geteilte Partnerschaft bedeutet für die beiden beteiligten Erwachsenen einen großen Schritt. Denn das Leben beider verändert sich. Für beide bringt diese Entscheidung Veränderungen in der beruflichen wie in der häuslichen Situation mit sich. Die wichtigste und tragfähigste Voraussetzung ist sicher, daß Mann und Frau sich für diese Lösung entscheiden können und diese vor allen anderen Betreuungs- und Arbeitsmodellen favorisieren.

Diese Form der Lebensgestaltung ist zwar bislang selten verwirklicht, doch nimmt die Motivation vor allem jüngerer Väter zu. Am ehesten ist unter den momentanen Bedingungen eine Verwirklichung bei beruflicher Selbständigkeit beider Partner denkbar. Eine starke Persönlichkeitsstruktur und eine stabile Partnerschaft, Aufgeschlossenheit für die Erprobung neuer Wege, bewußte Hinnahme eventueller finanzieller Einbußen und Standvermögen gegenüber einer Contra-Einstellung der beruflichen und privaten Öffentlichkeit sind Voraussetzungen für diese Entscheidung.

CHECKLISTE
Ist geteilte Partnerschaft etwas für uns?

- ☐ Beide Elternteile wollen – trotz Kind oder Kindern in den ersten Lebensjahren – berufstätig sein. Das bedeutet automatisch eine stundenweise Reduzierung der Berufstätigkeit!
- ☐ Beide Elternteile sind bereit, Pflichten der Haushaltsführung zu übernehmen. Hier handelt es sich um eine Art privates Job-sharing, da sich zwei denselben Arbeitsplatz, nämlich den Familienhaushalt teilen und auch gemeinsam für ihre Arbeitsleistung verantwortlich sind!
- ☐ Beide Elternteile wollen maßgeblich an der Betreuung und Erziehung ihres/ihrer Kindes/r beteiligt sein. Hier gilt es, besonders Erziehungsziele und Erziehungsstil aufeinander abzustimmen.

4.4.2 Vorteile und Risiken einer geteilten Partnerschaft

Um sich für oder gegen eine geteilte Partnerschaft entscheiden zu können, ist es sicher am günstigsten, mit möglichst vielen Vätern und Müttern zu reden, die diese aktive Eltern- und Partnerschaft leben. Doch es gibt bislang noch nicht allzu viele davon, vielleicht überhaupt keinen Fall im Freundes- oder Bekanntenkreis. Eine Auflistung der möglichen Vorteile und Risiken soll als Ersatz dienen:

ENTSCHEIDUNGSHILFEN

***Vorteile* einer geteilten Partnerschaft für die Eltern**

- Mann und Frau, Vater und Mutter erleben sich als Partner, eine Situation, die entlastet und beiderseitige Wertschätzung erleichtert.
- Die Entscheidung für Familienarbeit und berufliche Tätigkeit bedeutet eine in die Praxis umgesetzte Gleichbewertung beider Tätigkeitsbereiche.
- Es ist möglich, in beiden Welten, privat und geschäftlich, Anerkennung zu gewinnen, eine Situation, die vielseitig befriedigende Kompetenzerlebnisse vermittelt.
- Man kann davon ausgehen, daß für die Situation des anderen Partners mehr Verständnis als sonst üblich besteht, da vieles im Familien- oder Berufsalltag vergleichbar erlebt werden wird. Man weiß, wovon der andere spricht.
- Kinder und Arbeitswelt werden miterlebt und erfahren, nicht nur herausgepickte Facetten „aus zweiter Hand“ am Abend im nachhinein vermittelt.
- Der Alltag verlangt, miteinander im Gespräch zu bleiben.
- Das jede Beziehung stabilisierende Gefühl wird erfahren, Höhepunkte gemeinsam erlebt und Anforderungen und Probleme gemeinsam bewältigt zu haben.

***Risiken* einer geteilten Partnerschaft für die Eltern**

- Beide Elternteile müssen mit Schwierigkeiten bei der Realisierung ihrer beruflichen Wünsche rechnen, da für beide die „Teilzeitsituation“ zutreffen wird, so z. B. der noch typische höhere Anspruch an Teilzeitarbeiter seitens der Kollegen.
- Es kann für die Gesamtfamilie weniger Geld zur Verfügung stehen, als wenn der besser verdienende Elternteil voll arbeiten würde.
- Beide Elternteile haben die Probleme der Dreifachbelastung: Haushalt, Kinderbetreuung und Erwerbstätigkeit sind von jedem zu bewältigen.

- Der reibungslose Ablauf des Tagesmanagements bringt eine hohe gegenseitige Abhängigkeit mit sich.
- Die Bewältigung der anstehenden Aufgaben, zumeist unter Zeitdruck, kann zum die Beziehung beherrschenden Element werden, wenn hier nicht bewußt nach ausgleichenden Faktoren gesucht wird. Der „Abhak-Alltag“ droht.

Auch wenn die Arbeitswelt im allgemeinen diesem Wandel noch nicht aufgeschlossen gegenübersteht, zeigt doch die allmählich steigende Zahl geteilter Partnerschaften, daß diese Lebensform für Eltern zunehmend interessant wird. Geteilte Partnerschaft hat aber nicht nur Auswirkungen auf den privaten Lebensbereich. Die damit einhergehende Reduzierung der Arbeitszeit hat gesellschaftliche Konsequenzen. Immer noch gibt es Arbeitgeber, die Ressentiments gegen einen Verzicht auf Vollzeittätigkeit verspüren und diesen mit mangelndem beruflichem Interesse und fehlendem Einsatzwillen gleichsetzen. Auch wird ein organisatorischer Mehraufwand befürchtet. Unter Arbeitskollegen läßt sich für eine Arbeitszeitverkürzung zugunsten der Betreuung der eigenen Kinder mitunter noch wenig Verständnis finden. (Hess-Diebäcker, Stein-Hilbers 1991)

In dieser Situation hatten die 1994 neu geschaffenen Bestimmungen zur Teilzeitarbeit im öffentlichen Dienst und für Beamte vor allem durch ihre Breitenwirkung und durch Einbeziehung führender Positionen Vorbildcharakter.

5. Ganz Mutter, halb berufstätig

5.1 Was ist in dieser Familie besonders?

5.1.1 Szenario

Abendliche Aktivitäten im Garten der Familie Schmitz. „Morgen fällt übrigens die erste Stunde aus. Der Relilehrer ist krank. Und wir sollen dann alle zur zweiten Stunde direkt ins Hallenbad kommen, weil morgen doch wieder Schwimmen dran ist. Kann mich da jemand hinbringen?" eröffnet der zehnjährige Moritz das abendliche Organisationsgespräch für den nächsten Tag. „Du mußt also erst um halb neun in die Schule. Sag, kannst du morgen so viel später zur Arbeit gehen? Oder soll ich morgen die Familienfrühschicht übernehmen und unsere beiden versorgen? Dann mußt du aber Klärchen mittags vom Kindergarten abholen", wendet sich Frau Schmitz an ihren Mann. Normalerweise starten Moritz und seine kleine Schwester unter Aufsicht von Papa in den Tag. Ist der Ältere auf dem Weg zur Schule, wird die Kleine, die noch etwas mehr Hilfe braucht, fertig angezogen, versorgt und dann von Herrn Schmitz zum Kindergarten gebracht. Mama hat dann bereits schon einige Zeit zu arbeiten begonnen, gegen Mittag endet im Normalfall ihre Teilzeit mit flexiblem Arbeitsbeginn. Herr Schmitz schaut nach der Frage vom Gemüsebett auf, denkt nach und meint: „Gerade morgen wäre es mir lieber, mittags früher nach Hause zu kommen. Ich habe morgen Spätnachmittag nämlich einen wichtigen Termin. Wenn ich meine Mittagspause vorziehe, kann ich mich am frühen Nachmittag noch in Ruhe auf das Gespräch vorbereiten. Ich würde also morgen ganz früh ins Büro gehen, Klärchen um 11:30 Uhr vom Kindergarten abholen und schon mal das Mittagessen vorbereiten, bis du mit Moritz kommst." – „Mittagessen vorbereiten ist gut", grinst Moritz, „wie wär's mit Wiener Würstchen und Kartoffelsalat. Da kann fast nichts schiefgehen, sicher ist sicher." Bevor Vater und Sohn sich wegen dieser Bemerkung zu einer ausgiebigen Rangelei auf den Rasen zurückziehen, kann Frau Schmitz gerade noch bemerken: „Zum Schwimmbad kann du Moritz dann ja nicht mitnehmen." – „Nein, aber du kannst das Auto haben, ich nehme die S-Bahn." Dann sind ihre beiden Männer außer Sicht, quietschend und johlend werden die väterlichen Kochkenntnisse gründlich weiter ausdiskutiert.

5.1.2 Wenn Mütter wieder arbeiten

Eine ausgefallene Schulstunde bringt unsere Modellfamilie so schnell nicht mehr aus dem Gleichgewicht. Frau Schmitz arbeitet halbtags, hat aber – wie ihr Mann – den Vorteil, ihren Arbeitsbeginn flexibel gestalten zu können. Das hat für das Familienleben immense Vorteile, nicht nur in solchen Situationen. Herr Schmitz kann seiner Kleinen, falls sie morgens noch etwas verträumt ist, auch mal mehr Zeit lassen. Und falls Moritz kurz vor Start verzweifelt seine Turnschuhe sucht, kann ihm sein Vater dabei noch in Ruhe helfen, sich und sein Töchterchen erst anschließend startklar machen. Es kommt auf fünf Minuten nicht an. Frau Schmitz ist dagegen normalerweise schon eine Weile aus dem Haus, dafür kann sie ihre Tochter mittags gemütlich vom Kindergarten abholen und beginnt bereits, das Essen zu richten, bis die anderen eintreffen. Obwohl so manches Mal der normale Tagesplan durch Unvorhergesehenes umgestoßen wird, Familie Schmitz bringt es auf die Reihe. Das war nicht immer so.

Für Frau Schmitz gestaltete sich die Verwirklichung ihres Plans, ab dem Kindergartenalter ihrer Tochter ihren Beruf wieder aufzunehmen, anfangs nicht so problemlos, wie es heute aussieht. Sie mußte dafür kämpfen, und zwar auf allen Ebenen, nicht nur im beruflichen Bereich. Sie kann sich an so manche spitze Bemerkung ihrer Bekannten und Verwandten erinnern: „So, deine Kinder sollen also für deinen Egoismus bezahlen!" – „ Steht Selbstverwirklichung an?" – „Wir sind in eurem Alter auch mit wenig Geld zurechtgekommen, man muß eben haushalten können, meine Liebe!" Das waren aber keineswegs alle Probleme. Manchmal erschienen ihr die beruflichen Hindernisse geringer als die familiären. Über Jahre hinweg hatte sie den gesamten Haushalt organisiert, und nun mußten sich sowohl Sohn als auch Partner daran gewöhnen, daß eben nicht mehr alles perfekt parat lag und Mithilfe angesagt war.

Die Anfangszeit war im häuslichen Bereich von immer wiederkehrenden Querelen begleitet, wer nun für welche Haushaltsaufgaben verantwortlich sei. Bis sich schließlich eine für alle Seiten akzeptable Aufgabenteilung eingespielt hatte, waren einige Monate verstrichen. Aber auch heute platzt ihr noch manchmal der Kragen, wenn sie bemerkt, daß sich die anderen Familienmitglieder um manche Aufgaben herumdrücken und ihr ganz langsam immer mehr dieser Dinge wieder stillschweigend zugeschoben werden. Dann steht wieder eine Familienkonferenz an, in der die Haushaltsbelange neu und klar geregelt werden müssen.

5.1.3 1½-Jobs! – Was kann das bedeuten?

Den Haushalt in Schwung zu halten und die Erziehung von einem oder mehreren Kindern zu meistern, ist bereits ein Full-time-job. Und dann noch nebenher „richtig“ arbeiten. Das klingt nach Zerreißprobe, und das kann es auch werden, ist der Wiedereinstieg in die erwerbsmäßige Berufstätigkeit nach dem Erziehungsurlaub oder einer längeren Pause nicht gut vorbereitet.

Nehmen wir an, die beruflichen Anforderungen wären kein Problem für Sie, entweder dadurch, daß Sie nur eine relativ kurze Zeit aus ihrer Berufstätigkeit ausgeschieden sind, also unter drei Jahre, oder daß Sie Ihre Kenntnisse durch verschiedene Maßnahmen laufend aufgefrischt haben. Und nehmen wir auch an, daß Ihr Arbeitgeber mit einer Teilzeittätigkeit einverstanden war. Damit ist dann zwar die Voraussetzung für einen Wiedereinstieg geschaffen, aber keineswegs der „Ausstieg“ aus dem 24-Stunden-Familienleben. Mit der Tatsache, daß während der Arbeitsstunden Ihr Kind gut untergebracht ist, sei es in der Schule, dem Kindergarten oder in der Krippe bzw. bei der Tagesmutter, haben Sie zwar eine wesentliche Vorbereitung erledigt – auch für die berufliche Seite, schließlich können Sie sich nur auf Ihre Arbeit konzentrieren, wenn Sie nicht jeden Tag ein ungutes Gefühl an den Arbeitsplatz mitnehmen – doch damit sind noch immer nicht alle Probleme aus dem Wege geräumt.

Was ist, wenn Schulstunden ausfallen, was, wenn ein Kind krank wird oder gar die Tagesmutter selbst? Und wie vertragen Haushaltsaufgaben und Erziehungsvorstellungen diese erhebliche zeitliche Reduktion, wie vertragen der Partner und die Kinder all diese Veränderungen, und wie vertragen übrigens Sie alles – nebenbei gefragt?

Dabei spielt sicherlich eine Rolle, aus welchem Grund Sie sich zur Aufnahme einer Teilzeitarbeit entschlossen haben und ob Ihre Erwartungen sich erfüllen.

CHECKLISTE
Hintergründe für die Wiederaufnahme der Berufstätigkeit

- ☐ Persönliche Einstellung zum Beruf,
- ☐ Bestätigung des Selbstwertgefühls,
- ☐ das Familieneinkommen sichernde Aspekte,
- ☐ rein berufliche Aspekte.

1½-Jobs heißt normalerweise, die Betreuung der Kinder während der Arbeitsstunden geregelt zu haben und anschließend wieder in die Erziehungsaufgaben einzusteigen. Es heißt aber auch, in dieser Zeit nebenher den Haushalt zu organisieren. Genausoviel Arbeit muß also in weniger Zeit erledigt werden. Abschied vom Perfektionismus ist im Haushalt zwar angesagt, aber kein Abschied von geregelter Haushaltsführung. Daß eine Frau wieder ihrem Beruf nachgeht, bedeutet noch lange nicht automatisch ein vermehrtes Haushaltsengagement vom Partner oder den älteren Kindern. Auch wenn Frauen wieder arbeiten, beteiligen sich die meisten Partner weder hinreichend an der Haushaltsführung noch an der Kindererziehung, die Organisation der Kinderbetreuung bleibt fast gänzlich in der Hand der Mütter. Hierbei macht es einen verhältnismäßig geringen Unterschied, ob Mütter halbtags oder ganztags arbeiten. Die Mütter können wählen, entweder diese ungleiche Aufgabenverteilung zu akzeptieren und ständig der Erledigung der Haushaltsarbeiten hinterherzuhetzen, verbunden mit einem schlechten Gewissen, den Haushalt und die Kinder zu vernachlässigen, oder aber als permanenter Stimmungskiller Forderungen an die einzelnen Familienmitglieder zu stellen. Selbst Hand anzulegen, geht manchmal viel schneller und spart für den Moment auch Nerven, doch einer akzeptablen Aufgabenaufteilung ist diese Strategie auf Dauer mit Sicherheit nicht dienlich. Daß auch die Väter zu Hausarbeiten herangezogen werden, erleichtert – ist die Zusammenarbeit erst einmal eingespielt – das Leben, denn es entstehen mehr Freiräume, um sich intensiv mit den Kindern zu beschäftigen. Man sollte diese partnerschaftliche Arbeitsteilung auch unter dem Aspekt der Vorbildrolle für die heranwachsenden Kinder sehen. In Familien, in denen eine Kooperation der Eltern in Haushaltsaufgaben und Kinderbetreuung vorgelebt wird, werden die stereotypen Rollenvorstellungen aufgelöst, und es wird generell ein gleichberechtigteres Umgehen nicht nur hinsichtlich Aufgabenverteilung im Haushalt erreicht. Auch Kinder des jeweils anderen Geschlechts werden allgemein eher akzeptiert und als gleichberechtigt angesehen. „Die meisten Jungen wollen nicht mit Mädchen in einer Mannschaft spielen ... Aber mir ist das eigentlich egal, mit wem ich in einer Mannschaft bin." (Hering/Rietschel 1995) Ungewöhnliche Kommentare für 12jährige Jungen. Sie kommen vor, wenn Jungen in ihrer Familie eine eher partnerschaftliche Teilung aller anfallenden Aufgaben erleben.

ENTSCHEIDUNGSHILFE
Ist in meiner Situation eine Teilzeitarbeit möglich?

Private Aspekte:

- Wird Ihr Kind seinem Alter entsprechend betreut, fühlt es sich wohl, und ist die Unterbringung langfristig geregelt?
- Wichtig ist auch die Lösung der Frage: Wie werden die Ferienzeiten in Krippe, Kindergarten und Schule gehandhabt, und wie klappt in diesen Zeiten die Betreuung?
- Sind die Bring- und Abholzeiten zu dem Betreuungsort mit den Arbeitszeiten eines oder beider Elternteile gut vereinbar, so daß möglichst wenig Zeitdruck entsteht?
- Können Sie Ihrem Kind in der verbleibenden Zeit am Tag genügend Zuwendung geben und das Bedürfnis – auch das eigene – nach Zusammensein hinreichend abdecken?
- Unterstützen die anderen Familienmitglieder Ihren Wunsch nach Berufstätigkeit?
- Akzeptieren die andern Familienmitglieder, vermehrt im Haushalt mitzuhelfen?
- Ist Ihr Partner bereit, bei Erkrankung eines Kindes ebenfalls die Betreuung zu übernehmen?
- Können Sie mit den Vorurteil, eine engagierte berufstätige Frau sei eine Rabenmutter, umgehen?

Betriebliche und berufliche Aspekte:

- Entspricht das Teilzeitangebot Ihrer beruflichen Qualifikation?
- Wie stehen die Geschäftsleitung und die Arbeitskollegen dem Versuch der Vereinbarkeit von Familie und Beruf gegenüber?
- Wie ist das Betriebsklima? Erfährt eine unter Streß stehende Arbeitskollegin Hilfestellung durch die anderen Kollegen und Kolleginnen?
- Ist bei weiten Fahrstrecken (zum Arbeitsplatz und der Betreuungsmöglichkeit) eine Blockbildung an wenigen Tagen möglich, um tägliche Anfahrzeiten bei wenigen Arbeitsstunden zu vermeiden?
- Gelten für einen oder sogar beide Eltern flexible Arbeitszeiten?

Und da wäre noch etwas:

- Steht Ihr Verdienst in Relation zum finanziellen Aufwand für die altersgemäße Betreuung?
- Ist Ihnen ein gleichberechtigte Aufgabenverteilung in Haushalt und Beruf wichtig?

5.2 Und die Kinder?

5.2.1 Was bedeutet Halbtags- bzw. Ganztagsbetreuung für mich und mein Kind?

Ob ein Kind vier oder acht Stunden am Tag außer Haus ist, macht einen Unterschied. Je jünger das Kind ist, um so gravierender sind die Auswirkungen der längeren Betreuung. Fachleute raten von einer ganztägigen Fremdbetreuung in der Bindungsphase, die bis ins zweite Lebensjahr reicht, ganz ab.

Als Eltern sollte man sich darüber klar werden, daß ein Abgeben des Kleinstkindes für den Hauptteil der Wachzeit bedeutet, daß das Kind eine intensivere Beziehung zur Krippenerzieherin oder Tagesmutter, aber natürlich auch im Fall der Verwandtenbetreuung zu Oma oder Tante, entwickeln kann als zu einem selbst. Man verliert auch sein Vorrecht, meist der erste sein zu dürfen, der die kleinen, aber faszinierenden Entwicklungsschritte des Kindes mitbekommt oder gar gezeigt bekommt. Das erste Krabbeln, der erste vorsichtige Schritt, das erste Wort, das erste Gestreicheltwerden finden vielleicht außer Haus statt. Auch der Erziehungseinfluß relativiert sich, eigene Vorstellung darüber, wie zusammen gegessen, Konflikte gelöst, anderen Menschen begegnet wird, haben nur noch halb soviel Gewicht. Zudem reduziert sich Ihre Kenntnis der Persönlichkeit Ihres Kindes, denn mit jeder Interaktion lernen Sie, wie Ihr Kind in unterschiedlichen Situationen reagiert und was für ein Temperament es hat. Mit der Zeit können Sie so sein Wesen erkennen und sein Verhalten meist vorausahnen; dies erleichtert und fördert das individuelle Aufeinandereingehen von Kind und Eltern.

Für Kinder im Kindergartenalter treten andere Probleme in den Vordergrund. Die Fixierung auf den Kindergarten als einzigem Sozialisationsort kann die Stellung des Kindes als Aggressor, aber auch als Außenseiter der Gruppe zementieren. Es bleibt wenig Zeit für ausgleichende Kontakte zu anderen Freunden, beispielsweise in der

Nachbarschaft. Wer morgens in der Rangordnung ganz unten steht, bleibt dort auch nachmittags. Den ganzen Tag sein Spielzeug teilen zu müssen, kein Anrecht auf besonders geliebte Spielsachen oder Bilderbücher zu haben, kann ebenfalls sehr frustrierend sein. Die Zeit, eigene Hobbys zu pflegen, seine Spielzeit und Aktivitätsgeschwindigkeit selbst zu wählen, verkürzt sich. Die Möglichkeit, sich bei Bedarf zurückzuziehen, ist stark reduziert.

Dennoch bietet ein Ganztagsplatz unter bestimmten familiären Umständen auch Vorteile. Als Alleinerziehende ist man u. U. froh darüber, einen Teil der Erziehungsverantwortung an eine zweite Betreuungsperson abgeben zu können, und ein pädagogisches Gegengewicht hilft gegen den berüchtigten Tunnelblick. Für Kinder aus problematischen Familienverhältnissen kann die Einrichtung schon früh kompensatorische Funktionen übernehmen. Vielleicht erfahren sie (unter guten Fremdbetreuungsbedingungen!) eine zuverlässige, liebevolle und wertschätzende Beziehung zu einem Erwachsenen, eine Erfahrung, die ihnen im Elternhaus möglicherweise vorenthalten bleibt. (Grossmann/Grossmann 1994)

ENTSCHEIDUNGSHILFEN
Ganztags im Kindergarten. Für wen das Richtige?[33]

- Kinder, die in Stadtteilen oder Wohnvierteln leben, in denen es keine Spielmöglichkeiten gibt;
- Einzelkinder, die sonst keine Erfahrungen mit Gleichaltrigen machen können;
- Kinder von Ausländern und Aussiedlern, die die deutsche Sprache lernen und sich integrieren wollen;
- Kinder mit Behinderungen, die eine integrative Kindertagesstätte besuchen. Auf diese Weise erhalten die meist stark belasteten Eltern den notwendigen Frei- und Erholungsraum;
- Kinder aus Scheidungsfamilien oder aus Familien, die sich in einer Krise befinden (z. B. Alkohol, Mißbrauch oder chronisch kranke Familienmitglieder);
- Kinder, deren Eltern tagsüber berufstätig und nicht zu Hause sind.

[33] Aufstellung von Ulrich Diekmeyer vom Institut für Frühpädagogik in München, aus: ELTERN, Okt. 1993, S. 184.

Entscheidend ist die Gestaltung der gemeinsamen Abende und freien Tage; dem Kind muß vermittelt werden, daß es nicht auch abends noch stört (siehe Kap. 7.4.1).

Schulkinder können von der nachmittäglichen Hortbetreuung vor allem dann profitieren, wenn die Qualität der Einrichtung stimmt. Der Hort ist sicher die bessere Alternative zu einem häuslichen Alleingelassensein. Viele Schüler kommen gern in den Hort, ihre Leistungen und Hausaufgaben verbessern sich häufig. Mit zunehmendem Alter ist es dem Schüler auch möglich, selbst aus dem Hort- bzw. dem nachbarschaftlichen Freizeitangebot auszuwählen.

5.2.2 Mein Kind bei den Großeltern – Vorteile und Tücken

Zwar werden die meisten Kleinstkinder erwerbstätiger Eltern nach wie vor durch die Großeltern betreut (2/3 nach der Brigitte-Studie von 1992), aber diese Möglichkeit bietet sich den Eltern zunehmend weniger. Die Großmütter sind immer häufiger selbst noch erwerbstätig, wohnen weiter weg, und die Enkelbetreuung ist für sie keine Selbstverständlichkeit mehr. Diejenigen, die sich zu einer Mitbetreuung ihrer Enkel entschlossen haben, werden mitleidig „Sandwich-Mütter“ genannt, weil sie nach dem Großziehen ihrer eigenen Kinder und dem Versorgen ihrer altgewordenen Eltern, nun auch noch – womöglich nahtlos – die Kinder ihrer erwerbstätigen Töchter betreuen (müssen).

Die Vorteile einer Betreuung innerhalb der Großfamilie werden in der häufig gegebenen lebenslangen Bindung zwischen Kind und Verwandtem gesehen. Oma und Opa begleiten das Kind in der Regel durch die Vorschulzeit und danach noch viele Jahre. Kein Betreuungsabbruch und -wechsel, keine erneute Eingewöhnung drohen. Auch ist die emotionale Bande stärker als bei einer bezahlten Kraft; wurde das eigene Kind wertgeschätzt und liebevoll aufgezogen, wird es das Enkelkind mit Sicherheit auch. Der Austausch mit den Eltern über das Kind, d. h. die gegenseitige Mitteilungsbereitschaft ist meist hoch. Diese emotionale Bande ist aber gleichzeitig auch mit einem Risiko verknüpft: Falls es zu Zwist in der Familie kommt oder das Verhältnis schon immer problematisch war, wirkt sich dies auch auf die Jüngsten aus. Auch neigen Familienmitglieder zu einer größeren Distanzlosigkeit bei Erziehungsratschlägen als Außenstehende, und Einmischungen in den Erziehungsstil sind nicht selten. Die Erziehungsvorstellungen der Großelterngeneration passen nicht immer zu der modernen Kindheitspädagogik, die von vielen jungen Eltern befürwortet wird. So haben es die Altvordern meist eiliger, wenn es um das Erreichen bekannter Entwicklungsschritte geht: Schneller Laufen, früheres Trockenwerden, früher Essen mit Besteck sind angesagt. Familienknatsch ist vorprogrammiert. Und der kann nicht einfach durch einen Betreuungswechsel behoben werden. Die Zusammenarbeit kann nur klappen, wenn auf beiden Seiten Toleranz und Konfliktlösestrategien vorhanden sind.

Es gibt aber auch die gelassenen Großeltern – ein Genuß für alle Kinder –, die, weil auf ihnen keine Erziehungsverantwortung mehr lastet, weniger streng mit ihren Enkeln umgehen als ehemals mit ihren Kindern. Stundenlang spielen sie mit den Kleinen Kaufladen, backen Plätzchen, schmökern mit ihnen in Bilder- oder Märchenbüchern oder schlendern durch den Park. Sie haben im Gegensatz zu den betreuungssuchenden Eltern ihre Karriere bereits geschafft, ihr Leben fest im Griff und stehen folglich nicht mehr unter Erfolgszwang.

CHECKLISTE
Was tun, um Konflikte zwischen Großeltern und Eltern zu vermeiden[34]

Regeln für die Eltern:

- ☐ Akzeptieren Sie, daß Großeltern ihre Enkel etwas mehr verwöhnen oder disziplinieren. Kinder können mit verschiedenen Erziehungsstilen gut umgehen, wenn klar ist, wer was tut.
- ☐ Manchmal wollen Großeltern an ihren Enkeln wiedergutmachen, was sie bei den eigenen Kindern versäumt haben. Reagieren Sie darauf nicht eifersüchtig.
- ☐ Sagen Sie rechtzeitig Bescheid, wenn Sie die Großeltern als Babysitter brauchen.
- ☐ Wenn Sie mit einem Verhalten der Großeltern nicht einverstanden sind, reden Sie mit ihnen sachlich darüber.
- ☐ Geben Sie den Großeltern nicht nur Erziehungspflichten, sondern auch -rechte.

Regeln für Großeltern:

- ☐ Bieten Sie der jungen Familie Ihre Hilfe an, aber drängen Sie sich nicht auf.
- ☐ Im großen und ganzen sollten Sie die Erziehungsvorstellungen der Eltern mittragen.

[34] Nach Wilfried Griebel vom Münchner Staatsinstitut für Frühpädagogik, aus: ELTERN, Mai 1993, S. 142–145.

- ☐ Seien Sie mit Kritik sparsam. Bei in Ihren Augen grundverkehrtem Verhalten sollten Sie ohne vorwurfsvollen Unterton argumentieren.
- ☐ Versuchen Sie nicht, die besseren Eltern zu sein. Sonst wissen Ihre Enkel nicht mehr, wer eigentlich das Sagen hat.
- ☐ Die Zuneigung der Kinder müssen Sie sich nicht erkaufen.
- ☐ Sprechen Sie sich bei großen Geschenken vorher mit den Eltern ab.
- ☐ Versuchen Sie, keinen Ihrer Enkel zu benachteiligen.

5.2.3 Wie gründe ich eine Elterniniative, und wer hilft mir dabei?

INFOBOX
Ohne Elterninitiativen geht's nicht mehr![35]

- Nach groben Schätzungen ist das selbstorganisierte Betreuungsaufkommen mit ca. 3.000 Gruppen (mit unter Dreijährigen) und ca. 30.000 Plätzen ähnlich hoch wie das der öffentlichen Einrichtungen, mit ansteigendem Trend in den letzten 15 Jahren. (Reyer/Müller 1992) In Bremen werden sogar vier- bis fünfmal so viele Plätze von Elterninitiativen bereitgestellt wie von den Krippen.
- Einige Bundesländer können mittlerweile auf die Angebote der Elterninitiativen überhaupt nicht mehr verzichten, die als kostengünstige Betreuungsalternative vom Staat erkannt wurden. Sie haben nach dem KJHG (§ 25) und den Ausführungsgesetzen verschiedener Länder das Recht auf Beratung und Unterstützung.[36]

Motive zum Gründen einer Initiative mit gleichgesinnten Eltern gibt es genug: Aussichtlosigkeit auf einen Betreuungsplatz und unflexible Öffnungszeiten der üblichen Tageseinrichtungen sind zwei davon. Den meisten Eltern geht es jedoch darum, selbst bestimmen zu können, wie ihre Kinder erzogen werden und unter welchen Bedingungen. Dafür nehmen sie oft sogar eine größere finanzielle und zeitliche Belastung in Kauf. Die antiautoritäre Kinderladenbewe-

[35] Informationen bei: Bundesarbeitsgemeinschaft Mütter- und Familienselbsthilfe e.V. (BAG), Geschäftsstelle Hamburg, Müggenkampstr. 30a, 20257 Hamburg, Tel. 040/40170606 und dem Bundesverband Neue Erziehung e.V. (BNE), Am Schützenhof 4, 53119 Bonn, Tel. 0228/664055.

[36] Tips zur Vereinsgründung finden sich in der Broschüre „Eltern werden aktiv“ des Bundesministeriums für Familie, Senioren, Frauen und Jugend bzw. bei Reyer & Müller (1992).

gung der 60er Jahre ist sicher jedem ein Begriff. Heute ist das pädagogische Spektrum der Elterninitiativen auch im Betreuungsbereich vielfältig geworden. Für jeden etwas, und falls das Passende nicht dabei ist, kann man einfach eine neue Elternini gründen, wie sie gern etwas flapsig genannt wird. Einfach? Nun, ganz so einfach geht es doch nicht. Man braucht schon eine gehörige Portion Stehvermögen und Energie, um Mitstreiter, Sponsoren, Räumlichkeiten und Erzieherinnen zu finden und ein gemeinsames pädagogisches Konzept auszuarbeiten, mit dem alle leben können.

Bedenklich ist eine große, schwer einschätzbare Anzahl sogenannter „grauer" Eltern-Kind-Gruppen, die den Jugendämtern nicht offiziell gemeldet sind. Dabei existieren landesweit unterschiedliche Bestimmungen, ab welcher Gruppenstärke und welchem Betreuungsaufkommen die Gruppen einer Aufsicht unterliegen. (Reyer/Müller 1992) Hier sollte eine zusätzliche bundeseinheitliche Kontrolle der Betreuungsqualität installiert werden. Die Elterninitiativen, die bereits jetzt bessere Bedingungen bieten als öffentliche Tageseinrichtungen, bräuchten diese nicht zu fürchten.

Grundsätzlich sollte man sich im klaren sein, um welchen Typ von Elterninitiative es gehen soll:
- um eine finanziell günstige, aber zeitlich intensive Initiative, bei der die Eltern die Betreuungsaufgabe unter sich aufteilen,
- oder um eine Initiative, in der von den Eltern bezahltes und mit öffentlichen Mitteln gefördertes Personal die Kinder betreut.

Im letzteren Fall bietet die Initiativeinrichtung eine echte Alternative zu Krippe oder Kindergarten, bei der die Eltern deutlich mehr Einfluß auf die pädagogische Richtschnur nehmen können als bei einer öffentlichen Tageseinrichtung. Trotzdem können Sie zudem einer Erwerbstätigkeit nachgehen.

ENTSCHEIDUNGSHILFEN

Ist das Engagement in einer Elterninitiative etwas für mich?

- Habe ich die Energie und das Stehvermögen für den Gang durch die Institutionen?
- Habe ich den starken Wunsch, meine pädagogischen Vorstellungen in die Außerhausbetreuung meines Kindes einfließen zu lassen?

- Bin ich bereit, nötigenfalls etwas tiefer in die Tasche zu greifen, wenn die Zuschüsse gering ausfallen?
- Habe ich die soziale Kompetenz, mich mit anderen Eltern zu arrangieren?
- Habe ich Zeit und Lust, mich über Jahre hinweg in der Gruppe zu engagieren?

Im ersten Fall geht es vor allem um die pädagogische Einflußnahme und einen vielleicht stundenweise vorhandenen Freiraum, bei dem andere Eltern mit der Betreuung an der Reihe sind. Gerade bei diesem Typ wird sehr viel zusätzliche Zeit abverlangt, um Räume zu putzen, sich mit dem Kochen abzuwechseln, die Finanzierung zu regeln und an Elternabenden Details wie den Ernährungsplan für die Kinder zu diskutieren.

Wie finde ich jetzt Anschluß an eine bereits bestehende Gruppe oder bringe ich selbst eine Initiative ins Rollen?

CHECKLISTE

Wie finde ich andere interessierte Eltern, und wo kann ich mich informieren?

- ☐ Aushänge beim Kinder-, Frauenarzt, Supermarkt, Second-Hand-Laden etc.
- ☐ Annonce in der Lokalzeitung
- ☐ Wartelisten überfüllter Kindergärten
- ☐ Nachfrage bei der Lokalredaktion Ihrer Tageszeitung bezüglich eines Artikels zum Thema
- ☐ Nachfrage beim Jugendamt, ob bereits Eltern-Initiativen in der Nähe existieren
- ☐ Nachfrage bei Kirchengemeinde, Wohlfahrtsorganisationen und Gewerkschaften
- ☐ Ansprechen politischer Parteien, speziell Jugendorganisationen
- ☐ Spezielle Beratungsstellen in einigen Regionen zur Gründung von Kindergärten

Wenn Sie sich informiert haben und wissen, daß Sie den Schritt zur Gründung einer Elternini wagen wollen, ist es sinnvoll, einen gemeinnützigen Verein zu gründen, der bezuschußt werden kann, und sich von Wohlfahrtsverbänden bei den nächsten Schritten beraten zu lassen.

CHECKLISTE
Wie gehe ich vor bei Gründung einer Elternini-Tageseinrichtung?[37]

- ☐ Mitstreiter finden zur Gründung einer Elterninitiative;
- ☐ Vereinsgründung, Eintragung ins Vereinsregister, Beantragung von Gemeinnützigkeit;
- ☐ Anschluß suchen an einen Wohlfahrtsverband, der bei allen folgenden Schritten berät;
- ☐ Antrag stellen auf Anerkennung als Freier Träger der Jugendhilfe beim örtlichen Jugendamt;
- ☐ Räume und Personal suchen;
- ☐ Befreiung von der Heimaufsicht beim Landesjugendamt beantragen;
- ☐ Eröffnung der Tageseinrichtung;
- ☐ Öffentliche Finanzierung beim örtlichen Jugendamt beantragen.

Viele Städte bezuschussen die Gründung und die laufenden Kosten einer Elternini. Die Höhe der Summen variiert beträchtlich, während einige nur einen kleinen Beitrag liefern, finanzieren manche Städte kostendeckend. Entscheidend ist oft der Mangel an Plätzen. Je weniger öffentliche Betreuungsplätze vorhanden sind, umso lockerer sitzt das Portemonnaie für die für die öffentliche Hand günstigeren Betreuungsplätze der Elterninitiativen.

INFOBOX
Wo gibt es sonst noch Geld für unsere Initiative?

- ♦ Bei Banken mit einem Fonds für gemeinnützige Objekte.
- ♦ Bei den örtlichen Bußgeldstellen (Amtsgericht) können sich Initiativen eintragen lassen und auf Zuteilung hoffen.
- ♦ An dem Erlös von Veranstaltungen der Wohlfahrtsverbände (Lotterie, Wohlfahrtsmarken, Straßensammlung) können Initiativen beteiligt werden.

[37] Nach einer Broschüre der Bundeszentrale für gesundheitliche Aufklärung (Hrsg.) (1983) Eltern helfen Eltern, Bd. 3. Ostmerheimer Str. 200, 51109 Köln, Tel. 0221/89920.

- Überschüsse aus dem Prämiensparen der Stadtsparkassen werden an gemeinnützige Institutionen verteilt.
- Parteien, Gewerkschaften, Industrieverbände, Kirchen oder Wohnungsbauunternehmen können als Förderer gewonnen werden.

Im Fall der wechselnden Betreuung durch die Eltern der Kinder gilt es zu bedenken, daß die Eltern keine gruppenpädagogischen Profis sind mit all den damit zusammenhängenden Vor- und Nachteilen. Es wird oft behauptet, die „Laien" (betreuende Mütter in der Selbsthilfe) besäßen mehr Alltagskompetenz und weniger übertriebene pädagogische Ansprüche gegenüber den Kindern. Professionelle Erzieherinnen befürchten, daß die pädagogischen Chancen zur Förderung der Persönlichkeit und sozialen Entwicklung nicht ausreichend genutzt werden. Sicher ist, wäre es so einfach, eine Kindergruppe zu leiten und altersangemessen zu fördern, könnte man auf eine Erzieherinnenausbildung künftig verzichten. Aber gerade im Rahmen von fortlaufenden Fort- und Weiterbildungen und Supervisionen besteht die Chance, Kenntnisse und Konzepte ständig zu erweitern und gegebenenfalls aufgrund neuer Erkenntnisse zu korrigieren. Familiäre Kompetenz kann ergänzend, aber nicht ersetzend hinzukommen.

5.3 Familien- und Erwerbsarbeit

5.3.1 Heimarbeit und Strukturierung des Tages

Heimarbeiterinnen waren früher für ein paar Mark Zubrot zu Hause arbeitende Hausfrauen. Heimarbeiterinnen, das sind heute nur noch selten für einen geringen Stundenlohn an der Nähmaschine sitzende oder Einzelteile zusammenstöpselnde Frauen, fast immer ohne Ausbildung und fast immer ohne berufliche Alternative. Heimarbeiterinnen sind heute sehr häufig 1½-Jobberinnen. Heimarbeit kann heute die zu Hause arbeitende selbständige Werbegraphikerin oder unabhängige Textbearbeiterin genauso sein wie die auf höherer Verwaltungsebene arbeitende Beamtin im Erziehungsurlaub oder die bei einer Computerfirma angestellte Software-Spezialistin.

Sie alle arbeiten zu Hause, vor allem weil sie ein Kind in einem betreuungsintensiven Alter haben. Doch der ständige Wechsel zwischen Erziehungsaufgaben und beruflichen Anforderungen – oft im selben Zimmer und zur selben Zeit – hat seine Tücken und muß erst einmal in den Griff bekommen werden, um zu einem befriedigenden Arrangement zu kommen. Eine eigenständige und disziplinierte Strukturierung des Tagesablaufs ist unbedingt nötig.

ENTSCHEIDUNGSHILFEN
Ist Heimarbeit etwas für mich?

- Komme ich mit einer selbstbestimmten Arbeitszeitgestaltung zurecht, oder lasse ich mich schnell ablenken?
- Gelingt es mir, die im Tagesverlauf anstehenden Familienbelange trotz geringerer Zeitressourcen günstig anzuordnen?
- Kann ich mir zu Hause ein Arbeitsklima schaffen?
- Bin ich mir der Auswirkungen des Zusammenlegens von Arbeitsstätte und Privatwohnung bewußt?
- Wie wichtig sind mir das tägliche „Rauskommen" und der direkte persönliche Kontakt mit den Kollegen?

„Verhalten Sie sich so, als wären Sie an einem fremden Arbeitsplatz." (Kanarek 1996) Jede halbe Stunde ein Gang zum Kühlschrank, schnell mal die Waschmaschine zwischendurch füllen, diese Pausen sind tabu. Oder einen Brief an Tante Elfriede schreiben, würden Sie das während Ihrer Bürostunden machen? Lassen Sie sich nicht ablenken. „Anfangs genoß ich es, wenn Julian um meinen Schreibtisch herum spielte, es war richtig heimelig. Doch dann merkte ich, daß ich doppelt so viel Zeit brauchte, um meine Arbeit zu erledigen. Heute habe ich schon mindestens zwei Stunden konzentrierter Arbeit hinter mir, wenn er aufwacht."

Sicherlich nur eine Lösung für Frühaufsteherinnen. Doch gelingt es nicht irgendwie, die Arbeit außerhalb der Aktivitätszeiten des Säuglings oder Kleinstkindes anzusiedeln, wird das ganze zum Streß – oder als einziger Ausweg wird eine zusätzliche Betreuungsperson während dieser Zeit nötig. Eine anwesende Mama, aber diese gerade nicht ansprechbar, das ist noch im Schulalter schwer zu verstehen. Doch dann können mit den Kindern die Zeiten ausgehandelt werden, die für die Arbeit und die für gemeinsame Aktivitäten reserviert sind. Vor Unterbrechungen der Arbeit durch aktuelle Probleme sind Sie dennoch nie gefeit, im Büro aber auch nicht! Aber das ist – gelingt die Strukturierung des Tages ansonsten – gerade der Vorteil dieser Art von Tätigkeit, nämlich da zu sein, wenn es wirklich nötig ist, wenn Ihr Kind Sie dringend braucht.

5.3.2 Tele(heim)arbeit – ein Königsweg mit Stolpersteinen

INFOBOX
Was versteht man unter Telearbeit oder Teleheimarbeit?

- Telearbeit nennt man jede längerfristig angelegte, auf moderne Informationstechnik gestützte Tätigkeit, die entweder ausschließlich außerhalb des Betriebs oder abwechselnd außerhalb und im Betrieb geleistet wird, mit diesem aber über Datenfernübertragung verbunden ist. Zu Telearbeit gehören alle Arbeiten und Aufgaben, die in einem hohen Maße computergestützt geleistet werden.
- Telearbeit kann ausgeübt werden
  a) im Wechsel zu Hause und im Betrieb;
  b) gänzlich zu Hause;
  c) beim Kunden direkt;
  d) in einer Außenstelle des Betriebs;
  e) sogar in einem sogenannten Nachbarschaftsbüro, mit anderen Mitarbeitern des eigenen oder anderer Unternehmen zusammen.

„Telearbeit, das ist ideal, um Berufstätigkeit und Kinderbetreuung unter einen Hut zu bringen!" – „Telearbeit ist die Rückkehr in eine beinahe handwerkliche Welt" – „Telearbeit, die Arbeitsform der Zukunft"; das klingt euphorisch und herrlich geeignet, um Kinderbetreuung und berufliche Aufgaben in Einklang zu bringen. Es stimmt, Frauen in hochqualifizierten Berufen, die sich über lange Jahre hinweg in ihr Arbeitsgebiet eingearbeitet haben, möchte man kaum verlieren und möglichst an die Firma binden. In solchen Fällen richten die verschiedenen Unternehmen, oft auf Initiative der Mitarbeiterinnen, Telearbeitsplätze ein und machen in vielerlei Hinsicht Zugeständnisse, wie Zuschüsse zur Miete oder sonstigen entstehenden Mehrkosten oder weitgehende Eigenverantwortung auf der Ebene des Vertrauens. Nur hin und wieder ist der Weg ins Büro zwecks Austausch nötig. Absolute Zeitsouveränität, keine vergeudete Zeit auf der Straße, beruflich weiterhin topfit, finanziell abgesichert, Karriere trotz Erziehungspflichten, allzeit bereit für die Bedürfnisse des Kindes und des Betriebs – ein Traum!? Aber nicht für jeden. Teleheimarbeit ist nicht nur nach wie vor mit schlechteren Aufstiegschancen verbunden, dringend genannt werden muß vor allem die Isolation bei der Arbeit.

ENTSCHEIDUNGSHILFEN
Vorteile und Risiken der Teleheimarbeit sind zu bedenken!

Vorteile der Telearbeit:

- Keine festen Bürostunden bedeuten eine selbstbestimmte Arbeitszeitgestaltung.
- Der Verkehrsstreß in der Rush-hour fällt weg, und nicht nur das, sondern es gibt auch oft einen erheblichen Zeitgewinn durch Wegfall von Weg- und Fahrzeiten.
- Wo ungeschickte Kindergarten- und Schulzeiten die Aufnahme einer Teilzeitbeschäftigung für Mütter fast unmöglich machen, kann Telearbeit auf Teilzeitbasis den Wiedereinstieg ins Erwerbsleben sichern.
- Im Erziehungsurlaub können zur Arbeitsstätte Kontakt gehalten und Qualifikationsverluste vermieden werden.
- In strukturschwachen Gebieten mit besonders schlechten Arbeitsbedingungen für Frauen ist Telearbeit oft die einzige Beschäftigungsmöglichkeit.

Risiken der Telearbeit:

- Diese Arbeit kann, wird sie ausschließlich von Zuhause erbracht, sozial isolieren, vor allem wenn sie zusammen mit der Hausarbeit von ein und derselben Person geleistet werden muß.
- Auch wenn die Telearbeit als Chance zur besseren Vereinbarkeit von Familie und Beruf speziell für Frauen verstanden wird, so muß doch auch die Gefahr gesehen werden, daß durch diese Lösung die alten Zuständigkeiten „Frauen für drinnen und Männer für draußen“ verfestigt werden können.
- Mitbestimmungsmöglichkeiten im Betrieb gehen verloren.
- Telearbeit unterliegt nur dem Heimarbeitsgesetz mit seinen zwingenden Schutzvorschriften, wenn der Arbeitnehmerstatus im Arbeitsvertrag festgelegt ist.
- Arbeitsverträge können auch einen Selbständigenstatus vorsehen, z. B. in Form von Werksverträgen oder freier Mitarbeit, so daß sie auf diesem Wege aus den Tarifauflagen ausgeklinkt werden, nicht selten mit geringer, nichttariflicher Entlohnung.
- Telearbeit ist arbeitsrechtlich und rechtlich ein Problem, wenn z. B. ein Unfall in der Wohnung passiert oder wenn sich Hacker zu dem PC Zugang verschaffen und Daten stehlen; der Angestellte haftet dann.

5.3.3 Zeitarbeit, Chance mit Tücken

Zeitarbeit, angeprangert als moderne Sklaverei oder hochgejubelt als *die* zeitgemäße Beschäftigungsform, kann für Sie persönlich sowohl eine Chance auf dem Weg zurück in die Berufswelt sein als auch ein nervenaufreibender Job, bei dem Sie sich alleine gelassen und ausgenutzt fühlen. (Then/Denkhaus 1994, Baum 1996)

Für die Bewertung kommt es zum einen auf den Arbeitsvertrag an und zum anderen auf Ihre mit dieser Anstellung verbundenen Wünsche und Vorstellungen. Und es kommt nicht nur auf Ihre Kompetenz an, sondern besonders auf Ihre zwischenmenschlichen Fähigkeiten, notfalls auf Ihre Selbstsicherheit.

INFOBOX
Was bedeutet Zeitarbeit?

Eine Zeitarbeitskraft

- ist Mitarbeiter eines Unternehmens, das auf Anforderung anderen Betrieben geeignete Aushilfskräfte zur Verfügung stellt. Ein normaler Arbeitsvertrag regelt Rechte und Pflichten von Arbeitgeber und -nehmer, es gelten die Sonderregelungen des Arbeitnehmerüberlassungsgesetzes (AÜG)[38];
- springt ein, sobald in einem Betrieb vorübergehend eine zusätzliche Kraft nötig ist, sei es aufgrund personaler Engpässe wegen Urlaub oder Krankheit, sei es durch hohen Arbeitsanfall;
- wird nicht von dem Unternehmen bezahlt, in dem sie gerade die Arbeit verrichtet, sondern von dem Zeitarbeitsbetrieb.

Eine Zeitarbeitskraft wechselt dauernd den Arbeitsplatz, für wenige Tage ist sie hier, dann für mehrere Wochen dort, ganz selten mal sechs Monate an derselben Stelle. Das bedeutet nicht nur dauernd andere Schreibtische, Arbeitsanforderungen und Arbeitsabläufe, sondern vor allem auch dauernd andere Menschen um sich herum. Lieben Sie die Abwechslung und sind Ihnen persönliche Beziehungen bei der Arbeit nicht so wichtig, dann kann Zeitarbeit etwas für Sie sein. Schwierig wird es, falls Sie eine Teilzeitarbeit suchen; nur wenige Zeitarbeitsfirmen bieten solche Stellen an. Doch wollen Sie nach langen Jahren wieder in Ihren Beruf einsteigen, oder gilt es, einen Zeitabschnitt ohne Beschäftigung zu überbrücken, oder haben

[38] Zu beziehen bei: Bundesverband Zeitarbeit e.V. (BZA), Vorgebirgsstraße 39, 53119 Bonn, Tel. 0228/632450 (Broschüre „Neue Wege der Zusammenarbeit").

Sie aufgrund Ihres Alters Probleme, wieder eine Anstellung zu finden, dann ist Zeitarbeit vielleicht eine geeignete Alternative, vielleicht sogar mit Zukunft. Viele Zeitarbeiter werden nämlich von den Unternehmen, bei denen sie einspringen, abgeworben. Schließlich konnten Kompetenz, Flexibilität und soziale Fähigkeiten ohne Risiko für die Firma ausgetestet werden.

ENTSCHEIDUNGSHILFE
Zeitarbeit, ist das etwas für mich?

- Wollen Sie schnell verschiedene Berufserfahrungen machen?
- Können Sie sich schnell auf neue Situationen einstellen, und sind Sie bereit, immer wieder irgendwo neu anzufangen? Ihre Einsatzzeiten können wenige Tage betragen (maximal sechs Monate).
- Bringen Sie zwischenmenschliche Probleme und Distanziertheit der Arbeitskollegen nicht aus dem Gleichgewicht?
- Sind Sie willens, als Sprungbrett für eine Dauerbeschäftigung beruflich und zeitlich einiges zu investieren und vorübergehend Nachteile in Kauf zu nehmen? Voraussetzung ist natürlich Kompetenz in Ihrer Berufssparte.

Die Kehrseite der Medaille ist, sehr isoliert arbeiten zu müssen. Mit Argusaugen von Mitarbeitern und Vorgesetzten beobachtet, ob diese Aushilfskraft alles richtig macht, ob sie bereits nach einem halben Tag „funktioniert" und auch immer genug zu tun hat, schließlich bezahlt man sie ja auch teuer. Die Leistungsansprüche richten sich nach dem an die Zeitfirma gezahlten Betrag, nicht nach dem Verdienst der Zeitkraft![39] Deren Bezahlung liegt durchschnittlich um ein Drittel niedriger als bei Festangestellten in den jeweiligen Betrieben. Ist die Neue aber zu gut, fühlen sich die Kollegen und Kolleginnen düpiert, schließlich hat man selbst für die Einarbeitung in den Arbeitsablauf lange gebraucht, Unterstützung und Freundlichkeit kann man dann nicht erwarten.

Damit die ganze Angelegenheit kein Desaster wird, sollten Sie sich den Arbeitsvertrag gut ansehen, nicht nur hinsichtlich der Bezah-

[39] Die Zeitarbeitsfirma gibt nur etwa 42 % des durch den Einsatz des Zeitarbeiters eingenommenen Geldes an ihn weiter, da zuvor die Verwaltungskosten (Gehaltskosten für das Stammpersonal, Werbungs- und Finanzierungskosten) und dann noch die Lohnnebenkosten (Lohnfortzahlung, Urlaub, Feiertage, Arbeitgeberanteil, Sozialleistungen) abgezogen werden.

lung. Es gibt einige schwarze Schafe unter den Vermittlern von Zeitarbeit. Zählt das Unternehmen zum „Bundesverband Zeitarbeit e.V." können Sie mit einem zuverlässigen Arbeitspartner rechnen, denn der Verband hat strenge Aufnahmebedingungen und überprüft die Mitgliedsfirmen, zudem hat er eine Auskunfts- und Beschwerdestelle. Er schickt Ihnen auch umfassende Informationen zu, damit Sie die ausgesuchte Zeitarbeitsfirma auf Herz und Nieren prüfen können.

CHECKLISTE
Darauf sollten Sie bei Verträgen zur Zeitarbeit achten

- ☐ Wurde Ihnen ein Merkblatt für Zeitarbeitnehmer überreicht, in dem Sie genau über alle Rechten und Pflichten informiert werden?
- ☐ Der Vertrag sollte unbefristet sein, außer Sie wollen es nicht anders.
- ☐ Wurden Wochenarbeitszeiten, Einsatzbereich und Bezahlung festgelegt, die Bedingungen für Überstunden geregelt?
- ☐ Stehen Ihnen Urlaubs- und Weihnachtsgeld zu oder vermögenswirksame Leistungen?
- ☐ Erhalten Sie Zuschüsse für Essen und Fahrgeld?
- ☐ Steht Ihnen der gesetzliche Mindesturlaub von 18 Werktagen zu?
- ☐ Kontrolliert die Zeitarbeitsfirma, ob die sicherheitstechnischen und arbeitsmedizinischen Vorschriften vor Ort eingehalten werden?
- ☐ Wenn Sie in einem Unternehmen in den neuen Bundesländern angestellt sind, erklärt sich die Firma bereit, bei Einsätzen in den alten Bundesländern West-Tarife zu zahlen?
- ☐ Ist Ihre Zeitarbeitsfirma Mitglied des Bundesverbandes Zeitarbeit?

5.3.4 Geld verdienen, wenn die Kinder schlafen

Schichtarbeit steht nicht gerade im Ruf, besonders familienfreundlich zu sein. Doch über eine Million Frauen arbeiten nachts, die meisten haben Kind oder Kinder. Nachtschicht bedeutet für Mütter zu arbeiten, wenn die Kinder schlafen, und für sie da zu sein, wenn sie wach sind. Als Nachtarbeit gilt jeder mehr als zwei Stunden dauernde Dienst, der zwischen 23 und 6 Uhr angesiedelt ist. Dauernachtdienst in Form von Teilzeitarbeit bedeutet vergleichsweise guten Verdienst durch viele Zuschläge und/oder zusätzliche arbeitsfreie Tage, die ganz für die Familie zur Verfügung stehen.

Der Vorteil für die Kinder, die an diesen Ausgleichstagen voll ihre Mütter genießen können, muß durch die Nachteile für die Mütter während der Arbeitstage „bezahlt“ werden. Müdigkeit ist der ständige Begleiter der Frauen während dieser Phase, denn der normale Tag-Nacht-Rhythmus ist kaum zu verändern, wie die Untersuchungen zur Schichtarbeit hinreichend belegen. Hinzu kommen die oft verständlichen Enttäuschungen der Kinder, wenn ihre Wünsche nach Betreuung und Beschäftigung, je nach Alter und Bewegungsdrang, wegen der momentanen Schlappheit der Mutter nicht befriedigt werden können.

Es muß zwischen den Vorzügen der arbeitsfreien Zeiten und den Belastungen während der Arbeitstage, die auch gesundheitliche Folgen haben können, abgewogen werden. Hier entscheidet sicherlich mit, wie hoch der Verdienst und die Zuschläge in der Berufssparte sind und inwiefern durch diese günstigen Verdienstmöglichkeiten die Arbeitstage verringert werden können. Für manche Mütter ist Nachtarbeit die einzige Möglichkeit, berufstätig zu sein, da sie weder eine Teilzeitarbeit noch eine Ganztagsunterbringungsmöglichkeit für ihre Kinder finden konnten.

INFOBOX
Besondere Regelungen zur Nachtarbeit

- ♦ Nachtarbeit darf an Werktagen nicht mehr als acht Stunden täglich dauern, Ausnahmeregelungen in Betriebs- und Tarifvereinbarungen sind jedoch zulässig.
- ♦ Nachtarbeitnehmer haben Anspruch auf einen Tagarbeitsplatz, wenn sie ein Kind unter 12 Jahren betreuen müssen. Nur bei dringenden betrieblichen Belangen kann ein solcher Wechsel abgelehnt werden.
- ♦ Schwangeren und stillenden Frauen ist Nachtarbeit entsprechend dem Mutterschutzgesetz verboten.
- ♦ Zusatzbestimmung bei Wechselschichten oder bei mindestens 48 Tagen Schicht: Vor Antritt der Nachtarbeit und dann in dreijährigen Abständen darf sich der Arbeitnehmer auf Kosten des Arbeitgebers medizinisch untersuchen lassen.

Kommt diese spezielle Arbeitsform in Frage?

ENTSCHEIDUNGSHILFE
Ist die angebotene Nachtarbeit etwas für Sie?

- Sind die Verdienstmöglichkeiten mit allen Zuschlägen geeignet, mit einer reduzierten Arbeitsstundenzahl auszukommen, also Teilzeit zu arbeiten?
- Kann die Arbeit auf wenige Tage gelegt werden?
- Sind Sie während der Arbeitsstunden nicht weitgehend isoliert? (Wichtig besonders in Verbund mit dem folgenden Punkt!
- Können Sie durch den verschobenen Arbeitsrhythmus dennoch eine private Isolation vermeiden.
- Sind Sie eher ein Nachtmensch?
- Können Sie den Schlafmangel nach den Dienstnächten hinreichend aufholen?
- Ist jemand im Notfall nachts für Ihre Kinder da? Können Sie außerdem telefonisch jederzeit erreicht werden, auch für Ihr aufgeregtes Kind nach einem schlechten Traum?

5.4 Rechte, Pflichten und Finanzen

5.4.1 Teilzeit ist fast immer möglich

Die unterschiedlichsten Studien belegen, daß die Anzahl der möglichen Teilzeitarbeitsplätze in keiner Relation zu den tatsächlich verwirklichten Stellen mit reduzierter Stundenzahl steht. Warum ist es dann nicht selbstverständlich, Eltern, die eine Reduktion der Arbeitszeit wünschen, entgegenzukommen? Vor allem das mittlere Management, das in den Unternehmen für die Umsetzung von Teilzeitmodellen verantwortlich ist, steht der Reduktion der Arbeitsstundenzahl skeptisch gegenüber (Rueß 1994), schließlich müssen sie den organisatorischen Mehraufwand tragen, der mit den reduzierten Arbeitszeiten einhergeht, und altgewohnte Bahnen verlassen.

Lassen Sie sich nicht einfach abwimmeln. Sie haben gute Argumente. Beschäftigte mit maßgeschneiderten Arbeitszeiten sind hoch motiviert. In denselben Stunden leisten sie effektivere Arbeit. Motivations- und Leistungssteigerung – Schlagworte, denen sich ein Unternehmer kaum entziehen kann. Nebenbei bemerkt, Teilzeitbeschäftigte melden sich insgesamt weniger krank als Vollzeittätige. Zudem werden Personalkosten gespart, da bei günstigen Arbeitsplatzsituationen qualifizierte Mitarbeitnehmer dem Unternehmen eher treu bleiben und keine neuen eingelernt werden müssen. Haben Sie eine Chefin, die selbst Kinder hat, ist die Chance für eine Zustimmung besonders groß, hier treffen Sie am ehesten auf Verständnis. Und wo Führungskräfte teilzeitarbeiten, fassen auch Mitarbeiter Mut hierzu.

Besonders wenn die Anregung zur Teilzeitstelle von der Arbeitnehmerin ausging und sie die erste in der Abteilung ist, die sich die „Freiheit" herausnehmen darf, wird ihrer Arbeitsleistung und ihrem Verhalten – will man es positiv ausdrücken – erhöhte Aufmerksamkeit entgegengebracht. „Na, schon Feierabend? So schön möchte ich's auch mal haben", werden Sie mehr als einmal bei Ihrem Abgang mittags hören. Daß Sie nach Hause stürmen und Ihre Familienarbeit nun ansteht, wird bei so manchem Kollegen unter der Rubrik Freizeit abgelegt. Und wenn Sie abgehetzt im Büro erscheinen, weil Töchterchen irgendwie nicht in den Kindersitz zu bugsieren war und anscheinend die ganze Nachbarschaft es darauf angelegt hatte, Ihre Abfahrt aus dem Wohnviertel zu verhindern, zeugt die Bemerkung: „Warum tust du dir das überhaupt an?" zumindest noch von Mitgefühl. Flexible Arbeitszeiten sind in diesen Fällen Gold wert.

Sie stehen unter kritischer Beobachtung, denn wie überall stellt die Vorreiterrolle übergebührlich hohe Anforderungen an die Einzelperson. Weder wird von den Kollegen und Vorgesetzten ein ständig abgehetzter knapper Arbeitsantritt akzeptiert noch kommentarlos hingenommen, wenn Sie sich während Ihrer Bürostunden gedanklich nicht von familiären Problemen lösen können oder Ihre Arzttermine während der Arbeitsstunden liegen. Schließlich müssen Sie gegen das Vorurteil kämpfen, daß Sie mit der geringeren Arbeitsstundenzahl auch ein vermindertes berufliches Interesse und eine reduzierte Einsatzbereitschaft haben.

Ein gutes Arbeitsklima und eine Arbeitsaufteilung, bei der es auch ansonsten allgemein üblich ist, unter zeitlichem Druck stehende Arbeitskollegen zu unterstützen, sind die beste Voraussetzung, Teilzeit umzusetzen. Dies wird ebenso die Situation entspannen helfen wie die Tatsache, daß bei Krankheit eines Kindes nicht stets die Mutter die Betreuung übernimmt und unverhofft aus dem Arbeitsplan ausschert, sondern auch der Vater die Möglichkeit wahrnimmt, 10 freie Tage aufgrund Erkrankung des Kindes zu beantragen.

INFOBOX
Abmahnungsgründe speziell für Eltern

- Eltern dürfen nicht unbegrenzt lange zu Hause bleiben, weil ihr Kind krank ist. Sind die vom Gesetzgeber oder im Tarifvertrag gewährten Freistellungstage und der Urlaub bereits genommen, besteht nur noch die Möglichkeit, um unbezahlten Urlaub zu bitten. Diesen muß der Arbeitgeber aber nicht gewähren.
- Ein Zuspätkommen, weil der Kindergarten plötzlich geschlossen wurde, die Tagesmutter ins Krankenhaus kam oder die Kinderfrau auf dem Weg zu Ihnen einen Autounfall hatte, gilt als Organisationsverschulden und kann abgemahnt werden. Doch reichen solche Ausnahmesituationen sicher nicht für eine verhaltensbedingte Kündigung aus.
- Bringen Eltern ihr Kind an den Arbeitsplatz mit, obwohl dies ausdrücklich verboten ist, ist eine Abmahnung möglich. Rechtlich ist es nicht vorgesehen, daß Kinder zur Arbeit mitgebracht werden dürfen. Eine Ausnahmeregelung gibt es nur für stillende Mütter. Nehmen Sie Ihr Kind zur Arbeit mit, müssen Sie sich auf die Großzügigkeit Ihres Arbeitgebers verlassen, schließlich haftet er in diesem Fall nicht nur für Sie, sondern auch für Ihr Kind. Um alle Seiten vor unliebsamen Überraschungen zu schützen, sollten Sie auf alle Fälle vorher bei Ihrem Arbeitgeber anfragen, ob er mit dieser Lösung kurzfristig einverstanden ist.

Übrigens: Arbeitsrechtlich gibt es keinen Unterschied zwischen Voll- und Teilzeitbeschäftigung.

INFOBOX
Arbeitsrechtlich sind Voll- und Teilzeitbeschäftigte gleichgestellt[40]

- Mindestens drei Wochen bezahlter Urlaub;
- identische Regelungen bei der Lohnfortzahlung im Krankheitsfall;
- Anrechnung des Verdienstes während des Erziehungsurlaubs auf das Familieneinkommen;
- Gültigkeit des allgemeinen Kündigungsschutzes;
- Urlaubs- und Weihnachtsgeld, Betriebsrente und sonstige betriebliche Zuwendungen werden anteilig – am Umfang der Tätigkeit – orientiert gezahlt;

[40] Zur weiteren Information: ‚MobilZeit' und ‚Teilzeit'. Bundesministerium für Arbeit und Sozialordnung, Postfach 140280, 53107 Bonn. Tel. 0228/5272224 (kostenlose Broschüre über Teilzeitarbeit mit Sonderformen).

- auch bezüglich der im Betrieb üblichen Arbeitszeitgestaltung, wie beispielsweise Gleitzeit, sind Teilzeitbeschäftigung und Vollzeittätigkeit gleichgestellt.

5.5 Gedanken zu Gegenwart und Zukunft

5.5.1 Supermutter – aktuelle Vorbilder

Schwungvoll und dynamisch, mit perfektem Make-up und elegantem Nadelstreifenkostüm schreitet sie ohne Hektik aus dem Haus, den Aktenkoffer in der Hand. Noch ein letztes Winken zu den beiden wohlgeratenen, strahlenden Kindern am Gartentor, bevor diese an der Hand einer geschulten Kinderfrau in Richtung Schule und Kindergarten verschwinden. Im Sportwagen stimmt sie am Autotelefon nochmals die Termine für den Tag mit der Sekretärin ab. Nebenbei wird noch während der Rotphasen die Haushaltsplanung für die nächsten zwei Wochen überprüft, bevor sie dann schließlich wohlgemut und ausgeglichen im Betrieb ankommt, um ihre Karriere weiter auszubauen. Die Frau von heute, eine glänzende Karriere, geratene Kinder, eine gelungene Partnerbeziehung, alles im Griff. Das Bild der Frau von heute, der Supermutter.

Sie weiß, wo's langgeht: „Zum Wickeln gibt es Wegwerfwindeln, die aus unseren Kleinen glückliche Babys machen. Mit Fertignahrung aus dem Gläschen können wir unsere lieben Kleinen bis ins Schulalter versorgen. Kommen die Kids verdreckt vom Spielplatz, freuen wir uns, endlich beweisen zu können, wie intensiv unser Waschmittel wäscht. Hausfrauen sind stets gut gekleidete Frauen, die allenfalls die Frage plagt, welchen Kaffee sie zur Taufe nehmen sollen."[41]

Die Realität sieht leider anders aus: „Wir schmusen mit unseren Babys bis zehn Minuten vor Abfahrt des Zuges, ziehen im Schlafzimmer die Kleider mit den wenigsten Schmutzflecken an, ... mutlos und erschöpft treffen wir am Arbeitsplatz ein ..." (Purves 1987) Das Bild der Frau mit Kindern von heute, an der Mütter sich messen, und die Realität des Alltags klaffen meilenweit auseinander. Anspruch und Wirklichkeit, je weiter sie auseinanderdriften, um so geringer schätzen wir uns und unsere Fähigkeiten ein. Orientiert an der Supermutter, bezahlen die meisten Mütter den Versuch, sowohl im Berufsleben engagiert zu sein, aber dabei gleichzeitig keinesfalls

[41] Zitat einer Mutter aus der ELTERN-Serie „Beruf: Mutter", April 95, 187–190.

die Erziehungs- und Familienaufgaben vernachlässigen zu dürfen, entweder mit einer permanenten Überlastung oder einem angeknacksten Selbstwertgefühl. Selbstwertgefühl oder Selbstachtung, das ist der gute Ruf, den wir bei uns selbst haben. Bei solchen Vorbildern muß eigentlich jede Frau kapitulieren. Auch wenn berufstätige Frauen sich in ihrer geringen Freizeit noch so intensiv mit ihren Kindern beschäftigen, ein schlechtes Gewissen bleibt. Hin- und hergerissen, bleibt das eigene Selbstwertgefühl auf der Strecke.

Beide Lebensbereiche, Familie und Beruf, befriedigend miteinander zu verbinden, kann eine Mutter nicht alleine leisten, und eine Familie besteht zumeist nicht nur aus einer Mutter. Forderungen an den Partner, sich an der Erziehung und den Haushaltsbereichen zu beteiligen, sind berechtigt, um eine für alle Mitglieder befriedigende Familienlösung zu finden.

6. Alleinerziehend

6.1 Was ist in dieser Familie besonders?

6.1.1 Szenario[42]

Doris ist alleinerziehend. Der Vater ihrer Tochter Helena (4) hat sich abgeseilt. Um Kind und BWL-Studium auf die Reihe zu kriegen, lebt die 29jährige Doris derzeit noch bei ihren Eltern. Die Oma paßt tagsüber auf Helena auf. „Das ist enorm praktisch. Ich brauche mich nicht an Öffnungszeiten von Tagesstätten zu halten, und ich weiß, daß Helena bei meiner Mutter bestens aufgehoben ist." Doch für diesen Luxus nimmt Doris täglich über eine Stunde Anfahrt zur Uni München in Kauf. Allmählich wächst ihr der Streß über den Kopf. „Ich dachte diese Vierfachbelastung wäre zu schaffen, der Halbtagsjob als Sekretärin, Studium, Kind und das tägliche Pendeln. Aber es geht einfach nicht."

Doris will ihr Leben umkrempeln: Sie hat ihren Job aufgegeben; in Zukunft müssen Bafög und Kindergeld reichen. Jetzt sucht sie zusammen mit einer anderen alleinerziehenden Mutter eine Wohnung in München. „Dann kann man sich mit der Kinderbetreuung auch mal abwechseln", sagt sie. Denn die Hilfe von Helenas Oma wird ihr abgehen. Ohne Freund oder Oma, die auf das Kind aufpassen, bleibt vielen Studentinnen nur die Tagesmutter. Doris ist da eher skeptisch: „Ich glaube, ich wäre eifersüchtig, wenn mein Kind mehr Zeit mit einer anderen Frau verbringen würde als mit mir."

Wenn sich niemand finden ließ, der auf die Kleine aufpaßte, hat Doris ihre Tochter auch schon in die Vorlesung mitgenommen. „Das ging aber eigentlich nur, solange sie ganz klein war und viel geschlafen hat. Ich hatte Helena einmal in einer Vorlesung dabei. Es war eine Katastrophe. Nach einer halben Stunde waren wir wieder draußen, weil sie so einen Radau gemacht hat. Ein Kind kann einfach nicht zwei Stunden ruhighalten."

---

[42] Das Szenario ist von Ingrid Günther und vollständig nachzulesen im Internet unter http://www.uni-online.de/studium/muetter.html.

Trotz aller Probleme ist sich Doris sicher: Kind und Studium, das ist zwar manchmal ganz schön stressig, aber sie würde es wieder so machen. „Als Studentin kann man sich seine Zeit einigermaßen frei einteilen und hat mehr Spielraum, als eine berufstätige Mutter." Ist der Nachwuchs krank, läßt Doris ihre Vorlesung eben ausfallen. Das funktioniert nicht immer – aber irgendwie muß es gehen.

6.1.2 Ich betreue und versorge allein

16,1 % der westdeutschen Mütter und 23,9 % der ostdeutschen Mütter erziehen ihr(e) Kind(er) alleine.[43] Väter sind nur selten dabei (14 % der Alleinstehenden). Allein ein oder gar mehrere Kinder zu erziehen und maßgeblich an ihrer Entwicklung beteiligt zu sein, ist eine schwere Aufgabe, die, wenn sie gelöst wird, auch sehr dankbare Seiten hat. Schwer schon deswegen, weil allein die Planung für den Tagesablauf, vor allem eines kleinen Kindes, viel Umsicht und Engagement erfordert, die Verantwortung für kritische Entscheidungen auf einem einzigen Paar Schultern ruht und Probleme, die Gesundheit, Ernährung, bürokratische Dinge u. a. betreffen, nicht durch zwei geteilt werden können. Auch Mütter in einer Beziehung oder Ehe sind häufig alleinerziehend.

Doch es gibt auch dankbare Seiten, weil das Kind Ihnen sehr viel von dem zurückgeben wird, was Sie an Zuwendung und Betreuungsengagement „investieren".

Aber kein Mensch ist in der Lage, 24 Stunden zwischenmenschlich dienstbereit zu sein und dabei immer gute Laune zu behalten, wenn der Säugling zum x-ten Mal zu schreien beginnt oder das Kleinkind schon wieder bespielt werden möchte. Unsere moderne Gesellschaft ist die erste, die glaubt, sich diesen Betreuungsmarathon einer einzigen Person leisten zu können (siehe Kap. 2.1.4), mit der entsprechenden Quittung: Mütter müssen in Müttergenesungswerken und Mütter-Kind-Kuren nach dem unvermeidlichen Zusammenbruch wieder flott gemacht werden, um erneut funktionieren zu können.

Alleinerziehende sind voll erwerbstätig, arbeiten Teilzeit oder sind rein familienberufstätig. Welchen Weg die alleinstehende Mutter (der Vater) wählt, hängt nicht zuletzt von der finanziellen Situation ab, den Möglichkeiten, das Kind unterzubringen, und dem Wunsch, über den Beruf soziale Kontakte und Anerkennung zu erhalten. Problematisch ist für die Zuhausebleibenden die immer häufiger anzutreffende Gleichsetzung von alleinerziehend und Sozialhilfeempfän-

[43] Statistisches Bundesamt 1995.

ger. Zwar sind die Unterschiede zwischen Alleinerziehenden und Ehepaaren, die Sozialhilfe beziehen, nicht so bedeutend (17 gegen 11 %), aber das von den Medien vermittelte Bild prägt. Auch für die Alleinstehenden selbst ist die momentane Almosenregelung sehr problematisch, einige arbeiten deswegen, weil sie nicht als soziale Bittsteller diffamiert werden möchten. Schon allein aus diesem Grund müßte hier eine andere Regelung gefunden werden. Der Verband Alleinstehender Mütter und Väter[44] fordert statt dem geringen Erziehungsgeld eine Lohnersatzleistung, die sich mindestens am durchschnittlichen Einkommen aller abhängig Beschäftigten orientiert. (Gutschmidt 1995)

Alleinerziehende, die sich dazu entschlossen haben, Tag und Nacht bei ihrem Kind zu sein, sollten sich Gleichgesinnte suchen, um z. B. im Mütterzentrum oder Eltern-Kind-Gruppen Gelegenheit zum Austausch, zur Unterstützung und zur Anregung zu finden (siehe Kap. 6.5.3). Auch lohnt es sich unter Freunden, Verwandten und Bekannten einen Betreuungsservice zu organisieren, der Ihnen erlaubt, zumindest zeitweise einmal wieder etwas für sich machen zu können und der häuslichen Isolation zu entrinnen. Wer sich in stärkerem Maße für die Belange von Alleinstehenden interessiert, noch mehr Hilfe braucht oder sich vielleicht selbst engagieren will, sollte Kontakt zum Verband Alleinstehender Mütter und Väter aufnehmen oder zum ostdeutschen Verein für Selbsthilfegruppen Alleinerziehender[45], der beispielsweise flexible Betreuungsdienste organisiert.

6.2 Und die Kinder?

6.2.1 Für und Wider der Krippenerziehung

Über die Gefährdung und pädagogische Richtigkeit einer Gruppenbetreuung von Kindern im Kindergarten streitet heutzutage kein Mensch mehr. Ganz anders, wenn die Kinder unter drei und in einer sogenannten Krippe oder Krabbelstube untergebracht sind. Das uralte Bild der Krippen als Noteinrichtungen für sozial Bedürftige, als reine Verwahranstalten hat sich im Gegensatz zu den Kindergärten nie so richtig geändert. Auch die neuere Geschichte zeigt in der ehemaligen DDR Krippenverhältnisse, bei denen unausgeschlafene Kin-

[44] Verband Alleinstehender Mütter und Väter (VAMV), Bundesgeschäftsstelle, Beethovenallee 7, 53173 Bonn, Tel. 0228/352995, Fax 0228/358350.
[45] Verein für Selbsthilfegruppen Alleinerziehender (SHIA), Bundesverband, Rudolf-Schwarz-Str. 29, 10407 Berlin, Tel. u. Fax 030/4251186.

der am frühen Morgen an der Krippenpforte abgegeben wurden, die am Abend nach ihrem anstrengenden 10–12 Stundentag erneut ermüdet von den ihrerseits erschöpften erwerbstätigen Müttern nach dem Einkauf wieder abgeholt wurden. Viel Zeit für Zweisamkeit blieb da nicht mehr. Und die Erziehungsverantwortung wurde von den meisten Eltern an der Pforte gleich mit abgegeben. Die Krippenerzieherinnen bemühten sich ihrerseits, die Kleinen schnell groß und „lebenstauglich“ zu machen, beispielsweise indem sie viel zu früh den Versuch unternahmen, die Kinder sauber zu bekommen. Massentopfungen waren die Folge, den natürlichen Reifungsablauf der Blasen- und Darmkontrolle dabei völlig ignorierend.

Eine moderne Krippe, die heutigen Qualitätsansprüchen, die die Entwicklungspsychologie und andere Disziplinen an sie stellen, genügt und neue zeitgemäße pädagogische Konzepte entwickelt hat (s. unbedingt Kap. 2.1.6!), ist jedoch in keinster Weise mehr mit einer Verwahranstalt zu vergleichen. Leider schwanken die Qualitätsmaßstäbe jedoch von Bundesland zu Bundesland, und selbst bei ausreichenden Richtlinien ist deren Umsetzung in den einzelnen Krippen nicht gewährleistet. (Bensel 1997) Die Gestaltung der Eingewöhnungsphase, die Zusammenarbeit zwischen Erzieherinnen und Eltern, das pädagogische Konzept und andere Qualitätsmerkmale liegen auch in der Hand der jeweiligen Leitung und der Erzieherinnen selbst und lassen sich nur vor Ort überprüfen. Eine sorgfältige Begutachtung der für Sie in Frage kommenden Krippe ist unumgänglich. Aber auch bei gutem Eindruck garantiert Ihnen niemand, daß Ihr Kind hier gut aufgehoben ist. Viele Krippeneltern machen immer noch den Fehler, die Verantwortung für die gute Betreuung ihrer Kinder der Institution selbst zu überlassen. Ein Tür- und Angelgespräch gilt oft bereits als ausreichendes Elternengagement. Nutzen Sie jede Chance, sich über die Einrichtung ausreichend zu informieren und, wenn Sie sich für eine bestimmte Krippe entschlossen haben, sich weiterhin kontinuierlich nach dem Wohlbefinden Ihres Kindes zu erkundigen. Längere Gesprächstermine, Elternabende oder Stammtische sind nur eine der vielen Möglichkeiten der Zusammenarbeit mit den Erzieherinnen.

INFOBOX
Elternmitwirkung in der Tageseinrichtung

- Eine aktive Elternmitwirkung wird auch im KJHG gefordert (§ 22, Absatz 3): „Bei der Wahrnehmung ihrer Aufgaben sollen die in den Einrichtungen tätigen Fachkräfte und anderen Mitarbeiter mit den Erziehungsberechtigten zum Wohl der Kinder zusammenarbeiten.

Die Erziehungsberechtigten sind an den Entscheidungen in wesentlichen Angelegenheiten der Tageseinrichtung zu beteiligen."

- Vor allem in den neuen Bundesländern muß die in DDR-Zeiten häufig an die Krippenerzieherinnen abgegebene Erziehungskompetenz und -verantwortung schrittweise wieder zurückgewonnen werden; dabei können auch die Erzieherinnen einen wichtigen Beitrag liefern.

Die Zahl der Tageseinrichtungen ist begrenzt, und vielleicht haben Sie gar keine Wahlmöglichkeit zwischen verschiedenen Krippen. Dies darf aber kein Grund sein, beide Augen zuzudrücken und den einzigen Ihnen angebotenen, aber vielleicht qualitativ schlechten Krippenplatz zu nehmen. Dann sollten Sie sich lieber eine andere Lösung für Ihr Betreuungsproblem suchen, bevor Ihr Kind und letztendlich auch Sie darunter zu leiden haben.

Die Anzahl der Krippenplätze in Westdeutschland ist rar und reicht für ca. 3,8 % der unter Dreijährigen. Sie sind vor allem Alleinerziehenden und einkommensschwachen Eltern vorbehalten. Alternative frühe Gruppenbetreuung findet man bei manchen Elterninitiativgruppen (siehe Kap. 5.2.3), auch einige der Mütterzentren haben entsprechende Angebote (siehe Kap. 6.5.3). In Ostdeutschland gibt es aufgrund der jüngsten Vergangenheit des flächendeckenden Krippenangebots der DDR nach wie vor eine ausreichende Anzahl. Sie sollten sich aber der Qualität der in Frage kommenden Einrichtung vergewissern.

Wenn möglich, beginnen Sie mit der Fremdbetreuung nach dem 2. Lebensjahr und beschränken diese auf halbtags. Bis zum 2. Lebensjahr dauert nämlich die Kernzeit der biologisch angelegten und durch ungünstige Umweltbedingungen störanfälligen Bindungsphase zwischen Hauptbezugsperson(en) und Säugling. Sie minimieren durch einen späteren Start die Entwicklungsrisiken für Ihr Kind drastisch. Entscheidend für die Entwicklung des Kindes ist neben der Qualität der Einrichtung die Zeit außerhalb der Krippe, die Sie mit ihm verbringen. Wenn Sie den Rest des Tages für Ihr Kind spürbar da sind und zu Hause eine liebevolle Atmosphäre herrscht, kann es in der Krippe erlebte Frustrationen und Zurücksetzungen bewältigen (siehe Kap. 7.4.1).

Auch sollten Sie sich bei jeder Ganztagsbetreuung fragen, ob Ihnen das Mehr an Arbeitszeit ein Weniger an Kinderzeit wert ist (siehe Kap. 5.2.1). Hier, wie bei jeder Form der frühen Fremdbetreuung, sollten Sie die Für und Wider für Ihr Kind und sich sorgfältig gegeneinander abwägen.

ENTSCHEIDUNGSHILFEN
Für und Wider der Krippe

Vorteile für das Kind gegenüber anderen Formen der Fremdbetreuung sind:

- Qualitätskontrolle durch die Landesjugendämter,
- geschultes Personal,
- pädagogisches Konzept,
- kontinuierlicher Betreuungsplatz bleibt für die Zeit vor dem Kindergarten,
- breites Spielzeug- und Aktivitätsangebot,
- kindgerechte Einrichtung mit Außengelände,
- Betreuerinnen haben keine Haushaltsaufgaben und können sich auf die Interaktionen mit den Kindern konzentrieren.

Vorteile für die Eltern:

- Betreuungsersatz bei kurzfristigem Ausfall einer Betreuerin,
- sozial gestaffelte Elternbeiträge.

Risiken für das Kind:

- Verlassenheitsangst bei Nichtannahme der Betreuerin als neue Bezugsperson,
- wenig Interaktionszeit mit dem einzelnen Kind,
- streßvolle Umgebung durch große Gruppe,
- pädagogisches Konzept ist bislang zu sehr kognitiv oder zu stark auf ältere Kinder ausgerichtet,
- erhöhte Infektionsgefahr,
- „künstliche Umgebung“ („Kinderghetto“), selten Alltagsbezug,
- häufig wohnortfern, weite Anfahrtszeiten, erfordert z.T. unphysiologisch frühes Aufstehen der Kinder,
- häufiger Wechsel der Betreuungspersonen,
- überhöhte Ansprüche an die frühe Selbständigkeit des Kindes, kein „Kind-sein-lassen“,
- zu lange Anwesenheitszeit,
- Sonderstatus von Krippen bedingt eine Massierung sozialer Härtefälle.

Mögliche Probleme für die Eltern:

- keine Betreuung für das erkrankte Kind,
- verringerter Einfluß auf die Erziehung des Kindes,
- verschiedene Erziehungsstile von Eltern und Betreuerinnen treffen aufeinander,
- Probleme mit der täglichen Trennung vom Kind,
- Eifersucht der Eltern auf die Krippenbetreuerin.

Wenn Sie sich für eine Krippenbetreuung Ihres Kindes entschlossen haben, sollten Sie besonders auf eine gute Eingewöhnung achten (siehe Kap. 6.2.3). Auch nach gelungenem Einstieg in die Betreuung außer Haus, muß Ihr Kind genau im Auge behalten werden, um zu erkennen, ob es sich weiterhin wohlfühlt.

6.2.2 Woran erkenne ich, daß es meinem Kind außer Haus gut geht?

Das menschliche Verhalten ist nicht immer „eindeutig" an eine bestimmte zugrundeliegende Motivation gebunden. Wenn es uns als Erwachsene schlecht geht, kann sich das auf vielerlei Arten äußern: Vielleicht sind wir besonders aggressiv, auch Menschen gegenüber, die nichts für unser Befinden können, vielleicht ziehen wir uns aber auch in ein Mauseloch zurück und wollen niemanden sehen und hören und haben zu nichts mehr Lust. Ähnlich geht es den Kindern auch. Verlassenheitsangst in der Fremdbetreuung oder Unglücklichsein über die Betreuungssituation können sich vielfältig äußern. Heftiger Protest und Weinattacken sieht man zwar selten nach der Eingewöhnungszeit und wenn, meist konzentriert beim Abschied – wer könnte das schon den ganzen Tag durchhalten? Aber stillere Reaktionen können genauso aufschlußreich sein.

Hanna spielt seit kurzem weniger, lustlos und unkonzentriert läßt sie den Sand durch die Finger rinnen, oft läuft sie ziellos umher und bleibt unvermittelt stehen und schaut mit glasigem Blick durch die anderen Kinder hindurch.

Mit dem Begriff des Abseits-Verhaltens werden diese und noch einige weitere Verhaltensweisen zusammengefaßt. (Bensel 1993) Jedes Kind hat solche Phasen, ob in der Krippe, bei der Tagesmutter oder zu Hause. Häufen sich allerdings solche Phasen, sollten die Alarmlämpchen angehen: Hier ist was faul! Gerade die Erzieherinnen sind gefordert, der Sache nachzugehen. Aber so vielfältig die Verhaltensreaktionen auf eine Ursache sein können, so vielfältig gestalten sich auch die Ursachen für ein auffälliges Verhalten. Ist es verstärktes Heimweh nach Zuhause, fühlt sich das Kind am Ort der Fremdbetreuung nicht wertgeschätzt, gibt es Schwierigkeiten mit den anderen Kindern? Oder stehen in der Familie gerade Veränderungen an, Ehezwist, Umzug, neues Geschwisterkind oder anderes, was das Kind irritiert? Hier ist unbedingt eine Kommunikation zwischen den Betreuungswelten nötig.

Wichtiger Anhaltspunkt für eine gelungene Eingewöhnung ist die Art und Weise, wie das Kind mit der Betreuerin umgeht. Geht es zu ihr hin, wenn es Trost sucht, spielt es gerne mit ihr und tauscht häufig Zärtlichkeiten aus? Dann scheint die neue Bezugsperson angenommen zu sein, und dem Neugier- und Explorierdrang in der neuen Umgebung steht nichts mehr im Wege.

CHECKLISTE

Anzeichen für Wohlbefinden des Kindes in der frühen Fremdbetreuung (nach Grossmann/Grossmann 1994)

- ☐ Es weint nach der Eingewöhnungszeit (ca. ein Monat) nicht mehr beim und nach dem Abschied von der Mutter oder läßt sich sofort von der Betreuerin trösten.
- ☐ Es geht gern und freiwillig in die Krippe, zur Tagesmutter etc.
- ☐ Es zeigt wenig „Abseits-Verhalten“, d. h., es steht selten unbeschäftigt herum, wandert selten ziellos umher.
- ☐ Es lutscht wenig am Daumen, am Schnuller oder an einer Flasche und zeigt wenig rhythmische freudlose Bewegungen, Zupfen an Haaren oder Kleidungsstücken (Stereotypien).
- ☐ Es spielt konzentriert.
- ☐ Es spielt parallel zu Kindern oder kooperiert mit ihnen und zeigt weniger Aggression als anderes Sozialverhalten.
- ☐ Es spricht spontan die Betreuerin in Erwartung einer Antwort oder einer freundlichen Interaktion an.
- ☐ Es sucht Trost bei der Betreuerin.
- ☐ Es kann bei Vermittlung der Betreuerin teilen oder abwechseln.
- ☐ Es freut sich, lacht oft und weint selten.
- ☐ Es muß nicht um die Aufmerksamkeit der Betreuerin buhlen.
- ☐ Es besitzt eine altersgemäße Frustrationstoleranz und kann warten.

Sollte Ihr Kleinstkind nach der anfänglichen Eingewöhnungsphase einige dieser Kriterien nicht erfüllen, was bedeutet, daß es sich nicht wohlfühlt, ist es ratsam, falls sich die Situation trotz erhöhter Zuwendung durch Betreuerin und Mutter nicht ändert, für das Kind eine geeignetere Betreuungsalternative zu suchen (siehe Kap. 7.4.2).

Auch für Kinder im Kindergarten- und Grundschulalter kann diese Wohlbefindlichkeits-Checkliste für Kleinstkinder noch hilfreich sein. Wenn die Kinder gerne in den Kindergarten oder in den Hort gehen, sagt diese Tatsache schon viel aus. Natürlich kann es immer Phasen geben, in denen einem Kind gar nicht nach Verlassen des heimischen Territoriums ist. Sei es, weil es zu Hause so schön ist oder weil es am letzten Tag Knatsch mit anderen Kindern oder der Erzieherin gegeben hat. Auch, wenn die Kinder freudig und gerne von „draußen“ erzählen, ist dies ein wertvoller Hinweis. Beobachtet man die Kinder einmal am Ort des Geschehens – dies ist auf Antrag immer möglich –, kann man selbst beurteilen, ob die Tochter oder der Sohn ins Spiel mit den anderen kommt und kein unglückliches Außenseiterdasein fristet. Wenn sie dann auch noch in der Lage sind, die Erzieherin bei Fragen oder in der Not in Anspruch zu nehmen, braucht man sich als Eltern keine großen Sorgen mehr um seine Kinder zu machen. Andernfalls, und das gilt natürlich umso mehr für die Kleinsten, müssen entsprechende Gegenmaßnahmen eingeleitet werden (siehe Kap. 7.4.2).

6.2.3 Die Eingewöhnung

Ein guter Anfang ist oft entscheidend für den Gesamterfolg. Dieses Rezept gilt auch für den Beginn einer Fremdbetreuung, die anfangs ihren Namen zu Recht trägt; noch sind die neue Betreuungsperson, die mitbetreuten Kinder und häufig auch der Betreuungsort völlig fremd für das Kind. Eine Situation, die auch für uns Erwachsene befremdlich wäre, umso drastischer ist die Lage für ein unerfahrenes Kleinkind, dem nicht eine Vielzahl einschlägiger Erfahrungen und geistiger Beruhigungshilfen zur Verfügung steht. In Anwesenheit der Hauptbezugsperson können die neue Umgebung und die neuen Gesichter sehr schnell zu interessanten Erkundungsobjekten werden. Fehlt Mutter oder Vater, schlägt diese freudige Erregung jedoch schnell in Ängstlichkeit um.

Anders stellt sich die Situation dar, wenn man feststellen konnte, daß die Krippenerzieherin oder Tagesmutter sich auch um einen sorgt, aufpaßt und man in ihrer Nähe zur Ruhe kommen kann. Dann hat man eine zweite Sicherheitsbasis außer Haus, einen sicheren Außenposten im unbekannten Land. Doch diese Beziehung zwischen Kind und Betreuerin stellt sich keineswegs von selbst ein. Beide Seiten, Mutter und neu hinzugekommene Betreuerin, müssen dafür etwas tun. Die Mutter muß dem Kind Zeit lassen – je nach individuellem Tempo –, sich erst einmal in ihrer Anwesenheit mit der neuen Situation vertraut zu machen, sie muß Geduld aufbringen, und sie muß dem Kind auch durch ihr Verhalten signalisieren, hier kannst du dich wohlfühlen, hier bist du gut aufgehoben. Die neue Bezugsperson muß durch kontinuierlich gesteigerten spielerischen und zärtlichen Kontakt mit dem Kind eine Bindung aufbauen, die auch ohne mütterliche Anwesenheit stabil ist. Steht diese Bindung, können erst kürzere und dann längere Trennungsperioden probiert werden, die Reaktionen des Kindes im Auge behaltend. Es sollte nicht mehr beim Abschied von der Mutter und danach weinen bzw. sich sofort von der Betreuerin trösten lassen. Vorsicht gilt bei sogenannten „Schnelleingewöhnern", die sofort oder nach kürzester Zeit scheinbar unbeteiligt das Verlassenwerden und Getrenntsein von der Mutter erdulden. Rückschläge nach einigen Wochen, wenn man denkt, die Eingewöhnung ist nun längst vonstatten gegangen, sind bei solchen Kindern häufig zu beobachten.

INFOBOX

Das Berliner Eingewöhnungsmodell (nach Andres/Laewen 1995)

- In der Grundphase begleitet ein Elternteil das Kind für ein oder zwei Stunden in die Krippe und fungiert vor allem als sichere Erkundungsbasis, während die Erzieherin vorsichtig Kontakt aufnimmt und das Kind genau beobachtet. Sie muß anhand des kindlichen Verhaltens herausfinden, wie lange die Eingewöhnungszeit angebracht sein wird.
- In der Stabilisierungsphase ab dem vierten Tag verstärkt sich die Rolle der Erzieherin als Pflege- und Spielpartner, der Elternteil dehnt seine anfänglich kurzen Abwesenheitszeiten zunehmend aus, bleibt aber auf Abruf in der Nähe der Einrichtung.
- In der Schlußphase sind die Eltern nicht mehr anwesend, aber noch jederzeit erreichbar. Die Eingewöhnung endet für das Kind mit der Akzeptanz der Erzieherin als „sichere Basis".
- Zur weiteren Information:
  Broschüren und Videofilme zu Eingewöhnungsverläufen sind bei INFANS[46] erhältlich.

[46] INFANS, Institut für angewandte Sozialisationsforschung/Frühe Kindheit e.V., Havelbergerstr. 13, 10559 Berlin, Tel./Fax 030/3963008.

Diese Eingewöhnungscharakteristika gelten in besonderem Maße für Kinder unter drei Jahren. Kindern im Kindergartenalter fällt die Trennung meist leichter, und die Eingewöhnung ist kürzer, da Neues und auch die Spielkameraden inzwischen noch attraktiver geworden sind, man ihnen die Situation besser erklären kann und sie sich vorstellen können, daß sie zu einer bestimmten Zeit wieder abgeholt werden. Diese Abholvereinbarung sollte man unbedingt einhalten, um dem Kind keine zusätzlichen Frustrationen zuzumuten und um nicht das Vertrauen in die Eltern zu untergraben.

Die Ankunft der Kinder in der Krippe und die Reaktionen auf den Fortgang der bringenden Mutter (Vater) sind sehr verschieden. (Bensel 1993) Beim *Abschied* sollte man darauf achten, dem Kind zu verdeutlichen, daß man jetzt geht, bald aber wiederkommen wird und es sich hier sicher fühlen kann. Nicht zu empfehlen ist die „Davonschleichtaktik", um eine direkte Konfrontation mit dem Trennungschmerz des Kindes zu vermeiden. Die Eltern wollen mit dieser Strategie nicht unbedingt das Kind schützen, genaugenommen drükken sie sich vor dem Dabeisein, falls Abschiedsschmerz und Protest aufkommen. Jedes Kind reagiert anders auf die Trennung, und diesem Signal sollten Sie sich auch stellen. Wenn Sie selbst nicht davon überzeugt sind, daß Ihr Kind in der Einrichtung gut aufgehoben ist, überträgt sich Ihre eigene Unsicherheit auf das Kind und erschwert ihm dem Abschied und die Zeit des Getrenntseins.

INFOBOX

Reaktion von Kleinstkindern auf die Ankunft in der Krippe und auf den Abschied der Eltern

Ankunft:

- ♦ Aktives Zugehen: Die meisten Kinder entfernen sich von ihren Eltern und gehen aktiv auf andere Kinder bzw. Betreuerinnen zu oder beginnen allein zu spielen.
- ♦ Trennungswiderstreben: Einige Kinder halten die ganze Ankunftszeit engen Kontakt zum Elternteil und zeigen z.T. Protest gegen das Betreten der Einrichtung (z. B. „Nein"-Sagen oder den Elternteil zum Ausgang zurückziehen) oder klammern sich am Oberkörper oder den Beinen des Elternteils fest.
- ♦ Ambivalent: Einige der Kinder kehren nach kurzem Spiel oder erster Kontaktaufnahme zur Betreuerin (oder Kindern) zu ihrem Elternteil zurück und nehmen Körperkontakt auf. Oder sie bleiben beim Elternteil und nehmen von dort aus Kontakt zu anderen auf.

- Passiv: Wenige Kinder zeigen bei der Ankunft weder Bemühen, den Kontakt zum Elternteil aufrechtzuerhalten, noch beginnen sie zu spielen oder Kontakt zu anderen aufzunehmen; statt dessen schauen sie meist nur umher.

Abschied:

- Passiv: Die allermeisten Kinder reagieren nicht mit entsprechenden Gesten auf das Abschiedsgrußverhalten der Eltern; die Kinder schauen meist nicht einmal in Richtung der fortgehenden Eltern.
- Protest: Einige Kinder klammern sich am Elternteil fest, laufen hinter ihm her, weinen, rufen „Mama“ bzw. „Papa“ oder versuchen, den Abschied durch Vorbringen von Wünschen hinauszuzögern.
- Abschiedsgrußverhalten: Wenige Kinder schauen den Elternteil während des Abschieds an und verabschieden sich (Lächeln, Abschiedskuß, Berührung, Winken, verbale Verabschiedung etc.).

Häufig weniger beachtet, aber genauso wichtig ist neben der Bringesituation die Abholsituation. Auch diese Phase muß behutsam gemeistert werden. Ihr Kind möchte Ihnen vielleicht zeigen, was es Neues am Tag in der Krippe gelernt hat. Vielleicht ist es noch mitten im Spiel, wenn Sie kommen. Sie sollten ihm Zeit lassen, es zu beenden. Auch müssen Erzieherinnen und einige der Kinder genauso verabschiedet werden, wie in der Bringesituation Sie selbst, übrigens ein gutes Zeichen für eine gelungene Eingewöhnung.

Die Reaktionen auf das Erscheinen beispielsweise der Mutter nach mehrstündiger Abwesenheit können genauso unterschiedlich aussehen wie die Abschiedsszenen. Einige Kinder ignorieren ihre Mutter und tun so, als wäre sie gar nicht weg gewesen, eine mitunter herbe Enttäuschung für die Abholerin. Eine Bewältigungsstrategie, die man dem Kind verzeihen sollte. Es versucht auf diese Weise, den Trennungsschmerz zu verdrängen. Andere Kinder reagieren zornig oder weinend auf die zurückkehrende Mutter, strafen sie für ihre Abwesenheit und lösen so ihre über den Tag aufgestaute Spannung und Frustration. Hier gilt es, Geduld aufzubringen, und dem Kind in Zukunft noch klarer zu machen, daß es gute Gründe für die Abwesenheit gibt und es nicht mit fehlendem Interesse an ihm selbst zu tun hat. Am einfachsten haben es die Eltern, die von einem freudig lächelnden Kind begrüßt werden, das offensichtlich ohne Gram die Trennung überstanden hat und sich jetzt über die Rückkehr der Hauptbezugspersonen und auf zu Hause offen freuen kann.

6.2.4 Die „Entwöhnung"

Irgendwann heißt es endgültig Abschied nehmen von Krippe, Kindergarten, Hort oder Tagesmutter. Im Gegensatz zu familiären Beziehungen, die automatisch auch nach intensiveren Betreuungsphasen noch erhalten bleiben, ist dies für institutionelle Betreuung eher die Ausnahme. Den Abschied von Krippenerzieherin oder Tagesmutter leicht zu nehmen, ist jedoch ein großer Fehler. Aus Kindersicht beendet hier nicht etwa eine bezahlte Kraft ihre Betreuungstätigkeit, sondern eine wichtige Bezugsperson, zu der im positiven Fall eine sichere Bindung bestand, verläßt einen. Um dies nicht zu einem leid- und kummervollen Ereignis für das Kind werden zu lassen, sollte – ebenso wie der Eingewöhnung – der Entwöhnung entsprechende Zeit und Aufmerksamkeit zukommen.

Schritt für Schritt sollte das Kind seltener in die Einrichtung gehen, bis ein Tag, zwei Tage in der Woche wegfallen, schließlich nur noch ein paar Stunden in der Woche übrigbleiben. Auch nach dem Wechsel in Kindergarten, Schule o. ä. sollte der Kontakt nicht ganz abreißen. Dies tut beiden Seiten gut. Idealerweise hat das Kind bis zum Schulalter oder sogar darüber hinaus dieselbe Betreuungsperson. Gerade Kindertageseinrichtungen versuchen, von den altersgestaffelten Gruppen wegzukommen, deren Betreuer alle ein bis drei Jahre wechseln, und altersgemischte, geschwisterähnliche Gruppen zu etablieren, die vom Kleinstkindalter bis zum Schulalter zusammenbleiben. Ein familienähnliches System, bei dem Kinder und Betreuer über die Kindheit hinweg zusammenbleiben, was auch die Pädagogik in Kinderheimen vor Jahren revolutioniert hat.

6.2.5 Altersgemischte Gruppen

Früher war es die Regel, für jeden Jahrgang unter drei Jahren eine eigene Gruppe zu bilden. Diese Einteilung ist heutzutage überholt. Krippengruppen sind heute fast immer altersübergreifend von frühestens sechs Wochen bis höchstens drei Jahre, wohl wissend, daß die verschiedenen Altersstufen durchaus miteinander auskommen können und es dadurch vermieden werden kann, die Kinder jedes Jahr aufs neue an unbekannte Bezugspersonen zu gewöhnen.

Die Grenzen sind aber nicht nur innerhalb der Krippeneinrichtungen durchlässig geworden, auch die Grenzen zum Kindergarten, ja sogar zum Schulhort beginnen zu verschwinden. Altersgemischt findet man inzwischen Gruppen mit Kindern im Alter von 0 bis 6, 0 bis 9, 0 bis 12, ja sogar 0 bis 15 Jahren wieder. Die nennen sich dann Kindertagesstätte oder auch Kinderhaus oder Kindertagesheim.

Vor allem Nordrhein-Westfalen übernimmt hier Vorreiterfunktion, bei drei Betreuungspersonen für 15 Kinder, maximal sieben davon unter drei Jahren, ist ein verantwortbarer Betreuungsschlüssel vorhanden, um den verschiedenen Altersstufen gerecht werden zu können. Doch in den anderen Bundesländern sieht es z.T. wesentlich schlechter aus. Trauriges Schlußlicht ist Thüringen, das für dieselbe Kinderzahl nur eine Betreuerin einsetzt! Um eine solche Einrichtung kann man nur einen großen Bogen machen.

Und dabei ist die sich bietende Chance groß, Einrichtungen und Erzieherinnen stehen in der ehemaligen DDR mehr als genug zur Verfügung. Zwar gibt es formal einige altersgemischte Gruppen in Ostdeutschland – die nach der Wende überzähligen Kindergartenplätze wurden kurzerhand mit Krippen- und Hortkindern aufgefüllt – doch die Einrichtungen sind meist ohne neue Konzepte; Einrichtungen und Personalschlüssel wurden den gestiegenen Ansprüchen nicht angepaßt.

ENTSCHEIDUNGSHILFEN
Für und Wider der altersgemischten Gruppen

Vorteile für das Kind gegenüber der Krippenbetreuung:

- hohe Betreuungskontinuität mindestens über die gesamte Vorschulzeit (derselbe Ort, dieselben Spielkameraden, dieselben Betreuungspersonen);
- Familiensimulation durch die erweiterte Altersmischung;
- größere Entwicklungsanregung durch ältere Kinder und deren Vorbildfunktion;
- keine hohe Arbeitsverdichtung, da Kinder verschiedenen Alters beispielsweise nicht alle nach dem Essen gewickelt werden müssen; das bedeutet weniger frustrierende Wartesituationen für das einzelne Kind.

Vorteile für die Eltern:

- keine erneute Suche nach einem Betreuungsplatz im Kindergartenalter (bzw. Hortalter).

Risiken für das Kind:

- unterschiedliche pädagogische Ansprüche bei Kleinst- und Kleinkindern sind schwer zu erfüllen, Gefahr, den unter Dreijährigen eine Kindergartenpädagogik überzustülpen und sie damit zu überfordern;
- eingeschränkte Zeit im Direktkontakt mit dem Kind durch zeitintensive Vor- und Nachbereitung während der Betreuungszeiten;

- Überforderung/Reizüberflutung der Kleinsten;
- hohe Lautstärke durch große Gruppe.

Hauptargument der Befürworter ist die familienähnliche Situation durch die Altersbreite und die Betreuungskontinuität, ein bis zwei sonst stattfindende Eingewöhnungs(streß)situationen fallen dadurch weg: Die Eingewöhnung in den Kindergarten und die in den Hort. (Petersen/Sievers 1989, Erath 1992) Die Bezugspersonen bleiben über lange Jahre dieselben, und nicht nur das Kind weiß dies zu schätzen, auch engagierte Eltern werden sich freuen, nicht alle Jahre wieder die Erzieherin, mit der sie in Sachen Kind zusammenarbeiten, neu kennenlernen und sich mit ihr abstimmen zu müssen. Mal abgesehen von der aufwendigen Neusuche eines Betreuungsplatzes.

Dem Kind bleiben Örtlichkeit und Sozialgruppe erhalten, und es hat die besten Chancen, eine zweite Lebenswelt außerhalb der Familie zu etablieren. Altersgemischte Gruppen werden aus diesem Grund auch gerne als „Familiengruppen" bezeichnet.

Auch hier muß natürlich die Qualität der Einrichtung stimmen (siehe Kap. 2.1.4), die parallele Betreuung unterschiedlicher Altersstufen fordert von den Erzieherinnen einiges, darum müssen die Rahmenbedingungen erfüllt sein. Verschiedenartigkeit im Tagesablauf, bei den Aktivitäts- und Ruhephasen, bei Aufgaben, pädagogischem Angebot und Freizeitgestaltung sowie Kontakten nach außen sind zu respektieren und zu ermöglichen. Neben drei Erzieherinnen pro Gruppe ist eine ausreichende Anzahl von Räumlichkeiten wichtig, denn während die Schüler in Ruhe Hausaufgaben machen, schlafen vielleicht die Jüngsten, und die Kindergartenkinder wollen toben.

Viele Familiengruppen werden von Elterninitiativen ins Leben gerufen und von Elternseite tatkräftig unterstützt (Putzen, Kochen und zusätzliche Betreuungsarbeit), um die Kosten zu senken (siehe Kap. 5.2.3). Vielen Gruppen ist eine Öffnung der Einrichtung zum Stadtteil hin wichtig. Fremde Kinder aus der Nachbarschaft dürfen mitspielen, aber auch Erwachsene können jederzeit vorbeischauen. Für alle, die selbst ein „altersgemischtes Kinderhaus mit offenen Türen" gründen wollen, gibt es Informationen beim Deutschen Jugendinstitut[47].

[47] Deutsches Jugendinstitut (DJI), Nockherstr. 2, 81541 München, Tel. 089/62306196.

6.3 Familien- und Erwerbsarbeit

6.3.1 Während der Ausbildung ein Kind bekommen

Grundsätzlich gelten die Bestimmungen zum Mutterschutz und zum Erziehungsurlaub auch während der Ausbildung. Eine Unterbrechung der Ausbildungszeit aufgrund des Mutterschutzes ist ohne größere Schwierigkeiten möglich. Der Wunsch, einen mehrjährigen Erziehungsurlaub zu beanspruchen, kann Probleme mit sich bringen. Ausbilder und die zuständige Kammer bemühen sich, möglichst den Abschluß der Ausbildung vorzuverlegen. Das ist natürlich abhängig davon, wie weit die Ausbildung bereits fortgeschritten ist. Bei den Arbeitsämtern oder den zuständigen Kammern, z. B. Handwerkskammer, Industrie- und Handelskammer, können die gesetzlichen Bestimmungen angefordert, bzw. es kann um eine Beratung gebeten werden. Doch eine Unterbrechung der Berufsausbildung von drei Jahren bedeutet einen immensen Verlust der bisherigen Kenntnisse, die bei Weiterführung der Ausbildung wieder erarbeitet werden müssen. Die Regel zeigt, daß die meisten in der Ausbildung stehenden Mütter daher nicht den Erziehungsurlaub in Anspruch nehmen, sondern nach adäquaten Betreuungsmöglichkeiten suchen.

6.3.2 Studieren mit Kind

Wenn Sie als Studierende in der Situation sind, „nebenher" noch Ihr(e) Kind(er) betreuen zu müssen, gehören Sie zu keiner kleinen Gruppe: Ca. 135.000, 6 bis 9 % der Studierenden, teilen ihr Los. Davon sind etwa 11.000 Alleinerziehende und 26.000 Studentenpaare, in den anderen Fällen studiert nur eines der beiden Elternteile.

Diesem Umstand wird von universitärer Seite jedoch nicht Rechnung getragen, weder Lehrangebot noch Ausstattung der Hochschulen sind eltern- bzw. kindgerecht. Der unabhängige Student, der über seine Zeit frei verfügen kann und in der Lage ist, zu jeder Tageszeit seinen Pflichtveranstaltungen nachzukommen und im Standardzeitrahmen sein Studium durchzuziehen, ist der Maßstab der Verantwortlichen. Die Präsenz von elternbegleitenden Kindern an den Universitäten wird auch von den (noch kinderlosen) Mitstudenten zwiespältig betrachtet. In der Mensa sind sie vielleicht noch eine nette Abwechslung im Einerlei der gleichaltrigen Studentenmassen, in Seminaren und Vorlesungen werden Kinder jedoch eher störend empfunden. Bei fehlender Betreuungsmöglichkeit ist die Mitnahme jedoch mitunter die einzige Chance eines Studierenden, an der Veranstaltung teilnehmen zu können.

Auf praktische Probleme stoßen Studierende oft, die im Campusbereich ihr Kind stillen, wickeln oder auch nur ohne Umstände mit dem Kinderwagen von A nach B bringen wollen. Hier gilt, wie eigentlich überall außerhalb speziell eingerichteter Kinderreservate wie Kindergarten, Schule, Spielplatz etc.: Die Gesellschaft ist auf kindliche Präsenz nicht (mehr) eingerichtet.

Auch außerhalb des Campus sind Engagement und Einfallsreichtum gefragt, um Kontakte zu knüpfen, Betreuungen zu organisieren, Lerngemeinschaften zu bilden und die Hausarbeit zu regeln. Gerade Studentenpaaren wird hier viel Koordinationsvermögen abverlangt. Synchrone Prüfungstermine sollten vermieden werden, um zusätzlichen Streß zu umgehen.

Ein weiterer entscheidender Punkt ist die Finanzierung des Studiums. BAföG können studierende Mütter mit Kind(ern) unter sechs Jahren auch dann noch erhalten, wenn die Regelstudienzeit überschritten ist. Die Dauer der Verlängerung richtet sich nach dem Alter des Kindes. Ein Semester gibt es für die Schwangerschaft, eins für die Erziehung bis zum 3. Jahr und jeweils ein weiteres für das 4. und 5. Lebensjahr. Das Geld muß übrigens nicht zurückgezahlt werden. Wer knapp an Geld ist und finanzielle Unterstützung braucht, kann sich an die folgenden Institutionen wenden. Die Gelder werden nach individueller Prüfung der vorliegenden Situation vergeben. Spezielle Informationen zum „Studieren mit Kind“ findet man übrigens auch bei den Frauenbeauftragten der Unis oder in manchen Städten bei sogenannten Frauenbüros.

INFOBOX
Sonderfonds[48]

- *Bundesstiftung Mutter und Kind:* Gelder sollten bereits während der Schwangerschaft beantragt werden. Zuschüsse werden nicht auf andere Sozialleistungen angerechnet. Den Antrag stellt man im Rahmen eines Beratungsgesprächs bei einer der anerkannten Beratungsstellen nach § 218 StGB.
- *Kirchengemeinden* gewähren in besonders gravierenden Fällen Unterstützung in Form von Spenden oder Darlehen. Hier sowie bei der *Caritas* gibt es auch Auskünfte über den sogenannten Bischofsfonds und den Härtefonds der evang. Kirche.

48 Die Infos für die Sonderfonds sind den Informationsseiten für Campuseltern im Internet entnommen (http://www.campuseltern.de). Dort finden sich weitere wertvolle Hinweise und Kontaktstellen zum Thema „Studieren mit Kind“.

- Ermäßigungen und Stipendien gibt es bei der BAföG- und Sozialberatung des *AStA*.
- Zur Überbrückung finanzieller Notsituationen stellen viele *Studentenwerke* besondere finanzielle Fördermöglichkeiten für Studierende zur Verfügung. Anträge auf Darlehen oder Beihilfen gehen an die Förderungsabteilung.

Urlaubssemester können entsprechend des Erziehungsurlaubs für Erwerbstätige bis zu drei Jahre eingelegt werden. Dies hat den Vorteil, daß diese Zeit nicht fürs BAföG angerechnet wird. Scheine können in dieser Zeit nur in Ausnahmefällen gemacht werden, aber es besteht die Möglichkeit, sich nach freier Zeiteinteilung mit den Lerninhalten zu beschäftigen, die nach dem Wiedereinstieg ins Studium auf einen zukommen werden, eine Chance, ein bißchen Zeit wiedergutzumachen.

An einigen Hochschulen (z. B. in der Katholischen Fachhochschule, Freiburg) gibt es auch die Möglichkeit für Studi-Eltern, ein Semester nur halb zu leisten, d. h., nur die Hälfte der Scheine und Pflichtveranstaltungen zu absolvieren und somit Studium und Kinderbetreuung besser vereinbaren zu können. Mit dieser „Halbierung" des Semesters wird auch nur ein halbes Semester auf die BAföG-Zeit angerechnet.

Eine besonders heiße Phase im Studienleben sind für jeden, aber für Campuseltern noch einmal besonders, die Prüfungszeiten. Hier zeigt sich, wie gut die Planung und Koordination zwischen den Eltern läuft und wie gut der Prüfling mit dem zusätzlichen Streß zurecht kommt. Sonderregelungen, um die Prüfungskandidaten zu entlasten, gibt es jedoch von universitärer Seite nur wenige. So ist beispielsweise nach Prüfungsanmeldung eine Verschiebung des Prüfungstermins bzw. eine kurzfristige Abmeldung von der Prüfung bislang nur im Falle einer ärztlich attestierten Krankheit oder Behinderung – im Ausnahmefall auch bei Krankheit des zu versorgenden Kindes – möglich.

Es bleibt noch viel zu tun, um den Studierenden die Situation mit Kind zu erleichtern. Grund genug, von Studentenseite einen Forderungskatalog zu erarbeiten, der zeigt, wie man die Situation verbessern könnte.

INFOBOX

Forderungen für eine kinderfreundliche Universität[49]

- Blockseminare mit Kinderbetreuung,
- Flexibilisierung der Anwesenheitspflicht sowie der Abgabe- und Prüfungstermine,
- Pflichtveranstaltungen zu Kinderkernbetreuungszeiten,
- Erziehungssemester statt Urlaubssemester,
- Präsenzpflicht aufheben: Krankschreibung von Kindern anerkennen,
- elternunabhängige Förderung nach dem BAföG für Studierende mit Kindern,
- Kinderzuschlag zum BAföG statt Sozialhilfe,
- längere Förderungsdauer,
- kindgerechte Ausstattung der Hochschulen (Still-, Wickelräume, Hochstühle, Umgestaltung der Mensen, kinderwagengerechte Wege und Zugänge),
- Kinderbetreuungseinrichtungen, die den Bedürfnissen der Kinder und der Studierenden entsprechen,
- Einrichtung von Informations- und Beratungsstellen für Studierende mit Kindern (Bündelung und Bereitstellung der wichtigsten Informationen und ggf. die gleichzeitige Weitergabe formalisierter Anträge).

Zum Glück beginnen bereits die ersten Unternehmen umzudenken und zu erkennen, daß Eltern im Dreifachstreß zwischen Uni, Kind und Haushalt sich jene Schlüsselqualifikationen erwerben, die zunehmend von Hochschulabsolventen gefordert werden: Flexibilität, Kreativität und Organisationsvermögen.[50]

---

[49] Nach der AG Politische Forderungen der Arbeitsgemeinschaft katholischer Studenten- und Hochschulgemeinden 1996.

[50] Einige Unternehmen widmen studierenden Eltern bereits eigene Veranstaltungen. Ansprechpartner ist Carsten Siedschlag, InnoVatio Verlags AG, Friesdorferstr. 100, 53173 Bonn, Tel. 0228/222509.

6.4 Rechte, Pflichten und Finanzen

6.4.1 Finanzielle Hilfen für Alleinerziehende

Als Alleinerziehende mit einem Jahresnettoeinkommen von unter 23.700 DM haben Sie Anspruch auf das volle Erziehungsgeld von 600 DM (siehe Kap. 2.3.2). Sie erhalten nach dem Bundessozialhilfegesetz drei Jahre lang Hilfe zum Lebensunterhalt: den Regelsatz für die Mutter, den Regelsatz für das Kind, ferner den Mehrbedarfszuschlag für Alleinerziehende. Die Beträge sind bundesweit etwas verschieden und werden jährlich angepaßt. Dazu kommen Beiträge zur Kranken- und Sozialversicherung, Miete und Heizkostenzuschuß. Alles zusammen sind das etwa 2.000 DM in den ersten zwei Jahren. Nach Ende des Erziehungsgeldes reduziert sich die Summe auf etwa 1.400 DM. Sozialleistungen oder entsprechende Unterhaltsleistungen für Alleinerziehende und ihr Kind ermöglichen es, zumindest die ersten Jahre nicht erwerbstätig zu sein und das Kind vorwiegend allein zu betreuen. Unterhaltszahlungen für Kind und Ehegatte werden im nächsten Kapitel beschrieben. Ferner gibt es Sonderfonds, die im Einzelfall finanzielle Unterstützung anbieten (siehe Kap. 6.3.2).

Viele Alleinerziehende werden durch ihre Trennung zum Sozialfall. Nur 1/3 der Väter kommt der Unterhaltspflicht in vollem Umfang nach, 1/3 zahlt unregelmäßig und zu wenig, 1/3 überhaupt nicht. Der Verband der Alleinerziehenden fordert schon seit langem, daß die Verhältnisse sich umkehren müßten: Sind die Väter nicht in der Lage, der Unterhaltszahlung nachzukommen, müßten sie Sozialhilfe beantragen, um den Müttern den zustehenden Unterhalt für ihr Kind zu zahlen. Der Unterhaltsanspruch eines Kindes muß Vorrang vor anderen finanziellen Verpflichtungen haben. (Gutschmidt 1995)

Für Besserverdienende besteht die Möglichkeit, die Betreuungskosten beim Finanzamt anerkennen zu lassen. Seit 1997 gilt dies nur noch für Alleinerziehende.

INFOBOX
Anerkennung der Betreuungskosten von Alleinerziehenden beim Finanzamt

- Nach § 33c des Einkommenssteuergesetzes können Alleinerziehende Betreuungsaufwendungen für ihr Kind unter 16 Jahren als außergewöhnliche Belastung geltend machen. Dabei wird ein Pauschbetrag ohne Nachweis der Kosten von 480 DM pro Jahr und Kind anerkannt. Nachgewiesene Kosten werden bis zu 4.000 DM pro Jahr für ein Kind anerkannt, für jedes weitere Kind maximal 2.000 DM.

- Abgezogen wird eine von Einkommen und Familiengröße abhängige sog. zumutbare Eigenbelastung; man geht dabei davon aus, daß die gelegentliche Fremdbetreuung eines Kindes beispielsweise bei einem Trauerfall in der Familie zumutbar ist.
- Scheuen Sie sich nicht, bei Ihrem zuständigen Finanzamt Auskunft einzuholen, konkrete Fragen werden Ihnen beantwortet. Natürlich können Sie sich auch an einen Steuerberater wenden.

6.4.2 Unterhalt und Unterhaltsvorschuß

Für Ihr Kind stehen Ihnen monatliche Zahlungen durch den anderen Elternteil zu. Zu diesem *Kindesunterhalt* kommt noch – bei geschiedenen Alleinerziehenden – der sogenannte *Ehegattenunterhalt*, der jedoch von Ihrer Berufstätigkeit vor der Trennung und dem Alter Ihrer Kinder abhängt, genauer beschrieben in der folgenden Infobox. Wichtig für Sie: Gerade in den ersten betreuungsintensiven Jahren können Sie von niemandem gezwungen werden, zu arbeiten und die Betreuung für Ihr Kind abzugeben.

INFOBOX
Unterhaltszahlungen

Der Kindesunterhalt:

- In den alten Bundesländern wird der Unterhalt nach der sog. Düsseldorfer Tabelle bestimmt. Für die neuen Bundesländer gibt es in jedem Land eine andere Tabelle.
- Die Hälfte des Kindergelds wird auf den Unterhalt angerechnet.

Der Ehegattenunterhalt:

- Waren Sie vor der Trennung von Ihrem Ehepartner nicht erwerbstätig, kann von Ihnen erst dann eine Halbtagstätigkeit erwartet werden, wenn Ihr jüngstes Kind 9 Jahre alt ist; eine Ganztagstätigkeit, wenn es 14 Jahre alt ist.
- Selbst wenn Sie eine zumutbare Teilzeitstelle gefunden haben, muß gewährleistet sein, daß Ihr Kind in der Zeit nach der Schule betreut werden kann. Außerdem muß Ihr Kind gesund sein.
- Wenn Sie nicht arbeiten, stehen Ihnen 3/7 (ca. 43 %) des Einkommens des anderen Elternteils zu. Falls Sie teilzeitbeschäftigt sind, sind es 3/7 der Differenz zwischen den beiden Einkommen.

- Falls der Unterhaltspflichtige nicht oder zu wenig zahlt, fast in jedem 2. Fall, können Sie sich vom Jugendamt helfen lassen, eine Unterhaltsbeistandschaft zu beantragen, oder Sie beauftragen, einen Rechtsanwalt, der Ihnen beim Durchsetzen Ihrer Unterhaltsansprüche hilft.

Zahlt der andere Elternteil Ihres Kindes zu wenig oder gar keinen Kindesunterhalt, können Sie beim örtlichen Jugendamt einen Unterhaltsvorschuß beantragen. Dabei ist es gleich, ob Sie ledig, verwitwet und oder geschieden sind oder dauernd von Ihrem Ehepartner getrennt leben. Dies gilt natürlich nicht, wenn Sie noch zusammenleben oder bereits wieder geheiratet haben.

INFOBOX
Unterhaltsvorschuß

- Die Höhe des Unterhaltsvorschusses errechnet sich aus dem Regelbedarfssatz abzüglich des halben Erstkindergeldes, das sind z. Z. für Kinder unter sechs Jahren höchstens 249 DM monatlich (Neue Länder 214 DM) und für Kinder unter 12 Jahren höchstens 324 DM (280 DM).
- Unterhaltszahlungen des anderen Elternteils und Waisenbezüge werden angerechnet.
- Die gezahlte Summe wird auf die Sozialhilfeleistungen angerechnet.

6.5 Gedanken zu Gegenwart und Zukunft

6.5.1 Ist das Mutter-Kind-Programm etwas für mich?

Ein spezielles sozialpädagogisches und finanzielles Hilfsangebot für Alleinerziehende findet sich in Baden-Württemberg, das Programm „Mutter und Kind“. (Hassenstein 1990) Neben der finanziellen Sicherung durch Sozialhilfe und Erziehungsgeld für die ersten drei Lebensjahre des Kindes ist vor allem die Bereitstellung von Sozialkontakten für die Mütter fester Bestandteil des Programms. 10 Mütter mit ihren Kinder bilden eine Gruppe, die von einer Betreuerin geleitet wird. In ein- bis dreiwöchigen Abständen findet ein Treffen statt, bei dem Erziehungsprobleme angesprochen werden können, die Mütter untereinander Kontakte knüpfen und die Kinder mit Gleichaltrigen spielen können – mit der gleichzeitigen Möglichkeit, sich bei ihren Müttern rückzuversichern. Die Betreuerin kann bei Bedarf auch Hausbesuche machen, bei der individuelle juristische (z. B. Ämter, Mietverträge, Arbeitsplatzsuche u. ä.), gesundheitliche und partnerschaftliche Probleme besprochen werden können.

Neben dem Programm kann die Mutter, wie jede andere Erziehungsurlauberin auch, bis zu 19 Stunden Teilzeit arbeiten oder einer Ausbildung nachgehen.

Ein wichtiger Vorteil der Zugehörigkeit zum Mutter-Kind-Programm ist die größere soziale Anerkennung, die durch die Zugehörigkeit zu einer staatlich anerkannten und geförderten Frauengruppe gegeben ist. Ein bundesweiter Ausbau dieses seit über 20 Jahren bewährten Programms wäre wünschenswert.

INFOBOX

Bedingungen für die Aufnahme im Programm „Mutter und Kind"

- ♦ Die Teilnahme an Vorsorgeuntersuchungen, Geburtsvorbereitungs- und Säuglingspflegekurs ist verbindlich.
- ♦ Das Kind muß während der ersten drei Lebensjahre von der Antragstellerin allein betreut und erzogen werden.
- ♦ Die Antragstellerin verzichtet während der Projektdauer auf eine ganztägige Berufstätigkeit. Ausnahme ist die Ausbildung, sie darf ganztägig durchgeführt werden.
- ♦ Die Antragstellerin muß sozialhilferechtlich bedürftig sein, oder ihre gesamten Einkünfte und Ansprüche dürfen nicht mehr als 600 DM über dem Bedarf für laufende Hilfe zum Lebensunterhalt liegen.
- ♦ Die Teilnahme an Mütter-Treffen mit den Kindern und an Kursen, soweit sie angeboten werden, ist verbindlich.

6.5.2 Alleine erziehen, aber gemeinsam leben

Von seinem Ex-Partner getrennt zu sein und sein Kind alleine zu erziehen, bedeutet nicht automatisch, auch alleine leben zu müssen. Die Möglichkeit, eine Wohngemeinschaft mit Gleichgesinnten zu gründen, bietet einige Verlockungen: Eine Ansprechpartnerin ist im Haus, es bietet sich an, die Kinder gegenseitig zu babysitten, was auch spontan möglich ist, und die Miet- und einige Nebenkosten reduzieren sich durch die Wohnungsteilung.

Nicht jede WG-Kombination ist jedoch von Erfolg gekrönt, es gilt ein paar Vorsichtsmaßnahmen zu treffen und sich selbst zu fragen, ob man ein WG-Typ ist.

ENTSCHEIDUNGSHILFEN
Ist eine WG etwas für mich?

- Ist eine familienähnliche Situation mit einer befreundeten oder bekannten Frau mit Kind vorstellbar?
- Ist tägliche Ansprache für mich wichtig?
- Kann ich bei Bedarf meinen Privatraum verteidigen, aber auch die Privatsphäre des anderen respektieren?
- Bin ich in der Lage, Problempunkte anzusprechen und Konflikte, ohne verletzend zu sein, auszuhandeln?
- Kann ich von meinen abweichende Erziehungsvorstellungen meiner WG-Genossin tolerieren?
- Kann ich gemeinsame Haushaltsaufgaben gerecht aufteilen und auch erledigen?
- Ist mir eine geschwisterähnliche Situation für mein Kind wichtig?

Es besteht natürlich keine zwingende Notwendigkeit mit einer weiteren Alleinerziehenden zusammenwohnen, es kann genauso gut mit einer kinderlosen Person oder einem Ehepaar mit Kind klappen.

ENTSCHEIDUNGSHILFEN
Möglichkeiten einer WG-Gründung

- In eine bestehende WG ziehen, Infos über alternative Stadtteilzeitungen oder Aushänge (Vorsicht, als Untermieter können Sie jederzeit mit dreimonatiger Frist gekündigt werden!);
- jemanden bei sich aufnehmen (mindestens zwei Zimmer) über Chiffre oder über den Verband Alleinstehender Mütter und Väter. Abklären beim Vermieter, ob eine zweite Partie einziehen darf;
- gemeinsame Suche. Einige Vermieter haben Schwierigkeiten mit dem Frauen-Kinder-Team.

Wenn Sie als Alleinerziehende akut Hilfe brauchen, besteht auch die Möglichkeit, sich für eine Übergangszeit um einen Platz in einer Einrichtung wie dem Augsburger *Appartementhaus für Mutter und Kind*[51] zu bemühen. Für zwei Jahre wohnt man hier unter Gleichgesinnten und sammelt Kraft für die Zeit danach. Gleichzeitig ist es

[51] Sozialdienst katholischer Frauen, Appartementhaus für Mutter und Kind, Schwedenweg 3 und 5, 86152 Augsburg, Tel. 0821/3290910 oder 0821/3290918.

möglich, sozialpädagogische Betreuung in Anspruch zu nehmen, die einem hilft, Zukunftspläne zu schmieden, aber auch Rat bei Erziehungsfragen gibt und Tips für den Umgang mit Behörden. Adressen erfahren Sie bei den Jugendämtern und Schwangerschaftsberatungsstellen.

6.5.3 Was sind Mütterzentren? Was für mich?

Seit über 15 Jahren schließen sich Mütter – inzwischen sind auch ein paar Väter dabei – zusammen, um gemeinsam die Isolation der Familienphase aufzubrechen, sich gegenseitig zu helfen, zu entlasten, zu lehren und zu lernen, den beruflichen Wiedereinstieg vorzubereiten und die eigenen Fähigkeiten sinnvoll in eine Gemeinschaft einzubringen. Gerade Alleinerziehende sehen hier ihre Chance. Eigentlich sind Mütterzentren, die sich auch Familienzentren oder Eltern-Kind-Zentren nennen, eine Renaissance alter dörflicher Gemeinschaftsstrukturen. Man hat erneut erkannt, daß der Mensch ein soziales Wesen ist und die schlimmste Folter, nicht Hunger, Durst oder Gewalt ist, sondern sozialer Entzug und fehlende soziale Anerkennung.

Die Frauen in den Mütterzentren sind die Expertinnen für ihre eigene Situation und bringen ihre Kompetenz und Erfahrungen ein. Jede Frau kann an Kursen und Fortbildungen teilnehmen oder eigene Kurse anbieten. Das Programm paßt sich in Form und Inhalt dem Lebensrhythmus und den individuellen und aktuellen Bedürfnissen der Frauen mit kleinen Kindern an. So hat jedes der bundesweit über 340 Mütterzentren ein eigenes Spektrum an Angeboten.

INFOBOX
Programmangebot im Mütterzentrum (Auswahl)

- Müttergesprächskreise
- psychologische und ärztliche Beratungen
- Selbsthilfegruppen, zum Beispiel für neurodermitiskranke Kinder oder Scheidungsväter
- Dienstleistungen für alte oder belastete Menschen
- Kinderbetreuungsservice unterschiedlicher Art und Dauer, auch Vermittlung von Tagesmüttern, Babysittern etc.
- Schülertreff
- politische Aktionsgruppen

- Nähkurse und Referate zu Familienthemen
- Stillcafé
- Töpferkurs
- Sprachkurse
- Sportangebot
- Second-Hand-Laden

Kinder gehören selbstverständlich dazu. Sie stören nicht, sondern sind ausdrücklich erwünscht und willkommen. In 78 % der Mütterzentren gibt es ebenfalls Kinderbetreuung. Durch dieses Angebot wird es Müttern ermöglicht, aktiv am gesellschaftlichen Leben teilzunehmen. Die Kinder finden Spielkameraden und gewinnen an Selbständigkeit. Allerdings handelt es sich bei dem Betreuungsservice der Mütterzentren in keinster Weise um einen Kindergartenersatz. Meist findet man Räumlichkeiten, die direkten Zugang zum Erwachsenengeschehen erlauben, wobei die Kinder zwischen Kindergruppe und Café-Stube hin und her pendeln. In manchen Mütterzentren gibt es nur an einigen Tagen oder bei besonderen Terminen (z. B. Plenum, Gesprächskreise) Kinderbetreuung. Zu anderen Zeiten spielen die Kinder im Zentrum alleine, bzw. die anwesenden Erwachsenen schauen nach ihnen. Überwiegend handelt es sich um Kinder im Vorkindergartenalter, aber auch Kindergarten- und Schulkinder sind mitintegriert. Es gibt keine altersspezifische, sondern eine altersübergreifende Kinderbetreuung. Die meisten Betreuerinnen und fast alle Eltern befürworten dies, auch wenn diese Altersmischung für die Betreuenden anstrengender ist und häufig recht chaotisch verläuft. Die Kinderbetreuerinnen rekrutieren sich aus dem Feld der Mütter, die das Zentrum besuchen, einige machen dies häufig und gerne, aber die Hälfte der Mütter verzichtet auf diese Gelegenheit und genießt es, einmal die Betreuung für eine gewisse Zeit abgeben zu können. So ist bei der Kinderbetreuung eine hohe Fluktuation gegeben, und nur wenige Zentren haben eine feste Kinderbetreuerin. Dies hört sich zunächst einmal problematisch an, Betreuungskontinuität ist ja schließlich eines der wichtigen Qualitätsmerkmale (siehe Kap. 2.1.4), aber es geht hier nicht um Ersatzbetreuung, sondern um Zusatzbetreuung, schließlich sind im Regelfall die Mütter im Raum nebenan und jederzeit erreichbar. Somit fallen auch die üblichen Eingewöhnungsschwierigkeiten weg. Nur wenige Einrichtungen haben krippen- oder kindergartenähnliche Betreuungsarrangements, die eine stundenweise elterliche Abwesenheit vom Zentrum erlauben.

INFOBOX

Weiterentwicklung der Kinderbetreuung im Mütterzentrum

♦ Im Mütterzentrum Darmstadt[52] bietet ein angeschlossenes Kinderhaus für 18 Kinder einer großen Altersmischung von 1,5 bis 12 Jahren Platz. Da nicht alle Kinder ganztags fremdbetreut werden, finden z.Z. 40–43 Kinder hier eine Betreuungsmöglichkeit. Dank eines genau ausgearbeiteten Zeitplans ist es möglich, die Betreuungszeiten den individuellen Bedürfnissen anzupassen. Die Kinder können täglich, aber auch für einige Tage in der Woche/im Monat oder auch nur stundenweise aufgenommen werden. Die Fremdbetreuung wird von zwei Profis (Erzieherinnen) und zwei „Laien" (Mütter aus dem Zentrum) übernommen, der Personalschlüssel ist somit 1:4,5. Die Einrichtung ist durchgehend von 7.00–19.00 Uhr geöffnet. Für die Betreuerinnen stehen Vor- und Nachbereitungszeiten zur Verfügung, Fort- und Weiterbildungen werden ermöglicht. Bemerkenswert an diesem Modell ist die gelungene Einbindung von Eltern und Kindern in einen neuen gemeinsamen Erfahrungsraum, der zudem auf den Stadtteil hin ausgerichtet ist. Ein Schritt weg vom üblichen in sich geschlossenen Kinderreservat. Die Kommune stellt eine jährliche Förderung von 100.000 DM bereit. Der Elternbeitrag liegt für eine achtstündige tägliche Betreuung bei 400 DM im Monat.

Mütterzentren sind Einrichtungen in freier Trägerschaft, die vom Land und den Kommunen finanziell unterstützt werden[53]. Wer sich dafür interessiert, selbst ein Mütterzentrum zu gründen, kann vom Bundesverband für Mütterzentren[54] ein sogenanntes „Starterinnen-Paket" anfordern, in dem die wichtigsten Tips und Informationen für die ersten Schritte gebündelt sind.

Mütter finden finanzielle Anerkennung für die hier geleistete Arbeit. Es gilt der Grundsatz „gleiches Honorar für alle". Die Höhe bemißt sich nach der finanziellen Lage des Mütterzentrums. Für viele Mütter sind die ca. 5 DM/Stunde, die gezahlt werden können, das einzige Einkommen und auch die einzige Gelegenheit, neben ihren häuslichen und mütterlichen Aufgaben eigenes Geld zu verdienen.

---

[52] Mütterzentrum, Emilstr. 26, 64293 Darmstadt, Tel. 06151/295200.

[53] Weitere Informationen beim Sozialministerium von Baden-Württemberg, Schellingstr. 15, 70174 Stuttgart, Tel. 0711/1230. Z. B. die Broschüre „Informationen für Mütter und Väter".

[54] Mütterzentren Bundesverband e.V., Geschäftsstelle Hamburg, Müggenkampstr. 30a, 20257 Hamburg, Tel. 040/40170606, Fax 040/4903826.

Viele Mütter sehen im Mütterzentrum auch das Sprungbrett in den Beruf. Viele Frauen engagieren sich nur drei bis fünf Jahre, also während ihrer Familienphase, im Zentrum und steigen danach wieder teil- oder ganztags in den Beruf ein. Verschiedene Arbeitsbereiche können hier kennengelernt und erste Erfahrungen gesammelt werden; oftmals sind diese Arbeitsplätze mit einer möglichen Kinderbetreuung kombiniert, was sonst kaum zu finden ist. Bei einigen Stellen handelt es sich um Finanzierungen über das Bundessozialhilfegesetz. Auch laufen mitunter gezielte Projekte der Mütterzentren, um Frauen die Rückkehr in den Beruf zu erleichtern. Konkret befragt nach ihren Vorstellungen nach der Zentrumszeit, geben die Frauen Job-sharing, Teil- und Vollzeitarbeit, freiberufliche Tätigkeit, Praktika und Weiterbildung an. Viele gehen anschließend in soziale und pflegerische Berufe wie Kranken- oder Altenpflege, Heilpraktikerin, Arzthelferin, Erzieherin, eröffnen ein Geschäft oder Gewerbe, gehen ins Büro, oder aber sie haben die Möglichkeit, im Mütterzentrum selbst eine feste Anstellung zu erhalten. (Jaeckel et al. 1991)

7. Beide Eltern voll berufstätig

7.1 Was ist in dieser Familie besonders?

7.1.1 Szenario

Sonntagmorgen findet bei Familie Dransfeld auf den wichtigsten 4 m² in ihrer 4-Zimmer-Wohnung statt, im Doppelbett der Eltern. Zuerst kriecht die Älteste, die zehnjährige Sandra zu ihrem Vater, kurz darauf wankt noch schlaftrunken der sechsjährige Peter mit seiner kleinen Schwester Isa an der Hand durch die Schlafzimmertür und läßt sich mitsamt Schwester auf seine Mutter plumpsen. Vor 11 Uhr wird sich hier außer Schmusen, Erzählen und Lachen nicht mehr viel tun; erst wenn der Magen knurrt und die Vorstellung eines frischgebrühten Kaffees oder heißen Kakaos übermächtig wird, verläßt einer nach dem anderen die Hauptkammer der familiären Trutzburg. Gemeinsam, jeder nach seinen Fähigkeiten und seinem guten Willen, wird das Frühstück bereitet. „Schön, wenn es jeden Tag so wäre“, seufzt Sandra, die anderen schließen sich brummend an. „Dann könntet ihr es gar nicht mehr so wertschätzen“, sagt Papa Dransfeld. Worauf Peter – wie jeden Sonntag – anschließt: „Das können wir ja ausprobieren! Ich melde mich freiwillig für einen Selbstversuch!“

Die Sonntage und Feierabende sind die Kraftquellen der Dransfelds, und jeder denkt an seinen normalen Wochentag. Sandra an ihre Schule, den Lehrer, die Freunde und an den Nachmittag im Hort, mit Hausaufgaben, aber auch viel Spielzeit, im leider zu klein geratenen Schulhof und in ihrem Klassenraum. Peter an die nette Erzieherin in der Kita, die ihm so manches Mal das Heimweh nach zu Hause vertrieben hat, bis seine kleine Schwester vor kurzem in der altersgemischten Gruppe dazugestoßen ist. Er war mächtig stolz, auf sie aufpassen zu dürfen, und hat ihr das Eingewöhnen leicht gemacht. Denn er weiß, wie sehr die anderen Kleinen am Anfang weinen, wenn sie zu schnell in der neuen Umgebung alleingelassen wurden. Am Anfang hing Isa die ganze Zeit an seinem Hosenzipfel – seine Spielkameraden zogen ihn schon als kleinen Papa auf, was ihm aber egal war. Doch jetzt hat sie zwei dicke Freunde bekommen, Max und Paul, die Zwillinge einer alleinerziehenden Mutter aus der Nachbarschaft von Dransfelds, die in einem Wohnheim für alleinstehende Mütter und Väter wohnt.

Isa denkt im Moment nicht so viel, sie ist zu sehr mit Schmusen beschäftigt, tankt auf Vorrat.

Herr Dransfeld denkt an die eingetroffenen Aufträge für sein kleines Versicherungsbüro und hofft, endlich eine weitere Kraft zu finden, die wie er bereit ist, sich selbst zwölf Stunden am Tag auszubeuten, um freiberuflich und eigenverantwortlich arbeiten zu können. Beim Blick auf die Sonntagszeitung mit den Urlaubsanzeigen schweifen die Gedanken jedoch ab und beschäftigen sich mit der diesjährigen Urlaubsplanung. Reicht es diesmal für einen gemeinsamen Italienurlaub? Frau Dransfeld scheint seine Gedanken zu erahnen: „Hans, bei uns im Schuhladen läuft es momentan sehr gut, die Warshawski hat mir eine kleine Gehaltserhöhung in Aussicht gestellt. Vielleicht klappt es ja diesmal mit Bella Italia!“

Letztes Jahr hatten sie sich nach langem Rechnen dafür entschieden, daß Isas Mutter nach Ende des zweijährigen Erziehungsgeldes auf jeden Fall wieder in's Berufsleben einsteigen müsse, damit sie ihre Wohnung, ihr Auto und ihren übrigen Lebensstandard nicht völlig aufgeben müßten. Vor dem Erziehungsurlaub hatte sie einen besser bezahlten Job in einem Büro, aber die Maklerfirma ging kurz nach der Geburt von Isa Pleite. Sie hatten sich überlegt, ob sie die Kleine statt in die Kita für das eine Jahr noch zu einer Tagesmutter geben sollten, aber in Chemnitz sind die noch Mangelware, und nach einem Jahr schon wieder zu wechseln, sobald der Kindergarten anstehen würde, erschien unsinnig. Ganz zu schweigen von Peter, der seine brüderlichen Besitzansprüche sehr schnell geltend gemacht hatte.

Nun müssen alle ran, die Männer und die Frauen, Groß und Klein, um auch nach Kita-, Schul- und Arbeitsschluß noch ein klein wenig gemeinsamen Feierabend zu haben. Einen vollversorgten „Couch-Potatoe“ mit Rippenunterhemd, Bierflasche und Pantoffeln vorm Sportprogramm als Vater und eine zwischen Bügelberg, Putzeimer und Supermarkt pendelnde, abgehetzte, früh innerlich und äußerlich gealterte Frau mit herabhängenden Mundwinkeln als Mutter wollte kein Familienmitglied haben, und das war der erste Schritt zum gemeinsamen Familienplan

7.1.2 Beide Eltern voll berufstätig! Was kann das bedeuten?

Das kann alles bedeuten, alles zwischen Himmel und Hölle, diese beiden Stationen miteingeschlossen. „Am Leben teilnehmen“ nennen es die einen, „versäumt haben zu leben“ die anderen. Wie die Situation eingeschätzt wird, hängt stark von der finanziellen Notwendigkeit zu arbeiten, von der Einstellung zur eigenen Berufstätigkeit, der Einstellung der übrigen Familienmitglieder hierzu und vom ausgeübten Beruf selbst ab. Übrigens, nicht nur qualifizierte oder gar hochqualifizierte Berufe sind beliebte Berufe!

Beide Eltern voll berufstätig! Das bedeutet einen voll berufstätigen Vater, na ja, das ist nichts Besonderes, das ist in Ordnung. Das bedeutet aber auch eine voll berufstätige Mutter. Halt!

Daß ein Papa arbeitet, ist allen Kindern klar, daran gibt's nichts zu rütteln. „Papa Aaabeit?“ ist einer der ersten Sätze, die Kinder beim morgendlichen Abschied vom Vater sagen. Für Männer gehört der Job selbstverständlich zum Leben – auch wenn sie Väter sind. Weil sie dies auch – in der vollen Überzeugung, das Richtige zu tun – ihren Kindern vermitteln, wird ihre Berufstätigkeit praktisch nie in Frage gestellt. Hinzukommt, daß Väter, wenn sie dann endlich nach Hause kommen, auch frei haben, also Zeit für die Kinder. Das macht den Abend- und Wochenendvater attraktiv. Und macht er Überstunden und bringt am Wochenende Arbeit mit nach Hause, bedauern ihn alle, er wird verwöhnt und mit Rücksicht behandelt. Arbeitet ein Vater nicht, weil er arbeitslos geworden ist, helfen alle mit, ihm die schlimme Situation möglichst zu erleichtern und ganz schnell wieder eine Arbeit für ihn zu finden. „Arbeitet“ Vater nicht, weil er einer der ganz wenigen Männer mit dem Beruf Vater und Hausmann ist, ist man auch wieder eine ganz besondere Familie, dann ist dies auch in Ordnung.

Wie ist das aber in den Augen der Kinder, wenn die Mama voll arbeitet? Vor allem, da sie nach Arbeitsschluß nicht automatisch zum Spielkameraden mutiert, der jetzt bis zum Schlafengehen nur noch Zeit hat. Sie kauft dann ein, kocht, wäscht, putzt, räumt auf. Natürlich gibt es bei den Kinderreaktionen Unterschiede, aber generell kann man sagen: Die volle Berufstätigkeit ist nicht gern gesehen. Je jünger die Kinder sind, desto weniger Verständnis für mütterliche Abwesenheit – aus welchen Gründen auch immer – haben sie; wenn sie älter werden, ändert sich die Situation etwas, Richtung Pubertät werden viele, vor allem die Mädchen, richtig stolz auf ihre berufstätige Mutter. In den ersten Lebensjahren wird die Mutter als eine ganz wichtige Bezugsperson gebraucht, für die ein exzellenter Ersatz geboten werden muß, um überhaupt auf sie verzichten zu können. Was aber an der Vorstellung: „Was braucht die zu arbeiten, die hat doch mich“, nichts ändern würde, könnte man die Kleinen fragen (und könnten sie antworten!). Spätestens wenn das Vergleichen beginnt, also spätestens mit 3½ bis 4 Jahren, wird festgestellt, daß die Mama von Kathrin nicht arbeiten geht, Kathrin nie allein läßt, immer Zeit für Kathrin hat und also sowieso viel lieber ist. Aber jetzt können Sie langsam beginnen Ihrem Kind zu erklären, warum Sie arbeiten: weil Ihnen der Beruf viel Freude macht, mit dem verdienten Geld Schönes angeschafft und mehr unternommen werden kann, oder weil Sie Geld brauchen, um leben zu können. Sobald Ihr Kind sich Ihren Beruf vorstellen kann, Ihren Arbeitsplatz kennt, schon oft dort war, entschärft sich die Konkurrenzsituation, denn nichts anderes ist es.

Die durch Haushaltsaufgaben auch noch am Abend blockierte Mutter müßte auch nicht die Regel sein. Mit Einsatz des Vaters und altersgemäßer Hilfe der Kinder gilt wie immer: Wenn alle zusammen helfen, geht es schneller. Wenn mal Mama Dienst hat und mal Papa, hat mal der Papa frei und mal die Mama!

Die Psychologin Margarethe Schindler[55] gehört zu den Spezialistinnen auf dem Gebiet der „Mütterprobleme“. Und volle Berufstätigkeit kann für Mütter ein Problem sein. Sie müssen selbst überzeugt sein, daß ihre Berufstätigkeit richtig ist, daß es ihr Recht ist, arbeiten zu gehen, und daß sie Anspruch haben auf die Anerkennung und Freude, die sie im Job erfahren, auf den Verdienst, der das Selbstwertgefühl stärkt. Wenn der Mann und Partner das Recht auf den Job nachdrücklich mitträgt, ist die Vermittlung dieses Grundtenors an die Kinder nicht schwierig, und keines kommt auf die Idee, daß die Liebe zum Job der Liebe zu ihm im Wege steht.

Unterstützt der Mann den Wunsch seiner Frau nach Berufstätigkeit nicht, wirkt sich dies im gesamten Familienleben negativ aus. Statt selbstbewußt auf ein Tauschgeschäft zu drängen (nach dem Motto: Ich trage jetzt 30 % zum Familieneinkommen bei, du dafür den entsprechenden Anteil zur Hausarbeit) reagieren die meisten betroffenen Mütter anders, nämlich im Sinne von: „typisch Frau“. Sie versuchen, ihren Job für die Familie unsichtbar ablaufen zu lassen, tun so, als sei der Beruf ihre Privatsache und der Rest des Familienlebens laufe so weiter wie in Familien mit Vollzeitmüttern. Überlastung ist die zwangsläufige Folge, die innere Zerrissenheit nahezu vorprogrammiert. Frauen, die ständig mit einem schlechten

55 Kommentare von Schindler sind häufig in der Zeitschrift ELTERN zu finden, so März 94 „Die Frauen zahlen drauf“ oder Mai 94 „Mama, warum mußt Du denn arbeiten?“. Vgl. außerdem ihre Buchveröffentlichung: Fulltime-Mutter. Freiburg 1996.

Gewissen kämpfen, weil sie das Gefühl nicht loswerden, ihre Kinder könnten unter dem Job leiden und sie selbst würden ihren eigenen Ansprüchen nicht genügen, hilft nur eines: ernsthaft darüber nachdenken, ob sie ihren Beruf nicht während der betreuungsintensiven Zeit besser aufgeben oder zumindest die Stundenzahl merklich reduzieren sollten.

7.2 Und die Kinder?

7.2.1 Für und Wider der Tagespflege

Tagespflege ist die zahlenmäßig einzige Alternative zu Tageseinrichtungen wie Krippe, Kindergarten und Hort. Gerade im Kleinstkind- und Schulalter steigt die Nachfrage ständig. Wenn Sie nicht gerade alleinerziehend sind oder aus Einkommensgründen eine Chance auf einen Platz in einer staatlichen Tageseinrichtung haben, bleibt häufig nur die Suche nach einer Tagesmutter. Sie können sich eine Tagesmutter ohne Unterstützung von Jugendamt, Träger der freien Jugendhilfe oder des lokalen Tagesmüttervereins suchen, aber Sie sollten es nicht. Vor allem der Tagesmütterverein (wenn in Ihrer Nähe vorhanden) und das Jugendamt helfen Ihnen, eine qualifizierte Betreuung für Ihr Kind zu finden, und weisen Sie auch in die nötigen Schritte ein, die zu unternehmen sind, bevor die Betreuung beginnen kann.[56] Seien Sie sorgfältig in Ihrer Wahl. Denn eine Tagesmutter, die nicht zu Ihrem Kind, zu Ihnen und Ihren Erziehungsvorstellungen paßt bzw. bei der Sie nicht das Gefühl von Kompetenz verspüren, sollten Sie nicht auswählen – ein Betreuungsabbruch nach wenigen Monaten droht, den Ihr Kind, vor allem wenn es noch sehr klein ist, erst einmal verkraften muß. Besorgen Sie sich eine Vorlage für einen Betreuungsvertrag beim Tagesmütterverein oder Jugendamt und erweitern Sie ihn gegebenenfalls um weitere Punkte, die vor Betreuungsstart geklärt werden sollten (Weiterbezahlung im Krankheitsfall etc. siehe Kap. 3.3.1).

Zuerst sollten Sie sich aber genau überlegen, ob Sie eine Fremdbetreuung durch eine Tagesmutter wollen und wenn ja, wieviele Stunden am Tag. Halbtags fremdbetreute Kinder entwickeln sich meist besser als ganztags betreute, und Ihnen als Eltern bleibt, vor allem

[56] Hilfreich ist vielleicht auch das Video „Suche Tagesmutter" des Kinderschutzbundes Augsburg (Volkhartstr. 2, 86153 Augsburg, Tel. 0821–513303), das u. a. Beratungsgespräch, Vorbereitungskurs für Tagesmütter, Gruppenabende, Alltag einer Tagesmutter und das Ende einer Pflege zeigt.

wichtig in den ersten Lebensjahren, mehr Zeit zur Interaktion und zur Intensivierung Ihrer Bindung zum Kind. Auch der Start der Fremdbetreuung will gut überlegt sein. Besonders im zweiten Lebensjahr ist die sich nun festigende Bindung zwischen Kleinstkind und Mutter bzw. Vater besonders anfällig und störbar. Diesen Zeitraum sollten Sie also, wenn möglich, vermeiden.

Seien Sie sich im klaren darüber, Sie stehen bei einer Ganztagsbetreuung in jedem Fall vor einem unausweichlichen Dilemma: Hat das Kind das Glück, in gute Hände zu gelangen und eine sichere Bindung zu einer Bezugsperson außer Haus aufzubauen, müssen Sie einen guten Teil Ihres Erziehungseinflusses und Ihrer exquisiten Stellung beim Kind aufgeben; kann das Kind im anderen Fall keine gute Beziehung zur Tagesmutter aufbauen, droht diese Konkurrenz-Gefahr zwar nicht, aber das Kind hat keine Sicherheitsbasis außer Haus, es ist gestreßt und in seiner Entwicklung gefährdet.

ENTSCHEIDUNGSHILFEN
Für und Wider der Tagespflege

Vorteile für das Kind gegenüber der Krippenbetreuung (nicht jedoch gegenüber der Familienbetreuung) sind:

- meist individuellere Betreuung,
- überschaubares Arrangement mit Familienatmosphäre (geschwisterähnliche Situation), keine Überforderung durch zu viele Sozialkontakte,
- flexibler Tagesablauf in Alltagsumgebung (Teilnahme am Kochen, Waschen, Einkaufen ...),
- geringere Ansteckungsgefahr (da weniger Gleichaltrige),
- meist wohnortnahe Lage,
- Offenheit der Tagesfamilie nach außen (Kontakt mit Nachbarschaft und Freunden der Familie möglich).

Vorteile für die Eltern:

- Möglichkeit der individuellen Abstimmung mit den Arbeitszeiten der Eltern,
- Aufnahme des Kindes mitunter auch im Krankheitsfall.

Risiken für das Kind:

- geringe Betreuungskontinuität, da die Tagesmütter häufig aufgrund ihrer schlechten finanziellen und sozialversicherungsrechtlichen Situation kündigen,
- ♦ Zurücksetzen des Tageskindes gegenüber dem eigenen Kind der Tagesmutter.

Mögliche Probleme für die Eltern:

- mangelnde Professionalität der Tagesmutter u. a. durch begrenzte pädagogische Anleitung und Unterstützung durch die Jugendämter,
- keine Kontrolle über die Betreuungsqualität der Tagesmutter,
- Konkurrenz zwischen Mutter und Tagesmutter um das Kind; unterschiedliche Erziehungsstile,
- keine Vertretung bei Krankheit der Tagesmutter,
- schwierige Kinder werden kaum von Tageseltern akzeptiert.

Auch für die Eingewöhnungsphase Ihres Kindes bei der Tagesmutter sollte man sich genauso wie im Fall des Krippeneintritts mehrere Wochen Zeit nehmen, um sein Kind langsam in die neue Situation und Umgebung einzuführen. Auch hier gilt: Die Eingewöhnung ist erst perfekt, wenn die Tagesmutter zur sicheren Basis für das Kind geworden ist.

CHECKLISTE
Anzeichen für eine gelungene Eingewöhnung in der Tagespflege (nach Kurth 1995)

- ☐ Das Kind läßt sich von der Tagesmutter beruhigen und trösten.
- ☐ Es sucht die Aufmerksamkeit der Tagesmutter.
- ☐ Es sucht Körperkontakt zur Tagesmutter.
- ☐ Es sucht sozialen Kontakt zu den anderen Kindern.
- ☐ Streitereien zwischen den Kindern halten sich in Grenzen.
- ☐ Es gibt keine starke Eifersucht zwischen den Kindern der Tagesmutter und den Tageskindern.

Die ersten Anzeichen eines guten Gelingens der Tagespflege zeigen sich in einem guten Gefühl zur Tagesmutter. Vor allem wenn Sie glauben, in wesentlichen Bereichen mit der Tagesmutter zu harmonieren und über Probleme reden zu können, und wenn im Kinderzimmer nicht jedesmal bei der Ankunft Ihres Kindes ein Streit ausbricht, ist der Knoten geplatzt.

Auch nach gelungener Eingewöhnung können Ihr Kind immer wieder Phasen des Heimwehs überkommen. Dies kann sich in ganz unterschiedlichen Verhaltensweisen äußern. Manche Kinder bekommen Weinanfälle oder sind plötzlich viel aggressiver als sonst zu

Tagesmutter und deren Kindern. Aber auch stillere Reaktionen wie Rückzug, apathisches Herumstehen, aber auch übertriebene Anhänglichkeit sollten Sie nachdenklich stimmen, zur Ursachenforschung mahnen. (Kurth 1995)

Auslöser können verschiedene Dinge sein, vielleicht gab es Streit mit dem Kind der Tagesmutter, oder die Tagesmutter hat sich in einer Weise verhalten, daß Ihr Kind dies als Zurückweisung empfunden hat (berechtigt oder unberechtigt). Vielleicht ist es aber auch nur eine sich ankündigende Krankheit. Die allerdings ist manchmal auch die Reaktion auf sozialen Kummer. Auch Unsicherheiten im eigenen Elternhaus können dahinterstecken.

Auf jeden Fall gilt es, geeignete Interventionsmaßnahmen einzuleiten. Am allerwichtigsten sind besonders viel Aufmerksamkeit und Körperkontakt. Ein mit Picknick und Vorlesen gemeinsam verbrachter Nachmittag im Bett kann da Wunder wirken. Wichtig ist es auch, den Kindern die Gründe für die eigene Abwesenheit offen darzulegen und gleichzeitig klarzustellen, daß man nicht deswegen abwesend ist, weil man seinen Sohn oder seine Tochter nicht mehr mag und kein Interesse mehr an ihnen hat (siehe Kap. 7.1.2). Das Weinen des Kindes sollte auch nicht unterbunden werden, sondern als Zeichen der Trauer und Aufforderung zur Tröstung und Situationsveränderung angenommen werden.

Es lohnt sich, zusammen mit der Tagesmutter nach den Ursachen zu forschen und gemeinsam Gegenmaßnahmen einzuleiten. Vielleicht verbringen Sie mal wieder einen gemeinsamen Tag mit Ihrem Kind in der Tagespflege, wie zu Beginn in der Eingewöhnungszeit, und füllen ihn mit etwas für alle Besonderem.

7.2.2 Eine Betreuungsspezialität für Wohlhabende: die Kinderfrau

Tagesmütter, die im Elternhaus des Kindes betreuen, werden Kinderfrau genannt. Das Wohnumfeld bleibt für das Kind erhalten, alltägliche Gewohnheiten wie das Spiel mit den Nachbarskindern gehen nicht verloren. Das betreute Kind kommt nicht in die Situation, evtl. gegenüber den Kindern der Tagesmutter zurückgesetzt zu werden und kann sein eigenes Reich und sein eigenes Spielzeug behalten. Die Kinderfrau ist zumeist nur für die Betreuung und Pflege des Kindes (ohne Übernahme von Haushaltsaufgaben) engagiert. Sie betreut auch das kranke Kind.

Die exklusive Betreuung Ihres Kindes ohne weitere Tageskinder, die mitbetreut werden müssen, ist mit einem deutlich höheren finanziellen Engagement verbunden. Die Kinderfrau muß schließlich mit einem Tageskind soviel verdienen, wie sonst mit zwei oder drei Tageskindern bei sich zu Hause. Die Ausbildung einer Kinderfrau kann sehr unterschiedlich sein; manche sind voll ausgebildete Erzieherinnen, es gibt aber auch Frauen in dieser Funktion ohne entsprechende pädagogische Ausbildung.

Die Tätigkeit einer Kinderfrau, in einem fremden Haushalt Kinder zu betreuen, setzt in der Regel eine Anstellung voraus. Die Kinderfrau hat Anspruch auf Gehalt und ist sozialversicherungspflichtig. In vielen Haushalten gibt es aber immer noch Kinderfrauen, die auf Honorarbasis tätig sind. Bei einer Festanstellung ist zwangsläufig die Betreuungskontinutät höher als bei einem Stundenhonorar. Eine Honorarkraft wird sich bei der erstbesten Gelegenheit einen besser bezahlten und sozial abgesicherten Job suchen.

Neben den vielen Vorteilen einer festangestellten qualifizierten Kinderfrau bleiben natürlich die Risiken einer fehlenden Passung zwischen mütterlichem und ersatzmütterlichem Erziehungsstil und der Konkurrenzsituation ums Kind. Hier gilt es, nötige Absprachen zu treffen und in der Zeit, in der Sie mit dem Kind zusammen sind, einen Ausgleich zu schaffen (siehe Kap. 7.4.1).

7.2.3 Hilfe durch Betriebe

Einige Unternehmen haben den Bedarf an Betreuungsmöglichkeiten ihrer Mitarbeiter und Mitarbeiterinnen erkannt und engagieren sich auf verschiedene Art und Weise in dieser Richtung. Einige finanzieren Vermittlungsbüros, die den betreuungssuchenden Arbeitnehmern bei der Suche nach Tagespflegestellen helfen, andere beteiligen sich an den Kosten bestehender Einrichtungen oder führen sogar eine eigene Betriebskrippe oder -kindertagesstätte.

INFOBOX
Betreuungshilfen von Betrieben

- *Einzelbetriebliche Kita:* Der Betrieb führt eine Kita auf eigene Kosten und in eigener Regie, meist auf betriebseigenem Gelände. Variante: Ein Unternehmen stellt Tagesmütter für seine Mitarbeiter an, dies können auch pausierende Mitarbeiterinnen sein, die auf Firmenkosten zur Tagesmutter ausgebildet wurden.
- *Betriebsnahe Kita:* Der Betrieb stellt ein Grundstück und/oder das Gebäude zur Verfügung. Die Kita befindet sich aber in freier Trägerschaft.

- *Finanzierung von Belegrechten:* Der Betrieb subventioniert bestehende Einrichtungen und erhält dafür eine Anzahl von Plätzen für die Kinder seiner Mitarbeiter.
- *Kooperationsmodell:* Mehrere Unternehmen, mit oder ohne Beteiligung der Kommune, gründen gemeinsam eine Kita.
  Variante: Mehrere Firmen finanzieren ein Kinderbetreuungsbüro, das die regionale Situation der Kinderbetreuung erforscht und Plätze für die Mitarbeiterkinder vermittelt.
- *Förderung privater Eltern-Kind-Gruppen:* Mitarbeiter und Mitarbeiterinnen der Firma gründen eine Selbsthilfegruppe, die finanziell oder durch zur Verfügung gestellte Arbeitszeit gefördert wird.

Der Vorteil für die Eltern – neben der Tatsache, auf diese Weise vielleicht überhaupt zu einem Platz zu kommen – liegt darin, keine zusätzlichen Anfahrtswege zu haben, denn die Betriebseinrichtung liegt häufig in der Nähe, wenn nicht sogar direkt auf dem Gelände des Betriebes. Der Bring- und Abholstreß verringert sich, und Eltern und Kind haben mehr Zeit, die sie gemeinsam nützen können.

Die den Betriebsplatz nutzenden Eltern sollten sich jedoch sicher sein, daß sie die nächsten Jahre bei ihrer Arbeitsstelle bleiben wollen, denn bei dem Wechsel des Arbeitsplatzes ginge auch der Betreuungsplatz verloren, und dies wäre sehr ungünstig für das bereits eingewöhnte Kind.

7.2.4 Betreuung im Schulalter: der Hort

In den alten Bundesländern arbeiten 2/3 der Mütter von Schulkindern und fast alle Väter. Entsprechend hoch ist die Nachfrage nach Hortplätzen. Betreuungsmöglichkeiten außerhalb der Schulstunden, vor allem in Form von Ganztagsplätzen, sind jedoch nur in den neuen Bundesländern ausreichend vorhanden. Dort hat jede Grundschule ihren eigenen Hort. Die möglichen Formen der Betreuung sind sehr unterschiedlich und reichen von der reinen Hausaufgabenbetreuung bis hin zu einem ganztägigen Schul- und Freizeitprogramm. Eine interessante Ausnahme im Betreuungsreigen stellen die Horte während der Ferienzeiten dar, häufig sind die Einrichtungen auch dann geöffnet.

Der *Hort* ist eine allgemeine Beschreibung von ganztägiger Betreuung außerhalb der Schulzeit im Alter zwischen 6 und 15 Jahren. Betreut werden kann in den Schulräumen, aber auch in einer Kindertagesstätte – die in Westdeutschland häufigste Variante –, in der im Extremfall das ganze Altersspektrum von 0 bis 15 zusammentreffen kann („große Altersmischung“, siehe Kap. 6.2.5), oder in einem Jugendhaus. Wichtig ist hier, daß die Horterzieherinnen gut mit den Lehrern und Leherinnen zusammenarbeiten, damit Probleme, die im Unterricht bzw. in der Hortzeit auftreten, von beiden Seiten gemeinsam bearbeitet werden können. Horte sind relativ billig und innerhalb weniger Wochen einsatzbereit, da die gesamte schulische Infrastruktur genutzt werden kann.

Typische Ganztagsangebote im Jugendhaus sind die Schulkindergruppe und das Schülercafé. Die Schulkindergruppe richtet sich an Grundschüler, die nicht die umfassende Betreuung eines Hortes benötigen, sondern vielleicht nur eine der vielen Möglichkeiten nutzen wollen, beispielsweise ein betreutes Mittagessen, Schulaufgabenbetreuung oder den Freizeitbereich betreffend. Es geht hier weniger um eine Verlängerung der Schulzeit als um eine Verbindung zwischen Freizeitangebot und Betreuung. Die Anmeldung der Kinder ist weniger verbindlich als beim Hort, aber hilfreich, ebenso wie die Abmachungen über das Verlassen der Einrichtung. Auch muß der Weg von der Schule zum Jugendhaus organisiert werden.

Für Jugendliche (10- bis 14jährige) ist das Schülercafé konzipiert. Die Betreuung ist weniger intensiv, und die Teilnahme beruht auf freiwilliger Basis. Hier geht es eher um weiterführende Aktivitäten der Jugendarbeit, z. B. für Beratungsangebote (etwa Berufsorientierung) oder die Durchführung kulturpädagogischer Projekte.

In der *klassischen Ganztagsschule* wird Unterricht über den ganzen Tag verteilt angeboten mit eingestreuten Erholungsphasen. Häufig findet sich mittlerweile das Modell der *offenen Ganztagsschule*, bei dem nur morgens normal unterrichtet wird und ein Teil der Kinder nachmittags bleibt, um mit den Lehrern bzw. Lehrerinnen u. a. Hausaufgaben zu machen, Computer zu lernen, zu backen, zu musizieren, Sport zu treiben und zu experimentieren.

Bei der *vollen Halbtagsschule* gibt es auch zwei Varianten; die erste gleicht der klassischen Ganztagsschule, die zweite bietet eine Betreuung zwischen 8 und 13 Uhr vor und nach dem Unterricht, bei der die Betreuungskräfte durch die Eltern gezahlt werden müssen, 30 bis 255 DM je nach Schule und Bundesland.

Beim *pädagogischen Mittagstisch* werden die Schüler beaufsichtigt und erhalten ein Essen. Meist bekommen sie auch Hilfe bei den Hausaufgaben. Die Betreuung endet meist bereits nach ca. 3 ½ Stunden gegen 15.00 Uhr.

Bei *Projektgruppen* in den Schulen, *Spielgruppen* am Nachmittag und *Hausaufgabenhilfe* handelt es sich um inhaltlich verschiedene Angebote von Schul- oder Jugendhilfeseite, die für sich keine eigene Form der Ganztagsbetreuung darstellen, aber auch Bestandteile einer normalen ganztägigen Hortbetreuung sein können. Die Eltern müssen hier entscheiden, welche Art von Hilfe sie für ihr Kind brauchen und wieviel Betreuungszeit sie benötigen.

INFOBOX

Wo Eltern und Lehrer ansetzen können, wenn noch kein Betreuungsangebot besteht

- Im Fall einer vollen Halbtags- oder Ganztagsschule müssen der Schulträger (meist die Kommune) und das Lehrerkollegium für die Idee gewonnen werden. Es gibt Landeszuschüsse.
- Geht es um reine Betreuungsangebote, ist das Jugendamt der geeignete Ansprechpartner. Geschickt ist es, bereits vorher geeignete Räumlichkeiten an der Schule auszukundschaften.
- Die unterschiedlichen Landesrichtlinien, gerade auch bezüglich finanzieller Zuschüsse, sollten in Erfahrung gebracht werden.
- Eine weitere Alternative ist die Organisation einer privaten Nachmittagsbetreuung zusammen mit anderen Eltern.[57]

Auch der Hort erreicht in den meisten Fällen noch keineswegs die Möglichkeiten und die Qualität, die man sich als Eltern für seine Kinder wünschen würde. Eine Wunschliste von Lehrerseite deckt sich weitgehend mit Forderungen des Deutschen Kinderschutzbundes, die zudem noch zwei sozialpädagogisch geschulte Fachkräfte pro Gruppe, bedarfsgerechte Öffnungszeiten (maximal 10 Stunden bis spätestens 18.30 Uhr), eine spezifische Aus- und Fortbildung und eine kontinuierliche Fachberatung umfassen.

[57] Informationen bei der Deutschen Arbeitsgemeinschaft Selbsthilfegruppen, Friedrichstr. 33, 35392 Gießen, Tel. 0641/74503.

INFOBOX

Wenn Hortlehrer könnten, wie sie wollten ...[58]

- Kleinere Gruppen (15 Kinder),
- eigene Räumlichkeiten für die Hortkinder, Bastel-, Lese-, Tobe-, Rückzugs-, Spiele-, Hausaufgaben-, Computerzimmer,
- (Abenteuer-)Spielplätze, Grünflächen, Außenanlagen,
- ausreichend Spiel- und Bastelmaterial, besseres Mobiliar,
- regelmäßiger Stammtisch mit den (Groß-)Eltern,
- bessere Zusammenarbeit zwischen Schule und Hort,
- mehr frei gestaltbare Zeit für die Kinder, offene Hortbetreuung,
- Möglichkeiten für Projektarbeit (z. B. Tierhaltung, Gartenteich anlegen ...).

Der Hort sollte nicht als Ersatzschule oder verlängerter Arm der Schule mißbraucht werden. Wichtiger als weitere Lerninhalte am Nachmittag ist es, den Kindern soziale Lernerfahrungen zu vermitteln und Spielraum zu gewähren, um ihnen Entfaltungsmöglichkeiten für ihre gesamte Persönlichkeit zu bieten.

7.3 Familien- und Erwerbsarbeit

7.3.1 Dreifachbelastung: Erziehung – Haushalt – Beruf

Wer kam eigentlich auf die Idee, von Doppelbelastung der Mütter oder Väter durch Familienaufgaben und Berufstätigkeit zu sprechen? Der Berufseite stehen in dieser Rechnung zusammengefaßt Haushalts- und Erziehungsaufgaben gegenüber. Das ist eine unzulässige Zusammenlegung von völlig unterschiedlichen Anforderungen und Leistungen. Geschirrspülen und Wäschewaschen können warten oder nebenher erledigt, auch mal schlecht behandelt werden, Kinder nie.

Es geht also aufgrund dieser Betrachtungsweise nicht um die viel beschriebene Doppel-, sondern um eine selten gesehene Dreifachbelastung. Denn die Anforderungen, die die heutige Erziehung eines oder mehrerer Kinder stellt, sind nicht mit der Bewerkstelligung häuslicher Tätigkeiten zu vergleichen, noch nicht einmal mit den Er-

[58] Wunschliste, die im Rahmen einer Horterzieherinnenfortbildung in Schalkau entstand.

ziehungsanforderungen der fünfziger Jahre. Nicht nur von den Schulen werden heute andere pädagogische und didaktische Leistungen und Konzepte erwartet als vor 20 oder 30 Jahren, auch das Elternhaus sieht sich angesichts der gesellschaftlichen Situation sowie der Erkenntnisse zur Persönlichkeitsentwicklung eines jungen Menschen neuen Anforderungen und Konflikten ausgesetzt. Um einem Kind einen guten Start in sein zukünftiges Leben zu bieten und um ihm angesichts der weitgefächerten Möglichkeiten das zu ihm passende Angebot vermitteln zu können, ist Erziehungsmanagement erforderlich. Welcher Kindergarten und welche Schule entsprechen meinen Erziehungsvorstellungen, dem Temperament und den Neigungen meines Kindes, wo sind seine besonderen Fähigkeiten, die gefördert, und wo Schwächen, die kompensiert werden sollten? Kinder „kriegt man nicht schon irgendwie groß", sie „laufen keineswegs in jeder Familie mit"; will man ihnen Sicherheit und Ich-Stärke geben, so verdienen sie größte Aufmerksamkeit und höchsten Einsatz. Hierüber sind sich vor allem Mütter bewußt, auch wenn sie voll berufstätig sind, denn hinsichtlich intensiver Interaktions-, Spiel- und Schmusezeiten stehen sie anderen Müttern, gleich ob diese einer Teilzeitbeschäftigung nachgehen oder Hausfrauen sind, nicht nach. In ihrer knapp bemessenen Freizeit widmen sie sich intensiv ihren Kindern. (Tietze/Roßbach 1991)

7.3.2 Arbeiten müssen, die echte Belastung

Jedes vierte bis fünfte Ehepaar mit Kindern muß laut Statistischem Jahrbuch als „einkommensschwach" bezeichnet werden. Einen Hinweis auf die durchschnittlich schlechten Einkommensverhältnisse junger Familien gibt die Tatsache, daß 83 % der Antragsteller – auch wenn das Erziehungsgeld einkommensabhängig wird – dieses noch ungeschmälert erhalten. (Stolz-Willig 1991) Spätestens nach dem Erziehungsurlaub wird somit ebenfalls die Hauptbetreuungsperson die Berufstätigkeit wieder aufnehmen müssen. Und selbst wenn eine Teilzeitbeschäftigung finanziell ausreichen würde, so bietet manches Unternehmen noch keine Möglichkeit dazu, eine Ganztagstätigkeit ist dann unumgänglich.

Es gibt sie also, Mütter, die einer Berufstätigkeit nachgehen müssen, obwohl sie gar keinen Wunsch danach verspüren, und dieser Druck gilt auch für immer mehr Frauen in den ersten drei Lebensjahre ihres Kindes. Über 40 % in den neuen Bundesländern und etwa 25 % in den alten zwingt finanzielle Not zu diesem Schritt. (Lewicki 1994) Hohe Schuldenlast und unglückliche Lebensverläufe lassen oft keine Wahl, weder hinsichtlich der Arbeitszeiten noch hinsichtlich der Arbeit selbst oder der Arbeitsbedingungen. Schlecht bezahlte, körperlich anstrengende, langweilige Tätigkeiten müssen akzeptiert werden. Die in den Medien dargestellte strahlende Frau, die Haushalt, Beruf und Erziehung wie nebenher erledigt, erscheint diesen Frauen wie eine Farce. Sie haben mit anderen Problemen zu kämpfen. Körperlich oft völlig überlastet, müssen sie nicht nur mit ihrer eigenen Unzufriedenheit leben, sondern auch noch die Vorwürfe anderer über sich ergehen lassen. „Wenn Kollegen oder Bekannte mitkriegen, daß ich bei Miriams Geburt nur acht Wochen pausiert habe, hagelt es Vorwürfe. Daß ich unter der Doppelbelastung fast zusammenbreche und daß ich mir nichts so sehr wünsche, als mehr Zeit für Miriam zu haben, das glaubt mir keiner." (Lewicki 1994)

Für sie gilt, Augen zu und durch. Das scheint auch die einzig mögliche Strategie zu sein, mit dieser Situation fertig zu werden. Sie nicht besserreden, sondern akzeptieren – und nie vergessen, nach Freiräumen zu suchen. Die Tatsache, auch mit einer solchen widrigen Lebenssituation fertig zu werden, den Kindern dennoch eine gute Mutter zu sein, erhöht das Selbstwertgefühl. Und viele Mütter erfahren einen weiteren positiven Nebeneffekt. Kinder, die sehen, wie jeder ihrer Wünsche beispielsweise nur durch die zusätzliche Arbeit ihrer Mutter ermöglicht werden kann, haben keine überzogenen Ansprüche und beteiligen sich bald an der Aufbesserung der Haushaltskasse durch eigene kleine Jobs.

Arbeiten zu müssen und ein krankes Kind zu Hause liegen zu haben, das ist für Mütter (und Kinder) eine der schlimmsten Vorstellungen. Denken Sie daran: Zur Pflege kranker Kinder kann sich jeder Elternteil bis zu 10 Tage arbeitsfrei stellen lassen. Alleinerziehenden stehen 20 Tage zu.

7.4 Gedanken zu Gegenwart und Zukunft

7.4.1 „Quality-time" für Kind und Mutter nach einem anstrengenden Tag

Die neueste und bislang größte amerikanische Langzeitstudie zur „Frühen Fremdbetreuung"[59] stellt erneut heraus wie wichtig a) die Qualität der Fremdbetreuungsform und b) die Qualität der Familie für die Auswirkungen der Fremdbetreuung sind. Stimmt beides, sind keine Folgen zu befürchten. Die Qualität der Fremdbetreuung

[59] Study of Early Child Care des National Institute of Child Health and Human Development.

wurde in Kapitel 2.1.6 beschrieben, was versteht man aber genau unter einer qualitativ guten Familienbetreuung?

Der Schlüsselbegriff lautet hier „Sensibilität“; damit ist gemeint, wie einfühlsam, verständnisvoll, aufmerksam und liebevoll die Mutter zu ihrem Kind ist. Setzt sie etwa Erwartungen in ihr Kind, die altersgemäß sind, und erzieht mit verstehbaren Erklärungen und nicht mit Schlägen? Je besser die Eltern auf ihr Kind eingehen, desto geringer ist die Gefahr einer Bindungsverunsicherung durch die Fremdbetreuung.

Dies wissen oder spüren (zumindest unterschwellig) die Eltern auch, aber wie können sie es auch nach einem vollen Arbeitstag schaffen, diese nötige Ausgeglichenheit, Geduld und Zuhörbereitschaft aufzubringen?

Untersuchungen haben gezeigt, daß wir aufpassen müssen, physische und psychische Präsenz nicht gleichzusetzen. Eine Mutter kann sehr wohl den ganzen Tag zu Hause verbringen und dennoch durch verschiedenste Haushaltstätigkeiten so in Anspruch genommen sein, daß sie nur wenig mit ihren Kindern spielt, scherzt, schmust und anderes unternimmt, was für die Qualität der Mutter-Kind-Beziehung entscheidend ist. „Quality-time“ nennen das die amerikanischen Forscher. Diese qualitativ wertvolle Zeit ist nach Untersuchungen in deutschen Familien gar nicht so unterschiedlich zwischen familien- und erwerbstätigen Müttern. (Tietze/Roßbach 1991) Pflegehandlungen (Wickeln, Waschen, Essen) werden zwangsläufig durch die Abwesenheit reduziert. Diese können natürlich auch Gelegenheiten für wichtige Interaktionen bieten, aber der Anlaß zu Zweisamkeit kann auch ein anderer sein. Entscheidend ist, die vorhandene Zeit auch als „quality-time“ nutzen zu können, und da haben es erwerbstätige Mütter schwerer. Sie sind oft überlastet, haben Probleme mit der Kinderbetreuung und erleben Trennungsschmerz und Schuldgefühle, wenn sie ihr Kind abgeben. Sie sind ungeduldig und leicht gereizt, leiden unter Zeitnot und fortwährender Hetze. (Seehausen 1989)

Man sollte nicht den Fehler machen zu glauben, daß es nach Krippen- oder Tagesmutterfeierabend nun darum geht, möglichst viel Action mit dem Kind zu veranstalten, damit alles nachgeholt werden kann, was man am Tag versäumt haben könnte. Dem Kind genügt erst einmal, die Eltern wieder präsent und ansprechbar zu wissen. Man sollte versuchen, die innere Bremse zu ziehen und nicht aus dem Arbeits- und Organisationsstreß in den Freizeitstreß zu wechseln. Dem Kind ist es auch nicht so wichtig, was Sie mit ihm machen, sondern mit welcher inneren Anteilnahme Sie dies tun.

Wenn es das spürt, ist es egal, ob Sie mit ihm noch eine halbe Stunde im Krippensandkasten sitzen oder in Ruhe nach Hause schlendern oder ins Freibad gehen.

Kleine Rituale sind auch im Familienalltag sehr wertvolle Stützen, nicht nur für das Kind. Der identische Nachhauseweg, der Begrüßungskakao, das gemeinsame Planen des Feierabendprogramms übernehmen Ankerfunktion im Strudel des Tagesablaufs. Tabu sollte sein, in diesen ruhigeren Zweier- oder Dreier-Phasen nebenher die Hausarbeit zu erledigen und nur halb bei der Sache zu sein. Die elektronischen Langeweilevertreiber (TV, Radio, PC und Telefon) haben auf „off“ zu stehen; sie stören nur und bringen unnötige Unruhe in die Feierabendstimmung. Das Einschlaf-Ritual sollte noch einmal besonders wichtig genommen werden, ein guter Tagesabschluß mit Geschichtenvorlesen, Betrachten der Sterne durchs Fenster oder Fingerpuppenspiel erleichtert das Durchschlafen und gibt Kraft für den nächsten Arbeitstag von Eltern und Kind.

7.4.2 Stop! Was mache ich, wenn unser Kind mit der Betreuung unglücklich ist?

Eine Vollzeittätigkeit beider Eltern hat zur Folge, daß ein Teil der kindlichen Betreuung durch seine Eltern nun ersatzweise von jemand anderem geleistet wird. Diese Kinderbetreuung muß gut gelöst sein. Ob dem so ist, stellen Sie recht bald fest! Sie merken, wenn es Ihrem Kind gut geht, das sollten Sie als sehr positiv bewerten, als Befriedigung und Beruhigung erleben. Sie merken aber auch ganz schnell, wenn Ihr Kind mit der gesuchten und gefundenen Betreuungslösung nicht zurechtkommt, darunter leidet und Ihnen mehr oder weniger deutliche Signale seines Unglücks sendet (siehe Kap. 6.2.2 und 7.2.1).

INFOBOX
Einige Warnzeichen bei ungünstiger Betreuungssituation

- Auffallende Aggressivität,
- apathisches, oft uninteressiertes Verhalten, wenig Erkunden,
- Schlafstörungen,
- resignatives Verhalten bei Eigen- oder Fremdanforderungen,
- Angstanfälle,
- Essensverweigerung,
- häufiges Kranksein infolge mangelhafter Immunabwehr.

Was macht ihm Schwierigkeiten? Ist es immer noch die Trennung von Ihnen und von Zuhause? War der Start vielleicht zu früh, die Eingewöhnung zu kurz, könnte eine zweite Eingewöhnungsphase in Ihrem Beisein (hierfür lohnt es sich sogar, Urlaub zu nehmen) die Lösung sein? Ist es die nicht zur Bezugsperson gewordene Betreuerin außer Haus, oder können die beiden grundsätzlich nicht miteinander, ist ein Wechsel des Betreuungsortes ins Auge zu fassen? Manchmal ist es aber nur etwas ganz Aktuelles, ein Konflikt, ein Mißverständnis, ein Versäumnis, das nach einem einzigen Gespräch mit der Erzieherin gelöst werden kann. Ist die Zeit in Fremdbetreuung einfach zu lang – oder ist die gesamte Fremdbetreuungssituation nichts für Ihr Kind?

Etwas ganz Wichtiges: Entscheidungen über die Form der Kinderbetreuung müssen widerrufbar sein! Eine in einem Lebensabschnitt der Eltern gewählte Aufteilung zwischen Erwerbs- und Familienarbeit, zumeist kombiniert mit einer speziellen Form der Betreuung der Kinder, sollte – je nach Erfahrung mit den individuellen Konsequenzen – eine Korrektur und Neuentscheidung zulassen: Eine für *ein* Kind gewählte und als gut empfundene Betreuungsform muß nicht zwangsläufig auch für jedes andere Kind geeignet sein. Von Kind zu Kind, von Familiensituation zu Familiensituation muß neu überlegt werden, um sich im Zweifelsfall schon vorab für einen anderen Weg entscheiden zu können.

Doch nun ist das Kind bereits in Fremdbetreuung, und die ersten ernsten Warnzeichen lassen an seinem Wohlbefinden zweifeln. Jetzt müssen Sie sofort reagieren! Das Kindeswohl ist der übergeordnete Gesichtspunkt bei dieser Entscheidungsfindung.

Ein Wechsel des Betreuungsplatzes ist nur angezeigt, wenn Sie den Eindruck haben, daß das Problem an persönlicher Antipathie oder doch schlechteren Betreuungsbedingungen als erhofft liegt. Vermuten Sie, daß es die Ganztagsbetreuung ist, die das Kind überfordert, dann gilt es, Ihren Arbeitgeber von der Einrichtung einer Teilzeitstelle zu überzeugen. Auch eine Reduktion der Stundenzahl beider Eltern, verbunden mit einer flexiblen Arbeitszeitgestaltung, kann in Betracht gezogen werden, da auch auf diesem Weg eine Halbtagsunterbringung möglich wird. Bleibt es dennoch bei einem Mißerfolg des Fremdbetreuungsversuchs, sollten Sie Ihr Kind zu Hause selbst weiterbetreuen und ihm helfen, die erlebte Belastung zu überwinden. Es wird größer und stabiler, und dann können alle Entscheidungen im Bereich der Aufteilung von Familien- und Erwerbsarbeit neu arrangiert werden. Erleben Sie diese verantwortungsbewußte Entscheidung nicht als Kapitulation, sondern als Chance für sich und Ihr Kind!

7.4.3 Prioritäten setzen, delegieren lernen und Hilfe annehmen – ein Überlebenskurs für (berufstätige) Mütter

Was will ich eigentlich? Alles und dann noch gleichzeitig, das klappt noch nicht einmal, wenn man es ganz arg will. Also, ich habe zwei Kinder, die ich gut bis bestens versorgen will, einen Mann, der auf mich stolz sein soll, einen Haushalt, der mindestens so auszusehen hat wie bei einer guten Hausfrau, und einen Beruf, den ich ausüben will oder muß, in dem ich vielleicht sogar weiterkommen will. Es ist schon komisch, der Haushalt und viele Familienaufgaben hängen den Müttern an wie Pech (siehe Kap. 2.4.3). Dieses Phänomen ist selbst dann zu beobachten, wenn vor der Geburt des Kindes die Haushaltsführung partnerschaftlich und arbeitsteilig abgelaufen ist, das „andere" Modell also bereits in die Tat umgesetzt worden war. Kommt ein Kind dazu, ist der Rückfall in die traditionelle Aufgabenteilung der Haushaltsführung und die Betreuung des Kindes nahezu vorprogrammiert, zum einen als Konsequenz aus dem während des Erziehungsurlaubs gewöhnten Tagesablauf und zum anderen als Konsequenz aus den in unserer Gesellschaft immer noch vorherrschenden Vorstellungen über die Rolle des Manns und die der Frau in der Familie. Emanzipation hört auf, sobald Kinder da sind. Ernüchternd. 80 % der häuslichen Arbeiten einschließlich der Kinderbetreuung werden von Frauen übernommen. Umfrage für Umfrage belegt: Männer reißen sich nicht gerade darum, wenn es um Hausarbeiten geht. (Nuber 1997) Nur 20–30 % der Männer helfen ihren Frauen bei den Haushaltstätigkeiten, selbst wenn diese wie sie beruflich voll engagiert sind.

INFOBOX
Die Beteiligung der Männern an der Familienarbeit

- Gut drei Stunden an Werktagen, sechs Stunden am Samstag arbeiten Frauen im Haushalt, die zusätzlich Vollzeit erwerbstätig sind. 60 % der ganztags berufstätigen Frauen erfahren nur sporadisch oder auch gar keine Unterstützung im Haushalt durch ihre Männer bzw. festen Partner.
- Je größer das Ausmaß der Erwerbstätigkeit, die Höhe des erzielten Einkommens und das Berufsprestige der Frau sind, desto verstärkter ist die Mithilfe des Ehemanns in Haushaltsaufgaben.

- Die Mithilfe des Ehemanns ist dort, wo (noch) keine Kinder vorhanden sind, insgesamt höher.
- Nach der Geburt des ersten Kindes zieht der Vater seine Beteiligung aus der Hausarbeit ab und verschiebt seine Mithilfe auf Aktivitäten, die mit dem Kind zusammenhängen. Anteilig bleibt das Engagement des Vaters hinsichtlich der Kinderbetreuung immer deutlich höher als bei den Aufgaben des Haushalts. Innerhalb der Kinderbetreuung nimmt der Vater in keinem Alter Beaufsichtigungsfunktionen in dem Maße wahr wie die Mutter.
- In den Zuständigkeitsbereich der Frau fallen alle Arbeiten, die mit der Pflege der Wäsche, dem (aufwendigen) Reinigen der Wohnung (mehr als Staubsaugen) und der Zubereitung der Mahlzeiten zu tun haben. Handwerkliche Tätigkeiten sowie gelegentliches Aufräumen und Einkaufen sind „Sache“ der Männer. (Nach Griebel 1991)

Aufgrund der beruflichen Tätigkeit beider Eltern steht weniger Zeit für Erziehungs- und Haushaltsanforderungen zur Verfügung. Punkt. Wer an der Betreuung und Erziehung der Kinder so wenig wie möglich streichen möchte, für den sind eine rationellere Organisation der Haushaltsführung und ein Abschied vom „perfekten“ Haushalt kompromißlos angesagt. Prioritäten zu setzen, ist eine Kunst. Sie beginnt da, wo man sich überlegt, was einem wirklich wichtig ist, und man eine Sache macht, weil man sie machen möchte – und hoffentlich nicht nur deshalb, weil man sie selbst oder die eigene Mutter schon immer gemacht hat. Stellen Sie eine Rangliste auf! Am Höhepunkt der Kunst, Prioritäten zu setzen, sind Sie dann angekommen, wenn Sie ohne Schuldgefühle Abstriche machen können, momentan Unwichtiges eben im Augenblick wegfällt. Es muß nicht noch einmal ausgeführt werden, daß die Beteiligung des Partners an den verschiedenen Aufgabenbereichen, die durch das gemeinsame Leben für beide entstehen, notwendig ist. Aber eines sollte noch angesprochen werden: Den meisten Frauen fällt es schwer, Forderungen zu ihrer Erleichterung und Entlastung an andere zu stellen, die Arbeit auf mehrere Schultern zu verteilen – und die angebotenen Hilfen auch wirklich anzunehmen. Eine Beteiligung an den Aufgaben setzt aber auch voraus, Aufgaben aus der Hand zu geben, dem Partner die entsprechenden Kompetenzen zuzugestehen und die unterschiedlichen Vorgehensweisen und Vorstellungen zu akzeptieren. Der beste Wille, seinen Teil an der Haushaltsführung und an der Erziehung der Kinder zu übernehmen, wird sehr schnell zugrundegerichtet, werden die Arbeiten und Verhaltensweisen ständig kommentiert und kritisiert. Auch Kompetenzen abzugeben und Aufgaben zu delegieren, erfordert Übung und ist, gerade was den Umgang mit Kindern betrifft, nicht einfach. Vom Partner Mitarbeit zu verlangen oder Teile der Hausarbeit zu delegieren, bedeutet aber auch, nicht mehr allein zu entscheiden, wie dies oder das erledigt wird, und somit auch die Kontrolle abzugeben.

Um den Teufelskreis von Überforderung und schlechtem Gewissen wirklich durchbrechen zu können, nützen oberflächliche, eher kosmetische Veränderungen gar nichts. Konkrete Maßnahmen mit spürbaren Konsequenzen sind gefragt. Sie allein versprechen eine Chance. Doch dazu kann man nicht alles beim Alten lassen, muß neue Wege suchen und gehen, Konfrontationen und Anfangsschwierigkeiten einkalkulieren. Wenn einem der Haushalt wie ein Stein im Magen liegt, einen Wäscheberge, Staubmäuse und überquellende Schubladen bis in die Träume hinein verfolgen, dann muß etwas passieren. Denn ignorieren und wegsehen klappt ja offensichtlich nicht. Läßt die Familienkasse es zu, könnte eine Haushaltshilfe wirklich eine Hilfe sein. Einmal die Woche vier Stunden würden für das Gröbste, zum Wieder-Land-Sehen und dann auch zum Wohlfühlen in den meisten Fällen reichen. Das sind 200 bis 300 Mark im Monat. Hat man immer soviel Genuß und Erleichterung nach dem Ausgeben von 200 bis 300 Mark? Will oder kann man sich diese Ausgabe nicht gönnen, dann muß ein Plan her. Zuerst muß klar sein, was erledigt werden muß; manches steht täglich, manches einmal pro Woche, pro Monat, vielleicht nur einmal im Vierteljahr an (Fenster putzen z. B.). So sieht jeder, was getan werden muß, was er selbst zu tun hat, ob bereits ein Häkchen dran ist oder noch nicht – alles ohne große Diskussion. Das Wichtigste ist: Für jeden muß durch seinen zuverlässigen Einsatz etwas rausspringen. Wie wäre es denn mit: alle bessere Laune, mehr Zeit für sich und füreinander, ein schönes Zuhause, an dem man Anteil hat, und immer mal wieder etwas Besonderes für das Geld, das man zusammen gespart hat?

8. Anhang

8.1 Adressen in Deutschland

Bundesarbeitsgemeinschaft Mütter- und Familienselbsthilfe e.V. (BAG), Geschäftsstelle Hamburg, Müggenkampstr. 30a, 20257 Hamburg, Tel. 040/40170606

Bundesinstitut für Berufsbildung, Friesdorfer Str. 151, 53175 Bonn, Tel. 0228/3880

Bundesministerium für Arbeit und Sozialordnung, Postfach 140280, 53107 Bonn. Tel. 0228/5272224

Bundesministerium für Familie, Senioren, Frauen und Jugend (Pressereferat, Rochusstr. 8–10, 53123 Bonn, Tel. 0228/9302888)

Bundesverband Neue Erziehung e.V. (BNE), Am Schützenhof 4, 53119 Bonn, Tel. 0228/664055

Bundesverband Zeitarbeit e.V. (BZA), Vorgebirgsstraße 39, 53119 Bonn, Tel. 0228/632450, Fax 0228/659582

Bundesversicherungsamt (BVA), Reichpietschufer 74–76, 10785 Berlin, Tel. 030/269990

Bundesvorstand des Deutschen Gewerkschaftsbundes, Postfach 101026, 40001 Düsseldorf, Tel. 0211/43010

Bundeszentrale für gesundheitliche Aufklärung, Ostmerheimer Str. 200, 51109 Köln, Tel. 0221/89920

Deutsche Arbeitsgemeinschaft Selbsthilfegruppen, Friedrichstr. 33, 35392 Gießen, Tel. 0641/74503

Deutsche Hausfrauengewerkschaft e.V., Bundesgeschäftsstelle, Ahornstr. 27, 12163 Berlin, Tel. 030/7921357, Fax 030/7911500

Deutscher Frauenrat, Simrockstr. 5, 53113 Bonn, Tel. 0228/223008

Deutscher Frauenring e.V., Bundesgeschäftsstelle, Talstr. 56a, 66119 Saarbrücken, Tel. 0681/54710

Deutscher Hausfrauenbund, Bundesgeschäftsstelle, Coburgerstr. 19, 53113 Bonn, Tel. 0228/237718

Deutsches Jugendinstitut (DJI), Nockherstr. 2, 81541 München, Tel. 089/62306196

ELTERN-Lesedienst, Stichwort „Betreuungsbörse“, Gruner & Jahr, 81664 München

IN VIA, Katholische Mädchensozialarbeit – Deutscher Verband e.V., Ludwigstr. 36, 79104 Freiburg, Tel. 0761/200206, Fax 0761/200638

INFANS, Institut für angewandte Sozialisationsforschung/Frühe Kindheit e.V., Havelbergerstr. 13, 10559 Berlin, Tel./Fax 030/3963008

Katholische Frauengemeinschaft Deutschlands e.V., Prinz-Georg-Str. 44, 40477 Düsseldorf, Tel. 0211/449920, Fax 0211/4499275

Kinderschutzbund Augsburg, Volkhartstr. 2, 86153 Augsburg, Tel. 0821/513303

Mütterzentren Bundesverband e.V., Geschäftsstelle Hamburg, Müggenkampstr. 30a, 20257 Hamburg, Tel. 040–40170606, Fax 040/4903826

Mütterzentrum Darmstadt, Emilstr. 26, 64293 Darmstadt, Tel. 06151/295200

Norddeutsches Niedersächsisches Frauenministerium, Hamburger Allee 26–30, 30161 Hannover, Tel. 0511/1208808 oder 0511/1208846

Notmütterdienst, Zentrale, Tel. 069/776611

Sozialdienst katholischer Frauen, Appartementhaus für Mutter und Kind, Schwedenweg 3 und 5, 86152 Augsburg, Tel. 0821/3290910 oder 0821/3290918

Sozialministerium Baden-Württemberg, Schellingstr. 15, 70174 Stuttgart, Tel. 0711/1230

Tagesmütter Bundesverband für Kinderbetreuung in Tagespflege, Breite Str. 2, 40670 Meerbusch, Tel. 02159/1377, Fax 02159/2020

Verband Alleinstehender Mütter und Väter (VAMV), Bundesgeschäftsstelle, Beethovenallee 7, 53173 Bonn, Tel. 0228/352995, Fax 0228/358350

Verein für Internationale Jugendarbeit, Bundesgeschäftsstelle, Wesselstr. 8, 53113 Bonn, Tel. 0228/698952

Verein für Selbsthilfegruppen Alleinerziehender (SHIA), Bundesverband, Rudolf-Schwarz-Str. 29, 10407 Berlin, Tel./Fax 030/4251186

8.2 Adressen in Österreich (Vorwahl: 0043)

Arbeitsgemeinschaft für Tageskinderbetreuung in Österreich, p. A. AVS Aktion Tagesmütter, z. H. Sylvia Strauß, Fromillerstr. 20, 9020 Klagenfurt

Bundesdachverband Österreichischer Elterninitiativen, Aspernbrückengasse 4/4, 1020 Wien, Tel. 01/2126831

Bundeskammer für Arbeiter und Angestellte, Prinz-Eugen-Str. 20–22, 1041 Wien, Tel. 01/50165–0

Bundeskanzleramt-Bundesministerium für Frauenangelegenheiten und Verbraucherschutz, Ballhausplatz 2, 1010 Wien, Tel. 01/53633–0

Bundesministerium für Arbeit, Gesundheit und Soziales, Stubenring 1, 1010 Wien, Tel. 01/71100–6570 (Frauengrundsatzabteilung)

Bundesministerium für Umwelt, Jugend und Familie, Franz Josefs Kai 51, 1010 Wien, Tel. 01/53475–0 oder 0660/5201 (Familienservice)

Bundesverband österreichischer Pflege-, Adoptiveltern- und Tagesmüttervereine, Rodlergasse 15/12, 1190 Wien, Tel. 01/3687191

Familienselbsthilfeverein Kinderbegleitung (Kinderbegleitung im Krankenhaus), 4841 Ungenach 51

Katholische Frauenbewegung Österreichs, Spiegelgasse 3/II, 1010 Wien, Tel. 01/51552–698

Katholischer Familienverband Österreichs, Spiegelgasse 3, 1010 Wien, Tel. 01/51552–201

Österreichische Frauenbewegung, Lichtenfelsgasse 7, 1010 Wien, Tel. 01/4066244

Österreichische Kinderfreunde, Rauhensteingasse 5, 1010 Wien, Tel. 01/5121298

Österreichische Plattform für Alleinerziehende, Carnerigasse 34, 8010 Graz, Tel. 0316/675344

Österreichischer Familienbund Generalsekretariat, Mariahilferstr. 24, 1070 Wien, Tel. 01/5268219

Österreichischer Gewerkschaftsbund – Frauenabteilung, Hohenstaufengasse 10–12, 1010 Wien, Tel. 01/53444–0

Sozial Global (Kinderbetreuung bei Krankheit des Kindes), Salvatorgasse 10/3, 1010 Wien, Tel. 01/53418–20

Verein Drehscheibe Kind, Promenade 12, 4400 Steyr

Wiener Kinderdrehscheibe, Wehrgasse 26/1, 1050 Wien, Tel. 01/5810660

8.3 Adressen in der Schweiz (Vorwahl: 0041)

Bundesamt für Gesundheitswesen, Bollwerk 27, 3001 Bern, Tel. 031/3229511, Fax 031/3229507

Departement des Innern, Inselgasse, 3003 Bern, Tel. 031/619111; Fax 031/618032

Schweizerischer Krippenverband, Kuttelgasse 8, Postfach 4203, 8022 Zürich

8.4 Betreuung im Internet: Interessante Web-Adressen

Bayerischer Behördenwegweiser – Thema Familie, Broschüren online bestellen
http://www.bayern.de/Service/Wegweiser/familie.html

Familien in Österreich
http://www.bmu.gv.at/

Frauen-Online (Beruf und Familie, Elternkontakte, Fraueninfos)
http://www.frauen-online.de

Informationen zu Kinderbetreuung, Berufsrückkehr, Broschüren online abrufen und bestellen
http://www.bundesregierung.de/.bin/lay/inland/bpa/bro/jugend/00-127.htm

Kindergartensuchmaschine
http://www.uni-online.de/studium/eltern/kinder.html

Links zu allen möglichen Adressen zum Themenbereich Kind
http://www.yahoo.de/Gesellschaft_und_Kultur/Generationen/Kinder

Montessori-Network
http://www.montessori.org

Mütter mit Modem (Alle möglichen Infos zu Mütterthemen)
http://www.icf.de/hausfrau/mmm.shtml

Mutterschafts-, Kinder-, Erziehungsgeld, Erziehungsurlaub
http://wsv.gmd.de/adminfo/sonstlei.htm

Mütterzentren, komplette Liste, Informationen
http://wwwipd.ira.uka.de/~ludewig/mu-index.html
http://home.t-online.de/home/042513349–0001/homepage.htm

Projekt: „Worin unterscheidet sich die Lebenssituation von Alleinerziehenden von der Lebenssituation der Elternfamilie?“
http://141.13.2.8/~baif01/allein.html

Projekt: „Väter und Erziehungsurlaub“
http://141.13.2.8/~baif01/vater.html

Selbsthilfegruppen
http://www.med-online.de

Studieren mit Kind
http://www.campuseltern.de

Väter online
http://www.inx.de/~hbk/index.html

8.5 Literatur

Andres, B./Laewen, H.-J. (1995): Eingewöhnung von Kleinkindern in Tageseinrichtungen und Tagespflegestellen. S. 79–101 in: Fuchs, D. (Hrsg.): Das Tor zur Welt. Krippenerziehung in der Diskussion. Lambertus, Freiburg.

Bäcker, B./Stolz-Willig, B. (1993): Teilzeitarbeit – Probleme und Gestaltungschancen. WIS Mitteilungen 9, 545–553.

Baum, A. (1996): Zeitarbeit. Campus Verlag, Frankfurt.

Bensel, J. (1993): Tagesfremdbetreuung von Kleinstkindern. Abschiedsverhalten und Veränderungen im Zeitbudget. Sozialpädiatrie in Praxis und Klinik 15 (6), 342–345.

Bensel, J. (1994a): Bevorzugte Interaktionspartner bei Kleinstkindern – Beobachtungen in der Krippe. Psychologie in Erziehung und Unterricht 40, 81–93.

Bensel, J. (1994b): Ist die Tagesbetreuung in Krippen ein Risiko? Eine kritische Beurteilung der internationalen Krippenforschung. Zeitschrift für Pädagogik 40 (2), 303–326.

Bensel, J. (1997): Alles Gute für die Kleinen. Kleinstkinderbetreuung auf dem Prüfstand. Kindergarten heute, 27 (6), 6–13.

Bensel, J./Haug-Schnabel, G. (1997): Wendepunkt Geburt – Unvereinbarkeit von Frau- und Muttersein als Gesundheitsrisiko in westlichen Industrieländern. In: Arbeitsgemeinschaft Ethnomedizin (Hrsg): Frauen und Gesundheit – Ethnomedizinische Perspektiven. Verlag für Wissenschaft und Bildung, Berlin, im Druck.

deMause, L. (1980): Hört ihr die Kinder weinen. Eine psychogenetische Geschichte der Kindheit. Suhrkamp, Frankfurt.

Erath, P. (1992): Abschied von der Kinderkrippe. Plädoyer für altersgemischte Gruppen in Tageseinrichtungen für Kinder. Lambertus, Freiburg.

Fthenakis, W. E. (1985a): Väter. Bd. 1. Zur Psychologie der Vater-Kind-Beziehung. Urban & Schwarzenberg, München.

Fthenakis, W. E. (1985b): Väter. Bd. 2. Zur Vater-Kind-Beziehung in verschiedenen Familienstrukturen. Urban & Schwarzenberg, München.

Griebel, W. (1991): Aufgabenteilung in der Familie: Was übernehmen Mutter, Vater, Kind (und Großmutter)? Zeitschrift für Familienforschung 3 (1), 21–53.

Grossmann, K./Grossmann, K. E. (1994) Bindungstheoretische Überlegungen zur Krippenbetreuung und ihre Anwendung auf berufsbegleitende Supervision. In: Ahnert, L. (Hrsg.): Tagesbetreuung für Kinder unter 3 – Theorien und Tatsachen, im Druck.

Gutschmidt, G. (1995): Alleinerziehende Mütter: Vom Vater Staat zur Ordnung gerufen? Psychologie heute, 22 (5), 45–49.

Hassenstein, H. (1990): Das Programm „Mutter und Kind" Baden-Württemberg. Eine Hilfe für die alleinerziehende Mutter und ihr Kind. Sozialpädiatrie 21 (1), 37–41.

Hassenstein, B./Hassenstein, H. (1990): Was Kindern zusteht. Piper, München.

Hassenstein, B./Hassenstein, H. (1992): Entwicklungsbiologische Grundlagen der frühkindlichen Entwicklung und die Folgerung für die Eltern. Sozialpädiatrie 14, 449–459.

Haug-Schnabel, G. (1993): „Mit der Blase weinen". Der Signalcharakter des kindlichen Einnässens. Kindergarten heute 23, Teil 1 (7–8) 42–48 und Teil 2 (9) 18–25.

Haug-Schnabel, G. (1994a): Das neue biologische Aggressionsverständnis. Biologie in unserer Zeit 24 (5), Einlage Biologen in unserer Zeit, 65–70.

Haug-Schnabel, G. (1994b): Enuresis. Diagnose, Beratung und Behandlung bei kindlichem Einnässen. Ernst Reinhardt, München.

Haug-Schnabel, G. (1996): Sehnsüchte nach Glücksgefühl. Suchtvorbeugung im frühen Kindesalter. Kindergarten heute (Teil 1) 10, 18–23, (Teil 2) 11/12, 22–27.

Haug-Schnabel, G. (1997): Aggressionen im Kindergarten. Verständnis und Bewältigung. 2. unver. Aufl., Herder, Freiburg.

Haug-Schnabel, G./Schmid, B. (1994): ABC des Kindergartenalltags. Der Kindergarten von innen und außen gesehen. Praxisbuch Kindergarten. Herder, Freiburg.

Hering, S./Rietschel, C. (1995): Weil ich ein Mädchen bin ... Psychologie heute 22 (7), 60–63.

Hess-Diebäcker, D./Stein-Hilbers, M. (1991): Geteilte Elternschaft: Modell für die Gleichverteilung von Haus- und Erwerbsarbeit berufstätiger Eltern. S. 119–136 in: Teichert, V. (Hrsg.): Junge Familien in der Bundesrepublik. Leske + Budrich, Opladen.

IES (Institut für Entwicklungsplanung und Strukturforschung) (Hrsg.) (1990): Familienorientierung als Aufgabe der Unternehmen. Materialien des IES, Bd. 140. Popp, Hannover.

Jaeckel, M., Lang, V./Hönigschmid, C. (1991): 10 Jahre Mütterzentren – Erfahrungen im Längsschnitt. Hirschberger, Gilching.

Kanarek, L. (1996): 101 Tips für Existenzgründer. Heyne, München.

Knauth, P./Wollert, A. (Hrsg.) (1996): Human Resource Management. Neue Formen betrieblicher Arbeitsorganisation und Mitarbeiterführung. Deutscher Wirtschaftsdienst, Köln.

Kurth, T. (1995): Tagesmutter. Kinderbetreuung mit Familienanschluß. Sym Verlag, München.

Lewicki, M.-L. (1994): Manchmal fühl' ich mich wie Aschenputtel! Eltern (7), 29–32.

Nuber, U. (1997): Auf dem Rücken der Frauen. Psychologie heute 24 (1), 38–43.

Papousek, H., Papousek, M./Giese, R. (1986): Neue wissenschaftliche Ansätze zum Verständnis der Mutter-Kind-Beziehung. S. 53–71 in: Stork, J. (Hrsg.): Zur Psychologie und Psychopathologie des Säuglings. Problemata, Stuttgart – Bad Cannstadt.

Petersen, G./Sievers, H. (1989): Kinder unter 3 Jahren in Tageseinrichtungen. Bd. 1: Grundfragen der pädagogischen Arbeit in altersgemischten Gruppen. Kohlhammer, Stuttgart.

Poetschke, J. (1997): Ehre dem Ehrenamt. Der große Reparaturbetrieb der modernen Gesellschaft. Deutsche Hausfrauengewerkschaft Rundschau 2, 1–2.

Purves, L. (1987): Die Kunst, (k)eine perfekte Mutter zu sein. Kabel, Hamburg.

Reyer, J./Müller, U. (1992): Eltern-Kind-Gruppen. Eine neue familiale Lebensform? Lambertus, Freiburg.

Rueß, A. (1994): Hemmender Mythos. Wirtschaftswoche (29) 15.7.1994.

Schindler, M. (1996): Fulltime-Mutter. Ein Ratgeber für Mütter, die zeitweise aus ihrem Beruf aussteigen. Herder, Freiburg.

Schneider, K. (1992): Gruppeneinrichtungen für Kinder unter drei Jahren. Ein Leitfaden zur Beurteilung. GEW-Hauptvorstand, Referat Jugendhilfe und Sozialarbeit, Reifenbergerstr. 21, 60489 Frankfurt am Main.

Seehausen, H. (1989): Familien zwischen modernisierter Berufswelt und Kindergarten. Psycho-soziale Probleme des technisch-sozialen Wandels und Perspektiven frühkindlicher Erziehung. Lambertus, Freiburg.

Stolz-Willig, B. (1991): Tarifliche Elternurlaubsregelungen. WSI Arbeitsmaterialien Nr. 28. Wirtschafts- und Sozialwissenschaftliches Institut, Hans-Böckler-Str. 39, 40476 Düsseldorf.

Then, W./Denkhaus, G. (1994): Zeitarbeit: flexibel arbeiten und beschäftigen. Beck, München.

Tietze, W./Roßbach, H.-G. (1991): Die Betreuung von Kindern im vorschulischen Alter. Zeitschrift für Pädagogik 37 (4), 555–579.

8.6 Index